语言学论丛

基于俄汉平行语料库的文学翻译语言特征研究

刘淼 著

图书在版编目（CIP）数据

基于俄汉平行语料库的文学翻译语言特征研究 / 刘淼著 . -- 北京：北京大学出版社，2024.10. --（语言学论丛）. -- ISBN 978-7-301-35361-5

Ⅰ. H355.9

中国国家版本馆 CIP 数据核字第 2024VS8445 号

书　　　名	基于俄汉平行语料库的文学翻译语言特征研究 JIYU EHAN PINGXING YULIAOKU DE WENXUE FANYI YUYAN TEZHENG YANJIU
著作责任者	刘　淼　著
责任编辑	李　哲
标准书号	ISBN 978-7-301-35361-5
出版发行	北京大学出版社
地　　　址	北京市海淀区成府路 205 号　100871
网　　　址	http://www.pup.cn
电子邮箱	编辑部 pupwaiwen@pup.cn　总编室 zpup@pup.cn
电　　　话	邮购部 010-62752015　发行部 010-62750672　编辑部 010-62759634
印　刷　者	河北涞县鑫华书刊印刷厂
经　销　者	新华书店
	650 毫米 × 980 毫米　16 开本　18.25 印张　280 千字 2024 年 10 月第 1 版　2024 年 10 月第 1 次印刷
定　　　价	85.00 元

未经许可，不得以任何方式复制或抄袭本书之部分或全部内容。
版权所有，侵权必究
举报电话：010-62752024　电子邮箱：fd@pup.cn
图书如有印装质量问题，请与出版部联系，电话：010-62756370

序

在全球化背景下，翻译活动已成为跨文化交流与知识传播的重要桥梁。20世纪被誉为"翻译的时代"。至21世纪的今天，这一百余年不仅见证了翻译在社会文化中不可替代的重要地位，也见证了人类对翻译行为本身认知的重大转变。翻译不再仅仅是语言的转换过程，已成为文化互动与文明对话的重要媒介。

随着对翻译活动本质认知的不断深入，描写翻译学悄然兴起。在描写翻译学的框架下，学界对译本进行了重新的审视与定位。译本不再只是原作的附属物，还是有其自身存在价值和发展规律的独立存在，研究者们可以通过观察的方法发现并描写翻译语言所具备的共同语言特征。与此同时，计算机技术在20世纪下半叶蓬勃发展，其超凡的算力为译文描写提供了强有力的工具。在这样的时代背景下，在描写翻译学与计算机技术不断发展的基础上，语料库翻译研究应运而生，这也标志着对翻译活动的研究、对翻译语言特征的描写、对译本的对比分析进入了新的阶段，基于大数据的翻译研究已经成为新时代的大势所趋。

语料库翻译研究，抑或称之为语料库翻译学，自20世纪90年代以来，在国际和国内英语学界得到了较为全面而系统的研究，而我国俄语学界的研究成果相对较少，尤其是在文学译本研究方面。众所周知，俄罗斯文学在中国的译介成果非常丰富，很多俄罗斯经典作品均有多个汉语平行译本。然而，我国俄语学界从语言学和翻译学角度对俄罗斯文学汉译本的研究尚显不足，对国内俄罗斯文学翻译者的译者风格进行的研究更属凤毛麟角。正是在这样的时代背景下和学术氛围中，刘淼博士的著作应运而生。本书以现代翻译学和语言学理论为指引,将翻译文本作为一种具有独特语言特征的文本类型,通过语料库翻译研究的方法,对俄语文学作品的翻译进行了全面的分析与探究。

刘淼博士在自建俄汉双语平行语料库的基础上,描写、分析、阐释了契诃夫短篇小说三个译者的三种汉译本的翻译语言特征,并在此基础上探讨了三位译者的翻译风格和形成原因。具体而言,作者综合了对比模式、译者风格、历时特征等多个变量,从宏观特征、微观特征、译者风格三个维度,对契诃夫短篇小说三种汉译本的语言特征进行了描写。此外,刘淼博士的研究还涉及了语料库翻译研究和自然语言处理的相关理论和技术,采用定量和定性、整体与个体、语际对比与语内对比的研究方法,通过大数据手段量化翻译语言特征,并依据语言学与翻译学的理论对数据结果进行深度解读。这些最新的理论和技术手段的运用不仅提高了研究结论的准确性和可靠性,还为理解翻译过程中的复杂动态提供了新的视角,进而增强了对翻译文本复杂性的认识。

本书的主要贡献在于对翻译语言特征研究视角的创新性拓展和对俄汉文学翻译领域中多种汉译本的全面和综合性描述。刘淼博士继承了传统语料库翻译研究的理论和方法,并在此基础上拓展了新的研究维度。她的研究不仅涵盖了宏观的统计分析,也包括微观的解读。值得一提的是,微观层面对俄汉双语真空项的翻译语言特征分析结合了语义和形式两个维度,从译文的分布特征与对译形式、句子结构特征、词汇语法手段、语义层次四个角度对译文进行了深度的微观层面描写,弥补了当前语料库翻译学在译文微观层面探索的不足。

综上,刘淼博士的专著为我们提供了一个全新的视角来理解和分析翻译文本,为同行学者和学生提供了宝贵的研究范式和新颖的研究视角,对促进中国俄语界的语料库翻译研究具有重要的推动作用。

俄罗斯文学在中国的译介研究还有广阔的空间,我对刘淼博士未来在这一领域的研究充满期待。

王辛夷

前　言

　　21世纪的今天，全球化蓬勃发展，翻译在人类文明交流互鉴中扮演着越来越重要的角色。得益于社会科学与自然科学的理论突破与实践发展，学界对翻译活动本质的探索正在逐步深化。翻译早已不再被视为简单的语言转换过程，而是一个具有自身独特属性和发展规律的科学研究对象。

　　翻译活动有三个核心要素：原作、译文、译者。在传统的翻译研究框架下，原作是翻译活动的焦点与核心，几乎所有的翻译理论都在试图厘清原作对译文的决定性作用，即译文在多大程度上传达了原作的语义和情感。译文本身不具备独立的研究价值，译者的作用几乎被完全忽视。然而，译文真的仅仅是原作的衍生物，译者对翻译过程的影响真的微乎其微吗？答案当然是否定的。20世纪下半叶，随着埃文-佐哈尔多元系统理论的提出和描写翻译学派的兴起，译文的价值得到重新审视，译文不再仅是原作的附属物，而是译入语文化系统中重要的组成部分。人们对译文的研究也不再局限于是否忠实于原文，而是将其置于更广阔的社会语境之下，探讨译文在译入语文化中发挥了怎样的作用。这种面向译文的翻译研究，是从对译文的描写开始的。学者们通过仔细阅读译文，发现其中隐藏的规律性特征，并通过对其规律性特征进行描写，探索隐藏在译文背后的语言与翻译机制。

　　这种解剖式的译文描写，在21世纪获得了新的研究方法与路径。得益于计算机科学的飞速发展，语料库方法和统计模型开始逐步应用到翻译领域，学者们通过构建语料库，在统计数据的支持下，围绕译文展开了一系列定量研究。本书正是在这样的时代背景和研究趋势下诞生的。本书以现代翻译学理论为指导，将翻译文本视为一种具有独特研究价值和语言特征的文本，运用语料库翻译研究的方法，对俄语文学作品的汉译语言特征进行描写与探究。

俄罗斯文学在中国的译介由来已久，在过去的一百余年里，国内涌现出了一大批优秀的翻译家，他们翻译的俄罗斯经典文学译本广为流传，对一代又一代中国人产生了深远影响，已经成为中国社会文化的有机组成部分。回顾中国学界对俄罗斯文学的研究不难发现，学者们或是挖掘这些译本的文学价值，或是从中选取适合俄译汉研究的精彩实例，却鲜少有人从译本自身出发，关注译本的翻译语言特征，探寻译本语言中蕴含的语言学与翻译学宝藏。那么，译自俄语的汉语译本究竟存在哪些主要的语言特征？这些特征能够反映出怎样的语言与翻译规律？这些规律与汉语原创文学之间是否存在差异和联系？译者在其中扮演着怎样的角色？不同的译者之间是否存在翻译风格的差异？所有这些都与俄罗斯文学汉译本的语言特征息息相关，也正是本书尝试探索和解决的问题。

本书以描写翻译学派和语料库语言学为理论基础，以俄罗斯著名作家契诃夫的中短篇小说为研究语料，自建"俄汉文学翻译语料库"，从宏观、微观、译者风格三个维度对译文进行了全面描写，同时结合语言学和翻译学理论对数据进行分析和解读，力求深入探索译自俄语的文学翻译语言的规律性特征。在语料选取方面，本书选择了契诃夫八篇小说的原文及其三个汉译本，其译者分别是我国著名翻译家汝龙、冯加、沈念驹；在研究模式上，本书构建了多重复合对比模式，融合宏观微观、语料库参数体系、译者风格、译本时间等多个变量，尝试建立一个立体全面、体系性强的分析模型，探究这些现象背后隐藏的翻译活动的本质属性。

本书的亮点一是对译文微观语言特征的建模和描写。在翻译语言特征研究领域，译文的微观特征描写一直是学界研究的难点和重点所在，目前尚无成熟的经验可循。本书创造性地以五个"语言真空项"为切入点（副动词短语、形动词短语、无人称句、который 定语从句、чтобы 从句），采用形式与语义相结合的方法设计了一套微观参数描写框架，该框架包含了从结构到语义的四个维度特征，即分布与对译形式、句子结构、词汇语法、译文语义。本书通过对这五个考察项和三个描写维度的全面解析，探讨了俄汉翻译过程中"语言真空项"在汉语译文中的呈现方式和形成原因。

  本书的亮点二是对译者风格的剖析和探讨。围绕俄罗斯文学汉译本所进行的研究不可谓不多，但聚焦翻译家自身风格的研究却少之又少。本书立足于三位翻译家的经典译文，运用语料库实证方法，系统描写了三位翻译家在翻译过程中表现出的规律性语言模式。这些模式反映了三位译者不同的翻译偏好和用语习惯，揭示了译者个性对翻译文本特征的影响。在此基础上，本书进一步探讨了译者如何在源语和译入语的制约下形成自身独特的翻译风格，如何基于译入语的语言与文化规范做出翻译选择，以及这些选择如何体现在其翻译的作品之中。

  综上，本书希望能够突破传统翻译研究的局限，在大数据和定量分析蓬勃发展的当下，为翻译语言特征研究提供一个科学、全面的分析框架，为翻译学领域的学术探索贡献新的理据和视角。

目 录

第一章 绪论 ... 1

1.1 语料库与俄汉文学翻译 ... 1
- 1.1.1 研究背景 ... 1
- 1.1.2 研究对象与研究语料 ... 3
- 1.1.3 研究目标与研究内容 ... 6
- 1.1.4 研究价值与研究新意 ... 8

1.2 语料库翻译研究综述 ... 12
- 1.2.1 国际英语学界基于语料库的翻译研究 ... 12
- 1.2.2 我国英语学界的语料库翻译研究 ... 22
- 1.2.3 俄罗斯语言学界基于语料库的翻译研究 ... 31
- 1.2.4 国内俄语学界基于语料库的翻译研究 ... 36
- 1.2.5 语料库建设与应用软件开发现状 ... 37

1.3 研究所需语料库概述 ... 42
- 1.3.1 俄汉文学翻译语料库 ... 42
- 1.3.2 研究所需的参照语料库 ... 49

1.4 研究方法与研究路径 ... 51
- 1.4.1 研究方法 ... 51
- 1.4.2 研究路径 ... 52

1.5 本书结构 ... 53

第二章 语料库翻译研究理论基础..54

2.1 语料库翻译研究的理论支撑..54
2.1.1 20世纪的翻译理论研究：从语言翻译学派到描写翻译学派......54
2.1.2 语料库语言学的兴起与发展..59

2.2 语料库翻译研究范式..63
2.2.1 以翻译语言普遍性特征为主的研究内容..63
2.2.2 以假设检验为主的研究路径..66

2.3 当代语料库翻译研究的发展趋势..69
2.3.1 对比研究模式的整合与优化..69
2.3.2 研究领域的纵深拓展..70
2.3.3 跨学科性与实证性的增强..70

2.4 基于俄汉平行语料库的文学翻译语言特征研究模式构建........71
2.4.1 宏观与微观相结合的多维度描写框架..71
2.4.2 多参数视角下的多重复合对比研究模式..73
2.4.3 兼顾源/译语系统的典型化语言特征描写参数体系..................74

本章小结..77

第三章 多重复合对比模式下的译文语言宏观特征..79

3.1 词语层面的译文语言宏观特征..80
3.1.1 词语变化度特征..80
3.1.2 词汇密度特征..83
3.1.3 词表和常用词特征..85

3.2 句子层面的译文语言宏观特征..88
3.2.1 平均句长特征..88
3.2.2 连接成分特征..89

本章小结..98

第四章　多重复合对比模式下的译文语言微观特征...101

4.1　译自副动词短语的翻译语言特征...103
- 4.1.1　分布特征与对译形式...104
- 4.1.2　译文的句子结构特征...110
- 4.1.3　译文的词汇语法手段...116
- 4.1.4　译文的语义层次特征...121

4.2　译自形动词短语的翻译语言特征...124
- 4.2.1　分布特征与对译形式...125
- 4.2.2　译文的句子结构特征...130
- 4.2.3　译文的词汇语法手段...135
- 4.2.4　译文的语义层次特征...142

4.3　译自无人称句的翻译语言特征...145
- 4.3.1　分布特征与对译形式...147
- 4.3.2　译文的句子结构特征...150
- 4.3.3　译文的词汇语法手段...156
- 4.3.4　译文的语义层次特征...158

4.4　译自"который"定语从句的翻译语言特征...161
- 4.4.1　分布特征与对译形式...162
- 4.4.2　译文的句子结构特征...166
- 4.4.3　译文的词汇语法手段...174
- 4.4.4　译文的语义层次特征...177

4.5　译自"чтобы"主从复合句的翻译语言特征...181
- 4.5.1　分布特征与对译形式...182
- 4.5.2　译文的句子结构特征...186
- 4.5.3　译文的词汇语法手段...192

4.5.4　译文的语义层次特征 195
　本章小结 200

第五章　多重复合对比模式下的译者风格考察 203

　5.1　三译本语言的宏观特征 205
　　5.1.1　词语层面的综合对比 206
　　5.1.2　句子层面的综合对比 212
　5.2　三译本语言的微观特征 218
　　5.2.1　译文句子结构特征的综合对比 219
　　5.2.2　译文词汇语法手段的综合对比 229
　5.3　译者风格形成原因 237
　　5.3.1　译入语文化的选择性 237
　　5.3.2　源文本语言的制约性 242
　　5.3.3　译者的个体差异性 243
　本章小结 245

第六章　结论 247

参考文献 257
　中文文献 257
　英文文献 266
　俄文文献 272

第一章　绪论

1.1　语料库与俄汉文学翻译

1.1.1　研究背景

20世纪被誉为"翻译的时代"（Newmark, 1981:3），翻译活动在社会文化中扮演着越来越重要的角色，已成为人类文明交流的重要纽带。20世纪的社会科学对翻译行为进行了新的界定与解读。在当代翻译学理论的框架下，翻译文本不再被当作毫无生命力的原作衍生物，而是具备自身语言特征的独特文本类型。描写翻译研究范式打破了原作的主宰地位（Baker, 1993:236-241），将翻译研究引向了对翻译文本自身的语言特征、意义和价值的研究。当代翻译学对翻译文本的全新定位与认知正是本书研究的基本出发点。

对翻译文本语言特征的研究最初是从翻译文学开始的。20世纪70年代，埃文—左哈尔（Itamar Even-Zohar）通过观察翻译行为对社会的影响，提出了多元系统理论，指出翻译文学是存在于译入语文学系统中的一个实体，不应将翻译文学仅视作"翻译"或个别的"翻译作品"。这种观点后来发展成了图里（G. Toury）的"以译文为导向的理论（Target-Oriented Approach）"：注重对译文的多层面描写，全面考察翻译语言的规律性特征。

翻译语言特征的描写方法，在没有计算机技术或计算机技术还不发达的时代，主要是自省式和发生式的。正如斯皮泽（L. Spizer）所提出的考察文本细微语言特征的研究方法：仔细阅读待分析的作品，直至发现一个因频繁出现而被人察觉的有特征的细节,最好是语言上的细节,一个偏离常规的特别的方式……如此反复三四次,便可找到"该作品生命发生的中心"(王文融,1997:17-18)。这种自省式的研究方法是人文学科最传统、最主要的研究方法,但这种方法也经常面临结论是否足够可靠和有说服力的质疑。随着计算机技术的发展,概率和统计的方法逐渐渗透到了人文学科的研究中,有些学者把统计数据作为考察文本语言特征的依据。20世纪下半叶,在计算机技术的支持下,计算语言学、计量文体学、语料库语言学等分支学科不断兴起,方兴未艾。对翻译文本语言特征的"大数据"描写已成为可能,并代表了当代译学发展的主要趋势。

俄罗斯文学在中国的译介由来已久。"根据现有的材料,俄国文学作品最早的中译,就是1903年(光绪二十九年)上海大宣书局发行的《俄国情史》。这本书的全名是《俄国情史,斯密士玛利传》。"(戈宝权,1959:146)20世纪以来,俄苏文学在我国的译介始终方兴未艾,成果颇丰。"以普希金、果戈理、屠格涅夫、陀思妥耶夫斯基、列·托尔斯泰、契诃夫等伟大作家为代表的俄国古典文学,以高尔基、马雅可夫斯基、阿·托尔斯泰、法捷耶夫、肖洛霍夫、尼·奥斯特洛夫斯基等伟大作家为代表的苏联现当代文学,在中国是受到文艺工作者和广大读者的欢迎与热爱的。远在1949年新中国诞生以前,他们的作品就已经被大量地翻译成中文;在中华人民共和国成立以后,他们的作品更得到广泛的流传,并且对中国现当代的文学产生了深远的影响。"(戈宝权,1984:34)在俄苏文学译介持续繁荣的时代背景下,涌现出了一大批卓越的俄苏文学翻译家,他们翻译了很多俄苏文学经典作品,为我国翻译文学领域贡献了大量优秀译本。

俄罗斯文学在中国的广泛译介不仅让中国读者更为深入地接触到俄罗斯的文化和思想,同时也为翻译研究提供了丰富的经典素材。然而传统的翻译研究往往基于自省式的方法,主要集中于对翻译技巧和翻译转换方法研究。随着20世纪末语料库翻译研究的不断深入,我们得以从定量的角度对翻译语言特征进行描写,从而"解剖式"地揭示俄汉翻译文本的总体特征,为俄汉文学翻译研究提供更为科学的分析工具和框架。

综上,本书选题的立足点正是基于现代翻译学与语料库语言学的学科融合趋势,以契诃夫小说源文本及其三个汉译本为语料,通过创建"俄汉平行翻译文学语料库",运用语料库的研究方法对俄译汉翻译小说的语言特征进行系统描写,探索基于语料库的翻译小说语言特征研究模式。

1.1.2　研究对象与研究语料

1.1.2.1　研究对象

本书是基于俄汉平行语料库的翻译小说语言特征研究。"语料库""翻译小说""语言特征"是与本书研究对象相关的三个核心概念。现就这三个概念阐述如下:

1）语料库

语料库（corpus, корпус）一词指的是"用于进行语言分析而收集的大量书面语或口语资料"（OED[①], 1989:959）。近年来,随着计算机技术大量应用于语料库的建设,语料库已发展为"运用计算机技术,按照一定的语言学规则,根据特定的语言研究目的,大规模收集并贮存在计算机中的真实语料。这些语料经过一定程度的标注,便于检索,可应用于描述研究与实证研究"（王克非,2012:9）。由此可见,当语料库中存储的语料经过计算机技术的处理,以结构化[②]数据的形式应用于相关研究,语料库就成为了能够支持语言学研究的有效工具。

相应的,基于语料库的研究方法主要是指:第一,基于真实语料的研究;第二,基于大数据[③]的研究;第三,基于语料库应用软件的研究,

---

① OED: *Oxford English Dictionary*（《牛津英语词典》）。
② 结构化数据指的是用二维表结构进行逻辑表达的数据,即数据库中经过人工或机器标注后的数据。
③ 此处的大数据研究指的是基于语料库中存储的全部语料的研究。

三者相辅相成，缺一不可。

2）翻译小说

翻译小说，顾名思义，是经翻译行为而产生的文学作品。本书研究的翻译小说是源语为俄语、译语为汉语的翻译文学作品。选择俄译汉翻译小说作为本书的研究对象，主要基于下述两点原因：第一，经典文学作品是民族智慧的结晶，完好地保存了高度凝练后的民族语言。同时，经典文学作品的优秀译本也是语言学与文学研究的热点之一。一部成熟而经典的文学作品，往往拥有多个版本的译文。将源文本与多个译本联系在一起，进行源文本与译本、译本与译本间的对比研究，符合现代翻译学、现代语言学重视真实言语现象、对语言进行描写式研究的发展趋势。第二，俄罗斯文学是我国翻译文学的重要组成部分，是"中国文学系统中的一个实体"，对中国文学乃至中国社会产生了深远的影响，被鲁迅称为"我们的导师和朋友"，具有很高的学术研究价值。

3）语言特征

本书研究的语言特征指的是在语料库翻译研究的框架下，使用语料库软件或检索平台在目标语料库中对某一属性进行检索，对检索结果进行统计、描写、分析与阐释，最终获得的某种规律性的语言特征。

本书将依据语料库翻译研究的理论和方法论，采用多重复合对比模式，从译本的宏观语言特征、微观语言特征和译者风格三个维度对翻译语言进行多维度的整体描写。在确定每个研究维度的描写参数时，我们将综合考虑语际与语内、宏观与微观、共时与历时等多重视角。

1.1.2.2 研究语料

本书的语料主要选自俄罗斯文学巨匠、世界三大短篇小说家之一契诃夫（А. П. Чехов）的原著及其三个汉译本。契诃夫是19世纪末俄罗斯现实主义文学的杰出代表，他的作品风格独特、言简意赅、艺术精湛，被中国读者广泛熟知。其作品汉语译本资源丰富，能够为翻译语言特征研究、多译本的平行对比研究及译者风格研究提供大量有价值的研究语料。

本书的具体研究语料来自契诃夫小说原著与汝龙、冯加、沈念驹三位翻译家的汉语译文。现将三位译者简要介绍如下：

汝龙（1916—1991），江苏苏州人，著名文学翻译家，曾用笔名及人。毕业于北京华北中学，未读过大学。在中学读书时就热爱文学，通过文学接受了鲁迅等作家的新思想。从1936年开始致力于外国文学特别是俄国进步文学的翻译工作。从1938年直到1949年，一直在四川、江苏等地担任中学英文教员。

1947年上海文化生活出版社出版了汝龙的第一部译著——高尔基的长篇小说《阿托莫诺夫一家》(后改名《阿尔达莫诺夫一家的事业》)。新中国成立后，曾任江苏无锡中国文学院、苏南文化教育学院、苏州东吴大学的中文系副教授。1953年任上海平明出版社编辑部主任一年，此后成为专业外国文学翻译工作者，仅靠稿费维持自己乃至全家的生计。他翻译和出版的主要外国文学作品有：高尔基的长篇小说《人间》，短篇《同志集》《旅伴集》《秋夜集》《碎裂集》《绿猫集》；评传《回忆安德列叶夫》《高尔基传》；列夫·托尔斯泰的长篇小说《复活》等。

汝龙翻译最多的是俄国作家契诃夫的作品，早期出版过二十七本契诃夫的小说选集，后来又出版过多种契诃夫的小说集及评论集，最后翻译整理了约600万字的《契诃夫文集》，占契诃夫全集的十分之九。汝龙早期翻译的俄国文学作品，都是从英译本译成中文的。1949年后，他立志更准确、更真实地翻译俄罗斯文学名著，在步入中年后刻苦自学俄语，根据俄文原版本，一一校订了原来从英译本翻译的作品（李方诗，1991:112）。巴金曾经这样评价汝龙对契诃夫的译介工作："可以说，汝龙把全身心都放在契诃夫身上，他使更多读者爱上了契诃夫，他的功劳是介绍了契诃夫。"

冯加（1932— ），本名冯家箴，女，北京大学俄罗斯语言文学系教授，1932年生于江苏宜兴，先后在和桥小学、苏州中学、北京大学俄罗斯语言文学系学习，大学毕业后留校任教，直至退休。冯加对文学翻译情有独钟，已出版各类译文近二百万字。主要译有《契诃夫中短篇小说集》《艾特玛托夫小说选》《罗亭》《贵族之家》《迦尔洵小说集》等多部俄罗斯经典文学著作。其译本语言精练准确，用词讲究。

沈念驹（1940— ），浙江德清人，毕业于杭州大学外语系。历任中学教师，浙江人民出版社外国文学编辑室副主任，浙江文艺出版社外国文学编辑室主任、副总编、编审。主编出版了《普希金全集》（与吴笛合作）、《果戈理全集》《契诃夫全集》等大型文集。翻译作品有《阿尔沙克的秘密》《贵族之家》《童年》《我的大学》《契诃夫中篇小说选》等。

本书选择上述三位翻译家的译本作为研究语料，主要考虑到以下几个因素：第一，译者应是国内翻译界享有盛誉的翻译家，译文语言经典。汝龙是国内较早翻译契诃夫的翻译家之一，他的翻译作品被公认为经典的契诃夫译本，冯加和沈念驹也是当代享有盛誉的翻译家，译本语言准确而丰富。第二，译本之间应有一定的时间差异，这样便于我们从历时的角度研究译文语言的变化。汝龙译本与另两个译本产生的时间相差近半个世纪：前者译于20世纪中叶，后者译于20世纪后期。第三，各译本之间的用语习惯最好有一定差异，这样才能更加凸显不同的译者风格和翻译策略。

1.1.3 研究目标与研究内容

1.1.3.1 研究目标

本书以契诃夫小说的源文本及三个汉译本为语料，运用语料库的研究方法，对翻译语言进行系统的描写、统计、分析与阐释，力求回答以下几个问题：

1）译自契诃夫小说的文学翻译语言具备哪些主要的规律性特征？这些特征与汉语原创文学、汉语翻译文学及汉语总体之间存在哪些区别和联系？这些特征与俄语源语之间又存在着怎样的联系？

2）翻译语言的规律性特征可以通过什么样的模式进行系统描写与

阐释？具体的描写维度与参数应该如何确定？什么样的描写体系更加科学而有说服力？

3）译者是否具备自己独特的、有区分性的翻译风格？这些翻译风格可以通过哪些具体的语言现象来体现？

依据上述三组需要解决的问题，本书的研究目标如下：

1）依据语料库翻译研究理论，确立俄译汉翻译小说翻译语言特征的描写维度；

2）依据翻译语言特征描写维度的特点，确立每个维度下具体的描写参数；

3）使用多重复合的对比模式，将类比模式与平行模式相结合，对语料库检索结果进行描写、分析与阐释，总结不同维度下翻译语言的规律性特征；

4）探索以"维度—参数—检索—描写—解释"为路径的基于语料库的翻译语言特征研究模式。

1.1.3.2 研究内容

依据上文的研究目标，本书的研究内容具体如下：

1）回顾和梳理语料库翻译研究的相关理论，确定翻译小说语言特征的三个描写维度。具体包括译本宏观语言特征、微观语言特征、译者风格三个维度。

2）根据已确定的三个描写维度，确定每个维度下的具体描写参数。译本宏观语言特征包括词语和句子两个层面，其中词语层面的描写参数包括词语变化度、词汇密度、高频词表，句子层面的描写参数包括平均句长与句子显性连接成分；译本微观语言特征主要研究的是俄语中有而汉语中没有的一些特殊语言项，也称"翻译真空项"。它们包括"副动词短语""形动词短语""无人称句""который定语从句""чтобы从句"五项；译者风格描写主要包括三个译本的宏观语言特征描写、微观语言特征描写及译者风格的形成因素考察。

3）使用多重复合对比模式，运用语料库工具，从三个维度和多个描写参数对三个译本进行检索与分析，全面描写翻译语言的规律性特征，及三位译者的翻译选择与翻译风格，结合语言学与翻译学的相关知识，解释数据差异背后的翻译及语言因素；

4）在上述研究内容的基础上，进一步探索以"维度—参数—检索—描写—解释"为路径的基于俄汉平行语料库的翻译语言特征研究模式。

1.1.4　研究价值与研究新意

1.1.4.1　研究价值

基于语料库的翻译语言特征研究，代表了当代翻译学与语料库语言学学科融合的趋势。基于契诃夫小说源文本及其三个汉译本的翻译小说语言特征研究，是对源语为俄语、译语为汉语的翻译文学语言特征的一次有意义的探索，具备较强的理论价值和实际应用价值。

1）理论价值

第一，本书对语料库翻译研究的理论体系与方法论进行了有价值的探索。语料库翻译研究建立在描写翻译学派理论与语料库语言学理论的基础之上。本书的研究从描写什么、用什么描写、怎样描写三个层面对描写翻译学派的理论进行了探索性的研究，补充和丰富了描写翻译学派的相关理论。具体表现为：

（1）对多维度整体描写框架的探索。基于语料库的翻译语言特征研究自诞生以来，研究领域虽广，研究成果虽多，但更多是针对某一个或某几个语言特征的研究，从描写框架的整体性来看，并无成熟的研究框架可循。本书以平行多译本的翻译文学为语料，从宏观语言特征、微观语言特征、译者风格三个维度，对多维度的整体描写框架进行了有益的探索。

（2）对多重复合对比模式的探索。基于语料库的翻译语言特征研究需要在一定的对比模式下进行。本书没有完全采用语料库翻译研究创始人之一贝克提出的单语类比模式，而是充分考虑到源语的语言特点，将单语类比模式与双语平行模式结合起来，尝试在多重复合对比模式下全面描写翻译语言特征。

（3）对描写参数体系的探索。每个描写维度都需要建立一套行之有效的描写参数体系。就宏观语言特征而言，其描写参数体系相对成熟，可以依据语料库检索软件的描写参数来确定，但就微观语言特征而言，其具体的语言检索项较多，且较分散，缺乏有效而统一的选择标准。本书在充分考虑源语特征对译文影响的基础上，选择源语中存在而译语中不存在的语言或语法现象，通过对这些特定语言项的翻译语言特征进行描写，揭示双语中不对等语言项的翻译转换规律，进而分析与阐释翻译语言的微观特征。

（4）对微观语言层面描写模式的探索。如上文所言，目前学界对微观语言层面的描写参数体系尚在探索中，对某一具体语言项的描写分析框架无范例可循。本书将俄语的语言语法特点与语料库方法论相结合，从该语言项的整体分布特征与对译描写、译文句子结构、译文词汇语法手段、译文语义层次四个层面，逐一描写微观语言层面的具体语言检索项，并通过这种描写模式，展现与揭示译文的规律性语言特征。

（5）对基于语料库的翻译语言特征研究模式的探索。近二十年来，语料库翻译研究取得了很大的成绩，许多学者都从不同层面、不同角度对翻译语言特征进行了研究。本书在梳理和总结已有研究角度和研究内容的基础上，积极探索一个逻辑性强、研究角度多样同时又具有深入挖掘能力的翻译语言研究模式，即"**维度 — 参数 — 检索 — 描写 — 解释**"模式。这种模式不仅能够应用于文学翻译语言特征研究，还能够应用到其他语体的翻译语言特征研究中。

第二，**本书的研究成果能够丰富与拓展我国传统的俄译汉翻译理论**。我国俄译汉翻译理论的研究由来已久，学者们从词汇、词法、句法等角度，对俄译汉翻译进行了全面的梳理和总结。这些研究多为定性的研究，即告诉我们可以如何译，可以使用多少种对译方法，但无法告诉我们，经典的译本倾向于如何译，著名的翻译家会做什么样的选择，哪种对译形式更多更常见。本书的研究恰恰从以下两个角度对这些方面做出了有益的补充：

（1）借助大数据的方法，以实证的形式，对俄译汉翻译研究进行定量与定性的描写。描写研究中的所有发现，能够形成一系列连贯的规律，从而揭示翻译活动的本质属性。这样研究得出的结论可以丰富和补充现有的翻译理论体系。

（2）通过对翻译语言特征的整体描写和深度挖掘，用大量的真实翻译文本，检验和验证现有的翻译方法与翻译转换模式，从而进一步修正和优化俄译汉文学翻译策略。

2）实际应用价值

（1）对文学翻译语言特征的研究可以帮助机器翻译建立较好的语言模型和翻译模型，为机器翻译训练提供有效多样的双语资源，从而有助于俄译汉翻译软件的开发与优化。

（2）对文学翻译语言特征的研究可在翻译策略选择上指导翻译实践活动。同时，本书研究框架内所创建的俄汉文学翻译语料库可为我国俄译汉翻译工作提供更丰富的数字化在线资源，可供译者检索参考，也可服务于译员培训。

（3）对文学翻译语言特征的研究可服务于我国俄语专业教学。可为翻译类课程提供有数据支撑的翻译模式选择倾向及名家翻译偏好；在大量俄汉双语对应语料，尤其是多译本语料的支持下，启发学生利用多重复合对比模式，创设新的考察参数，并对翻译语言特征进行深入的研究和思考。

1.1.4.2 研究新意

本书的研究新意主要包括以下六点：

1）研究领域新。基于语料库的翻译语言特征研究是近二十年来兴起的翻译学研究新领域，它一方面符合当代翻译学的发展趋势，一方面结合了最新的语料库语言学知识,它既是对翻译语言特征的全景描写,又能够在一定程度上揭示翻译实践活动的本质规律。它的研究成果既能够在翻译策略上指导具体的翻译活动,又能在描写模式、解释机制上丰富和修正现有的翻译学理论。

2)研究目标语对象新。当前基于语料库的翻译语言特征研究以英语、汉语或英汉/汉英对照为主,很少涉及其他非通用语,在俄语方面的研究尤为不足。然而俄罗斯文学是中国翻译文学最重要组成部分之一,其传播范围广,读者群体广,影响范围大,具有很高的研究价值。对译自俄语的译本语言特征进行全面描写,不仅能够从语种方面补充现有的基于语料库的翻译研究,还能丰富汉语翻译文学语言特征的研究成果。

另外,俄语自身语法结构复杂,词形变化繁复,为计算机自动识别和统计标注带来了非常大的困难,这也是目前国内俄语学界相关研究成果缺乏的主要原因。本书作者主持研发了数据结构化程度高的俄汉双语平行语料库,同时熟悉多种语料库统计和赋码软件,突破了相关的技术障碍,能够保障本书研究结论的客观性和科学性。

3)研究对比模式新。以往语料库翻译语言特征研究主要基于类比模式,即通过比较翻译语言与非翻译语言,描写翻译语言的规律性特征。这种类比方式完全不考虑源语的影响,在数据统计与结论上难免失之偏颇。本书将类比模式和平行模式结合起来,既与非翻译语言进行对比,又充分考虑源语特点对翻译语言的影响,采用多重复合的对比模式来考察相关语料,必然能够更加全面和客观地描写翻译语言的规律性特征。

4)研究语料呈现方式新。本书的研究建立在三个平行译本的基础之上,同一源文本对应三个不同的译本。本书既将三个平行译本视为一个整体,为翻译语言规律性特征提供数据支撑,同时也将三个译本视为相互独立的个体,逐一对其进行统计描写,并在此基础上考察三位译者的翻译风格。

5)研究方法新。以往与俄译汉相关的翻译研究主要以自省式的经验推导为主,缺乏数据定量分析的支撑,结论的说服力有限。同时,这样的研究成果虽然能够覆盖多种翻译形式与翻译策略,却难以告诉我们哪种翻译形式更常见,哪种翻译策略更实用。本书以语料库的数据统计为基础,在三个经典文学译本的基础上,用定性与定量相结合的方法描写翻译语言特征,弥补了传统研究方法的不足,既能够提高研究结论的科学性与说服力,也能够通过大数据的描写分析,总结归纳出更常见的翻译形式、更有效的翻译策略,从而更好地指导翻译实践活动。

6)探索模式新。本书对翻译语言特征的研究不同于以往相对局部化、单译本的研究。本书以整体系统描写翻译语言特征为目标,从译本语言的宏观语言层面特征、微观语言层面特征、译者风格三个维度,以及每个维度下的多个描写参数入手,进行翻译语言特征研究的体系化探索,尝试建立"维度—参数—检索—描写—解释"的翻译语言特征研究模式。

1.2 语料库翻译研究综述

语料库翻译研究是新兴的翻译学研究领域,具有兴起时间晚、研究视角新、研究成果丰富等特点。本节将从英语学界基于语料库的翻译研究、俄罗斯语言学界基于语料库的翻译研究、国内俄语学界基于语料库的翻译研究、语料库建设与应用软件开发现状四个方面,综述当前语料库翻译研究的发展现状与研究趋势。

1.2.1 国际英语学界基于语料库的翻译研究

国际英语学界基于语料库的翻译研究始于20世纪后期,其发展经历了研究路径的探索与开辟、新研究范式的确立与发展、既有研究范式的反思与突破、跨学科融合式发展四个阶段。

1)研究路径的探索与开辟

20世纪80至90年代初,当语料库技术逐渐浸润到翻译研究领域时,一系列的学者开始将这一工具与翻译研究相结合,进行了很多有意义、有价值的探索。1985 年，范德沃维拉（R. Vanderauwera）以五部荷兰语小说的英译本为语料，讨论了翻译语言不同于译入语总体规范的一些显著特征，如简化、显化和泛化等，这一研究通常被认为是最早的基于语料库的翻译研究；耶勒斯坦（M. Gellerstam, 1985）对比了瑞典语翻译和非翻译小说文本，提出了"翻译体（Translationese）"的概念，并从语内对比的角度探讨了"翻译体"的语言特征。虽然这些早期研究仅限于对翻译小说的研究，且尚未形成一套完整的描写体系，但它们的贡献在于将翻译研究焦点由原文与译文之间的对等与否转向了翻译文本自身，将翻译文本作为独立研究对象，开辟了基于语料库的、以译入语为导向的翻译研究新路径。1991 年，辛克莱尔（J. Sinclair）的《语料库、共现及搭配》（*Corpus, Concordance, Collocation*）从语言模式的角度探讨了语料库研究，这对于理解翻译中的语言习惯和常规起到了重要作用。1992 年贝克（Mona Baker）在她的专著《*In Other Words: A Coursebook on Translation*》中探讨了语料库语言学与翻译研究交叉融合的可能性，指明了如何利用语料库技术进行翻译教学和研究。20 世纪 80 年代至 90 年代初的系列研究，为随后语料库翻译研究范式的确立起到了非常重要的先导作用。

2）新研究范式的确立与发展

1993 年，贝克发表文章《语料库语言学和翻译研究：启示与应用》（Corpus Linguistics and Translation Studies: Implications and Applications）。文中贝克指明了"翻译学理论研究的重心转向，从原文与译文的比较或 A 语言与 B 语言的比较，转向文本生成本身与翻译的比较"，提出了"基于语料库的翻译研究（Corpus-Based Translation Studies, CBTS）"概念，重点阐述了翻译语言特征中的"翻译共性"概念，这篇文章被视为语料库翻译研究的奠基之作。在随后的十年中，学者们围绕贝克提出的语料库翻译研究的基本范式，就翻译语言所呈现出的整体"翻译共性"展开了一系列卓有成效的研究。切斯特曼（Andrew Chesterman）在《从"是"到"应当"：翻译研究中的规则、规范与策略》（From 'Is' to 'Ought':

Laws, Norms and Strategies in Translation Studies）（1993）一文中探索了如何利用语料库对翻译策略进行深入研究，进一步阐明了语料库方法对翻译策略研究的重要价值；德利斯勒（J. Delisle, 1993）在其著作《有理据的翻译》（La Traduction raisonnée）中，系统地讨论了语料库对比分析在翻译实践中的应用。拉维奥萨（S. Laviosa）在《"可比语料库"的可比性如何？》（How Comparable Can 'Comparable Corpora' Be?）（1997）一文中指出，可比语料库是系统研究翻译文本性质的重要资源，文中论证了可比语料库的创建原则，即通过比较的方法进行译文数据的分析与阐释。拉维奥萨（1998）通过自建研究语料库与可比语料库的方法考察了英语翻译文本中的四种核心词汇运用模式，探讨了译本与源语在词汇使用上的不同，并将运用语料库进行翻译研究定义为一种新的研究范式（a new paradigm）。以上研究采用的主要模式是贝克提出的基于译语与目标语原创文本进行对比的单一类比模式。

除单语类比模式外，学者们还运用贝克提出的基本统计方法进行了双语平行模式探究，即通过双语平行语料库考察源语参与下译文呈现出的规律性特征。施密德和沙夫勒（Schmied & Schäffler,1997）以克姆尼茨英—德翻译语料库（the Chemnitz English-German Translation Corpus）为基础，考察了英译德过程中的显化和隐化现象。欧维拉斯（L. Øverås, 1998）在英语—挪威语平行语料库的基础上，通过考察译文中的词汇衔接探讨了源语与译文之间的显化问题。20世纪90年代末，肯尼（D. Kenny）主持研制了德—英文学文本平行语料库（German-English Parallel Corpus of Literary Texts, GEPCOLT），并基于该语料库进行了翻译共性方面的考察。具体而言，肯尼（1999，2000，2001）通过语义韵、词汇搭配及连接词使用等几个维度，对翻译规范中的显化与隐化、净化与浊化现象进行了研究。随后，一些标志着语料库翻译研究阶段性成果的专著开始问世，具体包括拉维奥萨（2002）的专著《基于语料库的翻译研究：理论、发现与应用》（Corpus-based Translation Studies: Theory, Findings, Applications），其中明确了可比语料库在翻译研究中的应用价值，尤其在探讨译文与原文之间的相似性与差异性方面，可比语料库对结论具有很强的支撑作用；格朗热（S. Granger）等人撰写了《基于语料库的对比语言学和翻译研究方法》（*Corpus-based Approaches to Contrastive Linguistics and Translation Studies*）（2003），书中探讨了基于语料库的对比语言学和翻译研究领域的最新研究，论证了两个领域之间的互补性，阐述了如何通过语料库的使用将翻译和对比语言学方法有机地结合。

在这一时期里，学界在关注翻译共性问题的同时，也运用翻译共性的研究方法进行了译者风格的探讨。贝克（2000）在《文学译者风格研究的方法论探索》（*Towards a methodology for investigaing the style of a literary translator*）一文中，提出了研究文学翻译译者风格的方法，即采用单语类比的模式，对比分析某位译者的全部译文与另一位译者的全部译文，梳理这位译者的翻译风格。欧洛汉（M. Olohan, 2004）从缩略语使用的视角，考察了不同译者的翻译风格；博索（C. Bosseaux, 2001, 2004a, 2004b）考察了不同译者对源语叙述视角和特定语言现象的处理。

由上文可知，在语料库翻译研究正式确立后的十年里，学者们主要围绕贝克1993年提出的语料库翻译研究方法，从翻译共性、译者风格等角度，运用单语类比和双语平行的模式，结合多种语言对，围绕翻译语言特征展开了较为全面的研究。

3）既有研究范式的反思与突破

自21世纪初至21世纪20年代，即在语料库翻译研究范式确立后的第2至第3个十年里，英语学界的语料库翻译研究已经开始了对既有研究范式的反思和突破：贝克1993年提出的研究范式不断受到挑战和批评，语料库翻译研究在一定程度上突破了贝克提出的传统研究模式，出现了新的研究模式、统计方法、涉及领域与关联理论，研究成果呈现出多样化的特点。

首先，出现了对研究模式合理性的反思。学者们开始思考单语类比模式得到的结论是否具有代表性，这种模式是否能够对翻译语言特征进行合理的假设和论证。在这种趋势下，双语平行模式的研究得到了强化，这种模式从对单语类比模式的一种"自发式补充"，发展为与单语类比模式的"方法论对立"，源语的参与成为语料库翻译研究转向的重要标志。2004年，马姆尔克耶尔（K. Malmkjær）在《翻译文体研究：杜尔肯对安徒生的翻译》（Translational stylistics: Dulcken's translations of Hans Christian Andersen）一文中指出，在进行翻译文本文体特征研究的过程中，译文与原文之间的关系至关重要，对译者风格的研究需要兼顾单语类比和双语平行两种模式。肯尼（2005）在《平行语料库与翻译研究：旧问题？新视角？以 GEPCOLT 语料库为例》（Parallel corpura and translation studies: Old questions? New perspectives? Reporting that in GEPCOLT: A case study）中将通过类比语料库计算得到的结论放在平行语料库中进行考察，得到了与类比语料库不同的结论，因此提出在语料库翻译研究中，源语不应被忽视，而应作为译文特征的一个变量。贝赫尔（V. Becher, 2010）通过平行语料库研究了译者对连接词的处理方式，研究表明，绝大多数识别到的变化都可以归因于英德两种语言在语法、词汇和交际规范上的差异，因此假设译文具有"简化"趋势的假设是不成立的。虽然语料库翻译研究的最初模式不断受到挑战，但这一时期也相继出版了一些语料库翻译研究的理论性著作。图里（2012）在其《描写翻译学及其延伸》（Descriptive Translation Studies and Beyond）中，系统地阐述了描写翻译学应如何与语料库方法相结合，为语料库翻译研究提供了坚实的理论框架。哈蒂姆（B. Hatim）在《教授与研究翻译》（Teaching and Researching Translation）（2014）中，深入探讨了语言学、语料库和翻译之间的密切关系。

其次，可以观察到语料库翻译研究正在积极尝试与不同学科的理论和方法论相结合，研究对象也不仅仅限于翻译语言特征，而是拓展到翻译活动的方方面面。**（1）与翻译过程相关的研究**。内博特（E.M. Nebot, 2008）从普遍化、折中化、陌生化三个层面研究了翻译语料库在法律从业人员培训中的重要性，强调应充分发挥语料库在翻译教学和翻译培训中的辅助作用。比西达（M. Bisiada, 2014）通过对德语商务翻译文本小句切分机制的研究，探讨了编辑偏好及商业需要对翻译语言特征的影响。克鲁格（H. Kruger, 2017）通过创建编辑前与编辑后语料库，从显化、规范化、简化三个角度探讨了翻译对译文这三个特征的显著影响。**（2）与语言变异相关的研究**。豪斯（J. House）在《基于翻译与平行语料库探析英语对其他语言规范的影响》（Using translation and parallel text corpora to investigate the influence of global English on texual norms in other languages）》（2011）中讨论了如何运用翻译平行语料库进行英语与其他语言的接触研究，重点考察英语通过英译汉对德语产生的影响。豪斯进一步指出，虽然语料库是翻译研究中不可或缺的重要方法，但语料库翻译研究不能局限于描写—分析的模式，应透过描写探索并解释翻译的本质问题。汉森—希拉、诺伊曼和斯坦纳（S. Hansen-Schirra; S. Neumann; E. Steiner, 2012）创建了一个具有结构化数据的英德语料库，并论证了该语料库用于语言接触研究的可行性。克鲁格和范罗伊（H. Kruger; B. Van Rooy, 2012, 2016, 2018）从语域差异的角度出发，运用多因素分析方法，以英语和多种翻译英语为语料，研究了翻译语言特征与语域之间的联系，并进一步探讨了语言接触问题。文努提（L. Venuti）在其《译者的隐形：翻译的历史》（The Translator's Invisibility: A History of Translation）（2017）中，探讨了如何通过语料库揭示翻译中的文化中介和"隐形"现象。卡佩尔和洛克（B. Cappelle; R. Loock）在《类型学差异研究：以翻译英语中的短语动词为例》（Typological differences shining through: The case of phrasal verbs in translationd English）（2017）一文中，考察了源语为罗曼语系语言和日耳曼语系语言的译文之间是否具有显著差异，其研究结果表明，源语类型对译文有着显著的影响。除对语料库翻译研究的模式进行探讨外，这一时期的学者们还围绕语料库翻译研究的理论建构和实际应用展开了研究。

（3）与心理学相关的研究。胡布舍—达维德森（S.E. Hubscher-Davidson, 2009）结合心理学理论，从译者性格特质的角度出发，借助语料库的方法研究了译者个性对译文的影响。海尔曼等（A. Heilmann et al., 2018）从认知语言学视角出发，通过创建科技文本语料库，采用眼动实验的分析方法考察了隐喻对阅读认知负载的影响。**（4）运用多元统计分析模式进行的研究**。吉氏（Ji. M, 2013, 2016）论证了运用统计模型进行语料库翻译研究的必要性，指出探索性统计分析方法，如层级聚类分析、多因素分析等方法可以广泛应用到实证翻译研究中。埃沃特和诺伊曼（S. Evert; S. Neumann, 2017）通过创建英德双向平行语料库，采用多变量分析和非监督机器学习的方法，从翻译方向的角度对译文进行了对比，指出源语透射效应的存在，以及该效应与语言对内部地位的不均衡性高度相关。**（5）与译文不同呈现方式相关的研究**。克利莫娃（B.F. Klimova）的《写作字典开发中的语料库语言学》（Using Corpus Linguistics in the Development of Writing Dictionaries）（2014）突出了语料库技术在词典编纂中的重要性，特别是在捕捉词汇用法上的贡献。伯纳迪尼等（S. Bernardini et al. 2016）基于欧洲会议口译语料库（EPIC）创建了小型的英意口译语料库（EPTIC），收录了欧洲议会议员的演讲及其译文，并采用拉维奥萨提出的语料库翻译研究方法，用类比模式和平行模式研究了词汇简化问题，研究表明，口译比笔译的简化程度更高，其中英语简化主要体现在词汇上，而意大利语简化则主要体现在词汇—句法上。克里布尔等（L.Crible et al., 2019）运用语料库翻译研究的方法研究了 TED 英文演讲稿中及其在捷克语、法语、匈牙利语、立陶宛语字幕翻译中的呈现方式，语料库数据表明，TED 演讲最常见的话语标记"and""but""so"在多语种译文中呈现出明确的简化倾向，由于话语标记是一种基于语义的标记，因此在多语种译文中呈现出较为一致的简化规律。佩雷戈（E. Perego, 2019）建立了 18 个博物馆的音频语料库，并对这些音频进行了语言和文本分析，数据结果显示，经过编写和录制的博物馆音频文件确保了生动、富有想象力和语言的多样化，但为了确保文本的信息量，音频文件词汇密度高，大量使用了专有名词和描述性形容词，在词汇和句法上较为复杂，其文本的适用性存疑。马尔科

(J. Marco, 2019)考察了英语—加泰罗尼亚语语料库中与食物相关的特定文化项的翻译，研究表明，相较于异化策略和归化策略，折中译法出现的频率最高。**（6）与文学译文相关的研究**。克里斯托杜洛普洛斯和斯蒂德曼（C. Christodouloupoulos; M. Steedman, 2015）创建了来自100种语言的《圣经》译文语料库，通过对该语料库进行数据分析，比较了不同译本之间的差异。巴尔多（M. Baldo, 2019）通过创建三位意大利裔加拿大作家的小说和回忆录语料库，对"回归"主题进行了基于语料库的叙事技巧探索。**（7）与翻译语料库技术及翻译语料库建设相关的研究**。穆恩特亚努和马尔库（D.S. Munteanu; D. Marcu, 2005）研究了如何通过非平行语料库来提高机器翻译的性能。本蒂沃利和皮安塔（L. Bentivogli; E. Pianta, 2005）探讨了如何通过多语种语义标注创建多语种语义语料库（the MultiSemCor Corpus）；巴罗尼和伯纳迪尼（M. Baroni; S. Bernardini, 2006）探讨了一种新的翻译研究方法：通过机器学习的方式识别源语与译文的语言差异。斯佩西亚等（L. Specia et al., 2010）通过创建平行文本语料库和对语料库进行段落属性标注，探讨了机器翻译的段落评估指标。卡拉坎塔（A. Karakanta et al., 2018）通过非平行文本和中介语进行了神经机器翻译模型的训练，并取得了较好的效果。戴维斯和金氏（M. Davies; J. B. Kim, 2019）介绍了来源于2200万个网页、包含140亿词汇的iwebcorpus语料库的信息和功能，讨论了大型语料库建设存在的挑战和解决方法。乌斯塔舍夫斯基（M. Ustaszewski, 2019）介绍了可以免费使用的欧洲议会平行语料库（或称Europarl），虽然它是迄今为止可用的最大的多语言语料库之一，但统计显示它在翻译研究中几乎没有被使用。为了使Europarl中丰富的语言数据容易且随时可供翻译研究使用，作者开发了EuroparlExtract工具包，并认为该工具包能够满足对翻译语料库日益增长的需求。

通过以上的梳理可知，20世纪的前二十年里语料库翻译研究得到了迅速的发展，研究的广度和深度不断拓展，越来越多的翻译现象、研究方法、学科理论被纳入语料库翻译研究的范畴，产生了一系列标志性的成果。

4）跨学科融合式发展

2020年，德·苏特和勒费尔（G. De Sutter; M. Lefer）发表了《基于语料库的翻译研究新路径：跨学科、多方法论及多因素分析》（On the need for a new research agenda for corpus-based translation studies: a multi-methodological, multifactorial and interdisciplinary approach）一文，对语料库翻译研究的历史进行了简要的批判性回顾，指出语料库翻译研究的未来应该是跨学科的、多种方法论并行的。文中同样以"that"为研究切入点，通过多因素分析的方法从写作和翻译两个角度考察了英语母语者和非英语母语者的"that"使用情况。除这类综述的文章之外，2020—2023年语料库翻译研究主要集中在以下几个方面。**（1）与学习者语料库建设及应用相关的研究**。阿尔富赖赫（R.F. Alfuraih, 2020）介绍了与阿拉伯语翻译相关的学习者语料库（ULTC），描述了ULTC创建过程、现有研究发现及未来的拓展领域。格兰杰和勒费尔（S. Granger; M. A. Lefer., 2020）介绍了由外语学习者和实习翻译共同参与的学习者语料库"The Multilingual Student Translation corpus"（MUST），语料库中每个文本都附带一套与源文、翻译任务和学生相关的标准化元数据，该语料库数据适用于翻译培训、教材设计、教学词典学，可用于推进基于语料库的翻译研究的实证考察。**（2）与神经网络翻译相关的研究**。里古特斯·特林等（A. Rigouts Terryn et al., 2020）提出了基于可比语料库的单语及多语术语提取方法，所提取的术语带有大量的标签和注释，可以作为术语的基本信息来源或有监督机器学习的训练数据。哈克等（Haque R. et al., 2020）基于英语—印地语平行语料库，探讨了运用神经网络技术进行术语翻译的必要性，并展示了神经网络学习在术语翻译上的优势。**（3）与社会语言学相关的研究**。贝克（2020）发表了《为移民正名：以历史翻译重塑当代（激进的）左翼话语》（Rehumanizing the migrant: the translated past as a resource for refashioning the contemporary discourse of the (radical) left）一文，聚焦欧洲移民话题的左翼倾向，通过考察以现代英语呈现的、译自希腊语的古典时期经典文献，探讨是否有可能为当代移民问题提供另一套非激进、非左翼的话语体系。阿尔—萨尔曼和海德尔（S. Al-Salman; A.S. Haider, 2021）通过创建COVID-19新词语料库，对新冠疫情暴发期间英语的新词和短语进行了研究，揭示了这些新词的产生机制，证明了面对突然爆发的非常事件，英语具有很强的创造性和活力。瓦尔德昂（R.A. Valdeón, 2022）在自建西班牙语—英语平行媒体语料库的基础上，考察了新闻翻译对政府态度的重塑作用，指出翻译对新闻传播，尤其是对非母语者态度的塑造有着至关重要的作用。埃尔林等（M. Erlin et al., 2023）通过计量的方法，对弗朗茨·卡夫卡的《变形记》（*Die Verwandlung*）的系列英语和西班牙语译本进行了对比研究，探讨了重译现象特别是跨语言重译现象的本质特征。马蒂奥利（V. Mattioli, 2023）研究了翻译家和旅行家皮诺·卡库奇的作品语言特征，探讨了作品的社会声望（social prestige）对作品中外来词翻译的影响，研究发现社会地位高的作品更加接受文化多样性。**（4）与传统语言学相关的研究**。范德克利斯等（Van Der Klis M. et al., 2022）通过创建多语种平行语料库，以语料库驱动的方式，对法语小说《局外人》及其在意大利语、德语、荷兰语、西班牙语、英式英语和现代希腊语中的译文进行考察，探讨了现在完成时在欧洲语言之间的显著使用差异。布雷迪斯和伊万诺夫（M.A. Bredis; E.E. Ivanov, 2022）探讨了图瓦语谚语在译为俄语和英语时，其民族特征是如何被传达的。考察参数主要包括谚语的语义、词汇语法结构变化，以及民族文化标记和修辞手法运用等。阿尔—哈拉法特和海德尔（L. Al-Khalafat; A.S. Haider, 2022）使用收录约旦国王阿卜杜拉二世从1999年到2015年的演讲原文的阿拉伯语—英语平行语料库，考察了阿拉伯语文化关键词在其英文译文中的翻译语言特征。阿尔瓦兹纳（R.Y. Alwazna, 2023）探讨了古兰经中关于净化和祈祷的法定经文中名词化和分词显化现象，指出尽管名词和分词的含义被完全翻译成英语，但古兰经译者仍然通过添加其他成分或将其具体化来明确它们的意义，以便读者更好地理解译文。**（5）与翻译教学相关的研究**。

洛克（R. Loock, 2020）探讨了如何运用机器翻译文本语料库对译语进行定量和定性分析，以及如何运用识别到的机翻文本语言特征进行翻译训练，以求使学生认识到机翻文本与标准译文之间的差距，帮助学生了解和掌握翻译过程中的核心结构和信息。李氏和赵氏（Y.C. Lee, S. Jwa, 2023）探讨了二语学术论文写作中翻译语言特征的重要性排序，认为低频词的翻译是各个学科中最稳定的，而连接词的翻译一致性最低。

由上文的梳理可知，在过去的三十年中，国际英语学界对语料库翻译的研究取得了长足的进展。首先，该领域的研究发展势头迅猛，不仅研究成果数量众多，涉及的研究领域也更为广泛。在此过程中，研究的方法论和理论得到了不断更新和完善，特别是在反思和批判中寻找到了新的突破。其次，语料库翻译研究的范式也得到了大幅度的扩展。这种扩展使得研究不再局限于传统的单语类比或双语平行模式，研究者也不再仅依赖原始的语料库软件，而是转向使用更为复杂的统计模型，包括神经网络、机器学习等人工智能技术。再次，语料库翻译研究的文本对象已经超越了传统的文学或政论文本，拓展到了社会上使用的多种类型的文本。总的来说，语料库翻译研究已经从初级阶段发展到了深度、广度和高度都在不断拓展的中高级阶段，展现出了其强大的研究潜力和价值。

1.2.2 我国英语学界的语料库翻译研究

我国英语学界的语料库翻译研究起步较早，与国际英语学界相比并不逊色，出现了一批杰出的代表性学者和研究团队，围绕语料库翻译做出了很多有价值、有启发性的研究成果。具体而言，可将国内语料库翻译研究分为三个阶段。第一个阶段从1993年至2006年，是语料库翻译研究的萌发与起步阶段，在这一阶段国内学者从无到有，开始关注语料库翻译研究，并以王克非（2006）《语料库翻译学——新研究范式》的发表为标志性事件；第二个阶段是语料库翻译研究的蓬勃发展阶段，由2007年至2019年，语料库翻译研究得到了长足的发展，研究成果呈爆发式增长；第三个阶段是语料库翻译研究的新视角与新方法阶段，由2020年至2023年，这段时期虽然不长，但成果非常丰富，涉猎范围广泛，创新性强。

1）语料库翻译研究的萌发与起步

在语料库翻译研究的萌芽与起步期，早期的研究者们开始探索语料库语言学在翻译领域的应用可能性。1993年，杨惠中首次讨论了语料库语言学与机器翻译之间的联系，虽然并未论及语料库翻译研究，但为后来的语料库与翻译研究相结合提供了新的视角和可能性。随后，丁树德（2001）深入探讨了西方翻译语料库研究的现状和挑战，而廖七一（2000）着眼于语料库如何助力翻译研究。进入21世纪，语料库翻译学作为一种新兴的研究范式开始形成，王克非（2003）讨论了双语平行语料库在翻译教学中的用途。2004年，于连江强调了基于语料库的翻译教学研究的重要性。2005年，肖维青将自建语料库用于翻译批评，而柯飞则讨论了翻译中的隐喻和显喻。2006年，胡显耀探讨了语料库翻译研究与翻译普遍性的关系，刘康龙和穆雷以及刘敬国和陶友兰分别探讨了语料库语言学对翻译研究的影响，王克非在《语料库翻译学——新研究范式》中讨论了这一新兴范式的诞生，黄立波和王克非反思了翻译普遍性研究的方法和结论。许文胜和张柏然（2006）进行了基于英汉名著语料库的因果关系连词的对比研究，这标志着语料库翻译研究开始从理论走向实证分析。这些研究为语料库翻译研究奠定了基础，并为之后的发展期和成熟期研究提供了丰富的理论和实证支持。

2）语料库翻译研究的蓬勃发展

语料库翻译研究的发展期标志着这一领域从早期的概念性和探索性阶段过渡到更加成熟和系统化的研究。在这一时期，语料库技术的进步为翻译研究提供了新的动力和方向。研究者们利用大规模、多维度的语料库数据，进行了一系列创新的实证研究，这些研究不仅深化了对翻译语言特征和翻译共性的认识，也对译者个人风格和不同译本之间的对比进行了细致的分析。同时，理论与方法论的探讨也得到了前所未有的深入，特别是在语料库的创建与应用方面，研究者们探索了如何更有效地利用这些工具来促进翻译教学和提高翻译评估的准确性。本书将从这些层面综述该时期的研究成果，以展示语料库翻译研究如何推动了翻译学科的发展和翻译实践的创新。

（1）语料库翻译研究理论与方法探讨

在语料库翻译研究的发展期，理论与方法论探讨方面的研究显著增多，体现了学者们对于翻译学科发展的深入思考。2007年，王克非和黄立波首先提出了语料库翻译学中的几个核心术语，为后续研究奠定了基本的概念框架。到了2011年，黄立波和王克非进一步阐述了语料库翻译学的研究课题与进展，指出了该领域的研究动向和未来可能的发展路径。2012年，胡开宝对语料库翻译学的内涵与意义进行了深入探讨，强调了语料库方法在翻译学科中的中心地位。随后的几年中，研究者们开始探索语料库翻译学与其他学科的融合。2015年，胡开宝和李晓倩提出了语料库批评译学，这一概念扩展了语料库翻译学的应用范围，将批评理论引入语料库研究中。2016年，胡开宝和李晓倩在《语料库翻译学与翻译认知研究》一文中阐述语料库与认知科学的共性与融合，这表明了语料库翻译学开始与翻译认知研究相结合，形成跨学科的研究趋势。同年，杨子在翻译构式观和译者风格的研究中，研究了如何将语料库翻译学应用于个体翻译风格的分析。2017年，胡开宝和李鑫在《基于语料库的翻译与中国形象研究》中，探讨了如何利用语料库来研究翻译在构建中国形象中的作用。黎昌抱和李菁的《基于语料库的文学自译语言特征考察》探讨了自译者如何在不同文化和语言环境中传达相同文学作品的特点。2019年，侯林平、郎玥和何元建在研究中提出语料库辅助的翻译认知过程研究模式，并指出了该模式的特征与趋势，这标志着语料库翻译学研究开始更多地关注翻译过程的认知层面。这一系列的研究成果表明，在语料库翻译研究的发展期，研究者们不断探索和拓展语料库翻译学的理论边界，旨在提高翻译研究的精确性和深度，同时寻求新的方法论来应对翻译实践中的新挑战。

（2）翻译共性与翻译语言特征

翻译共性与翻译语言特征是语料库翻译研究中成果最丰富的领域，研究视角多样，研究语料丰富。胡显耀（2007）通过多维分析研究了翻译汉语小说的词语特征，为翻译语言共性的认识奠定了基础。随后，胡显耀与曾佳（2009，2010，2011）进一步针对翻译小说"被"字句的频率、结构及语义韵进行了研究，并从语料库角度考察了小说语法标记的显化现象，深入探讨了翻译汉语的杂合特性。同期，王克非与黄立波（2008）的研究全面回顾了语料库翻译学的发展。朱晓敏（2011）通过自建语料库分析了政治文本的英译特点，揭示了政治话语翻译的策略。朱晓敏与曾国秀（2013）进一步分析了现代汉语政治文本的隐喻模式及其翻译策略，为理解政治话语的翻译提供了新的视角。赵秋荣与王克非（2013）以及庞双子（2019）分别从历时类比语料库的考察和计量分析角度，探讨了英译汉翻译语言的阶段性特点和翻译文本语体的显化特征，这些研究丰富了基于语料库的翻译风格和变异语言学研究。朱一凡与胡加圣（2017），以及朱一凡与李鑫（2019）的研究，通过量化分析揭示了翻译汉语新闻与原创汉语新闻的对比特征，为翻译语言特性的研究提供了新的量化工具和研究切入点。这些研究在理论和实证层面上均丰富了对翻译共性及翻译语言特征的理解，为翻译研究的深入提供了坚实基础。

（3）译者风格与译本对比

在语料库翻译研究的发展期，译者风格与译本对比的研究得到了广泛关注。通过细致的语料库分析，研究者们探讨了译者如何在不同文化和语言环境中传达原文的风格及其在译本中的体现。肖维青（2009）利用语料库方法研究了《红楼梦》译者的风格，指出母语文化对译者风格的深刻影响。刘泽权与陈冬蕾（2010）则通过《查泰莱夫人的情人》的中译本展示了汉译中的显化现象。徐欣（2010）对《傲慢与偏见》的三个中译本进行了对比分析,揭示了不同译者对同一文本的多样解读。刘泽权(2010,2011,2014)的一系列研究着眼于《红楼梦》的不同英译本,通过统计分析揭示了译者风格的微妙差异。黄立波(2014)的研究展示了《骆驼祥子》英译本中的人称代词主语和叙事视角转换,揭示了翻译方向对译者风格的影响。严苡丹与韩宁(2015)以鲁迅小说的英译本为例,探讨了译者如何通过个人风格影响翻译文本。杨柳与朱安博(2013)的对比研究关注于《温莎的风流娘儿们》的三个中译本,进一步证实了译者个人偏好和风格的存在。汪晓莉与李晓倩(2016)的研究关注莎士比亚戏剧汉译本的泛化特征,体现了译者如何在忠实与创造之间寻求平衡。这些研究共同构建了一个关于译者风格与译本对比的研究图景,彰显了译者个性在翻译实践中的重要性,并为翻译批评提供了实证基础。

(4)语料库的创建与应用

这一时期,语料库的创建与应用也是学者们较为关注的领域。胡开宝和陶庆(2010)通过构建汉英会议口译语料库,不仅为口译研究提供了宝贵的数据资源,也为实际的口译教学和实践提供了指导。胡开宝与邹颂兵(2009)的研究通过创建莎士比亚戏剧的英汉平行语料库,深入探讨了翻译实践中的多种问题,包括文本的对比分析和译文的生成过程。陈伟(2007)强调了翻译英语语料库在描述性翻译研究中的作用,阐述了语料库如何帮助研究者进行翻译策略的分析和翻译问题的识别。这些研究显示了语料库建设在推动翻译研究和实践中的核心地位,证明了高质量语料库对于理解翻译现象、提升翻译质量以及翻译教学的重要价值。

(5)翻译教学与翻译质量评估

学界对翻译教学与翻译质量评估的研究相对较少,主要有以下成果。孔海龙(2016)通过语料库对翻译质量进行评价,探讨了政府文件汉英翻译中搭配冲突问题,这为翻译实践中常见问题的识别与解决提供了量化的研究路径。肖忠华与戴光荣(2011)在翻译教学与研究领域内提出了语料库翻译学的新框架，一方面总结了语料库翻译学的发展历程，一方面讨论了如何将语料库翻译学的理论和方法应用到教学和实证研究中。这些研究体现了基于语料库的翻译教学和质量评估对提高翻译教育质量和翻译评价标准的重要贡献，同时也反映出语料库工具在翻译教育和评估中日益增长的实用性和影响力。

3）语料库翻译研究的新方法与新视角

进入 21 世纪的第三个十年，国内英语学界的语料库翻译研究仍然成果颇丰。下文将遵循上个时期的分类形式，一一对不同研究领域进行综述。

（1）语料库翻译研究理论与方法探讨

在语料库翻译研究的新发展时期，学者们继续深入研究相关理论，优化方法论。邵璐和曹艺馨（2020）提出众包翻译过程与产物的考察，强调语篇、非语篇以及语言资源的重要性，揭示了众包翻译的复杂性。胡开宝和黑黠（2020）从数字人文的视域审视翻译研究，探讨其特征、领域与意义，以及数字技术如何促进翻译研究的深化。邹兵与穆雷（2020）回顾了语言学对翻译学方法论的贡献，讨论了该交叉学科领域的发展趋势。胡开宝与盛丹丹（2020）聚焦于基于语料库的文学翻译批评，为文学翻译研究提供了理论与实践相结合的途径。王国凤与张丹琦（2020）探索了基于语料库的翻译批评与阐释框架，为翻译批评提供了一种新的量化分析工具。庞双子与王克非（2021）总结了翻译文本特征和语言接触研究的最新进展，显示了语料库研究在促进语言学与翻译学融合方面的重要作用。胡开宝（2022）考察了语言数据科学与应用学科的结合，丰富了翻译学科的研究方法。张威（2022）聚焦新时代服务国家战略需求的中国翻译研究，指明了未来研究的趋势与重点。这些研究共同构建了新时期理论与方法论研究的多维框架，不仅拓宽了翻译研究的理论视野，也为翻译实践提供了丰富的方法论支持。

（2）翻译共性与翻译语言特征

在新发展时期的语料库翻译研究领域中，翻译共性与翻译语言特征的探讨持续占据着重要地位。严苡丹（2020）从社会历史语境分析《红楼梦》亲属称谓语的翻译风格，对其进行了基于语料库视角下的文学翻译深度解读。赵朝永（2020）对《金瓶梅》英文全译本进行语域变异的多维分析，揭示了语料库在文学翻译研究中的应用潜力。庞双子（2020）通过多维度语料库对翻译文本的语体特征进行了细致考察，为翻译语言特征研究提供了新的视角。吴光亭与张涛（2020）研究了模糊限制语的汉译策略，进一步扩展了翻译语言特征的研究范畴。

在这一时期，研究者们还对特定语言现象的翻译进行了更为具体的分析。例如，赵秋荣、李文双与马心仪（2020）探讨了情态动词在翻译中的量值偏移问题，王秀文（2020）聚焦于基于语料库研究中国古代哲学术语的译名问题。王汝蕙（2020）通过《生死疲劳》的英译本探讨了翻译共性问题。这些研究不仅拓宽了语料库翻译研究的应用范围，也为翻译实践提供了具体的参考指导。

在理论方面，刘爱军与冯庆华（2020）的比较分析展现了不同母语背景译者在使用 it 这一代词时的差异，为翻译策略选择提供了新的思考角度。李颖玉（2020）的研究从情感色彩的传达差异出发，为理解翻译文本的情感维度提供了新的视角。张威（2020）关注中国特色对外话语的译介与传播，其成果丰富了翻译语言特征研究，对翻译策略的形成和优化也具有启示意义。此外，刘鼎甲、张子嬿（2021）的研究提高了跨语言研究自动依存句法分析工具的信度，促进了语料库技术研究的迭代。胡显耀等（2020）通过对翻译英语变体的文体统计学分析，进一步验证了语料库翻译学在现代翻译研究中的核心地位。

这些研究反映了学者们对翻译共性和语言特征认识的不断深入，很好地推动了语料库翻译研究领域不断向纵深拓展。

（3）译者风格与译本对比

在这一时期，译者风格与译本对比领域的研究呈现出多样化的趋势。王秋艳与宋学智（2020）基于语料库分析了傅译《欧也妮·葛朗台》的翻译风格，突显了译者如何通过语言选择表达个人风格。王雯秋和马广惠（2020）从翻译风格角度出发，比较了杨宪益与戴乃迭的《儒林外史》英译本，探讨了两位译者语言使用上的差异。孙成志（2020）对《起风了》两个译本的翻译风格进行了基于语料库的研究，主要关注视点人物和视点表达。刘爱军（2020）侧重于朱自清散文的英译，比较了译者在风格上的差异。赵朝永（2020）提出了一种译者风格多维分析的途径，进一步深化了风格研究的理论基础。李鑫和李涛（2020）聚焦政治文献翻译，以十八届三中全会文件英译为案例进行了风格比较研究，而张继东与朱亚菲（2020，2021）对《追风筝的人》的两个译本进行了风格对比，进而扩展到胡塞尼小说的译者风格对比研究。吕鹏飞与陈道胜（2021）将焦点放在了《论语》的英译本上，比较了辜鸿铭和亚瑟·威利两位译者的翻译风格。朱珊（2021）针对《狂人日记》的译者风格进行了基于语料库的研究，并结合译者时代背景、翻译标准和策略、翻译目的三个方面进一步探究了译者风格成因。

赵宇霞（2022）考察了傅雷翻译风格中语言与情感的融合。王琴（2022）研究了蓝诗玲在鲁迅小说英译中对临时词的创造性应用。张旭冉等人（2022）对《道德经》四个英译本进行了翻译风格的对比。张泪（2022）从史学意识的角度辨析了译者风格与译本风格。祝朝伟与李润丰（2023）基于语料库探析了庞德中国典籍的英译译者风格。这些研究共同构成了译者风格探讨的多维视角。

（4）语料库翻译研究与认知科学的结合

在21世纪的第三个十年里，语料库翻译与认知科学的融合成为了研究的新热点。刘晓东和李德凤（2022）利用汉英双语平行语料库对翻译认知过程加工路径进行了实证研究，提出了翻译过程中的认知机制与加工模型。张立柱（2023）通过对残雪小说不同英译本的时空叙事进行认知文体研究，深化了文体研究与翻译认知之间的关联。同年，刘晓东、李德凤和贺文照共同探讨了认知导向的翻译语料库的研制与评析，着重分析了语料库在认知翻译研究中的应用。张立柱和谭业升（2023）的研究侧重于语料库方法在文化翻译认知研究中的运用，通过分析《红楼梦》

译本的"避红"案例,揭示了文化因素在翻译认知中的重要作用。叶文兴(2023)则专注于译者翻译过程中的认知路径,以《红楼梦》中"死亡隐喻"的翻译为例,采用语料库方法探索了译者在处理复杂隐喻时的认知策略。这些研究不仅扩展了语料库翻译学的研究范畴,也为认知翻译研究提供了新的视角和方法。

(5)研究语料拓展到多个学科

在语料库翻译研究的新发展时期,语料库翻译研究的方法受到了非语言学科的青睐,在医学、法律、戏剧等方面均有相关的研究成果出现。王芳与汤文华(2023)针对《中华人民共和国民法典》英译本中的问题进行了分析,特别是基于高频程式语搭配的研究,揭示了法律翻译中的常见问题和改进策略。朱琳与王努铱(2023)通过对越剧《红楼梦》英译的研究,展现了如何利用多模态语料库来分析戏曲语言的音乐性,为戏曲文学的跨文化传播提供了新的视角。黄广哲与韩子满(2023)从多模态翻译的视角,探讨了军事外宣杂志中军人形象的自塑问题。黄彦(2023)讨论了中医英语语料库在中医英语翻译中的应用,强调了专业语料库在特定翻译领域内的重要性。陈彦君等(2023)则在大型语料库的基础上研究了中医药术语翻译中"约定俗成"原则的应用,朱琼与周锋(2023)比较研究了语料库中医针刺术语的英译标准,这些研究不仅丰富了翻译研究的学科范畴,也推进了跨学科研究方法在翻译领域中的应用。

我国英语学界对语料库翻译研究的三十年探索是一段不断演进与深化的历程。从早期的萌芽阶段,学者们对语料库的构建与应用进行初步探讨,到发展期的理论与方法论的逐步探索,再到成熟期对于译者风格、翻译共性与语言特征的深入研究,中国学者们不断扩展研究的视野和深度。在这一进程中,不仅形成了以语料库为基础的翻译研究的多样化方法,也促进了翻译教学与质量评估等实证研究。特别是在新发展时期,语料库翻译研究拓展到跨学科领域,充分显示了语料库翻译研究的前瞻性,为跨文化交流与专业领域的翻译实践提供了有力的理论支撑和实证分析。这三十年的探索，不仅见证了中国英语学界在语料库翻译研究领域的辛勤探索，也映射出中国翻译研究的发展趋势和学术成就。

1.2.3 俄罗斯语言学界基于语料库的翻译研究

俄罗斯语言学界亦较早开始将语料库用于翻译研究。从研究的热度来看，2010年以前主要是一些零星发表，2010年以后，语料库翻译研究逐步得到俄罗斯语言学界的关注，产生了一系列研究成果。与上文分析的国际英语学界和我国英语学界的语料库研究不同，俄罗斯语言学界的语料库翻译研究虽然从方法论和研究路径的角度主要以借鉴西方研究为主，但经过近30年的发展，已经形成了具有俄罗斯特色的一些研究领域和研究趋势。

1）语料库的研制与应用

俄罗斯的学者们非常重视语料库的研制，以及语料库在多语种和多学科中的应用。从国家语料库到方言语料库，再到专业术语语料库的构建，学者们致力于拓宽语料库在翻译研究中的应用范围。马蒙托娃（В. В. Мамонтова, 2008）探讨了语料库在翻译对应关系研究中的应用。尤里娜（Е. А. Юрина, 2011）探讨了托木斯克方言语料库的建立，这对地区语言学的研究具有重要意义。科里亚奇金娜（А. В. Корячкина, 2013）聚焦于电影话语和电影翻译研究，创建了电影话语语料库。西奇娜娃（Д. В. Сичинава, 2015）通过将平行文本纳入俄语国家语料库，开辟了国家语料库建设的新领域。希利希娜（К. М. Шилихина, 2015）利用语料库语言学的方法来分析话语标记，并以此提升俄语国家语料库的标注系统。2017年，诺索夫（А. В. Носов）探索了翻译文本语料库的语言标记，这一工作扩展了语料库在语言学研究中的应用范围。2019年，胡多伊别尔季耶夫等（Х. А. Худойбердиев et al.）合作开发了塔吉克语和俄语的平行语料库。2020年，萨尔恰克和翁达尔（А. Я. Салчак, В. С. Ондар）论证了图瓦语电子语料库的俄语——图瓦语平行子语料库的初步成果。2023年，丘尔金娜等（Н. Л. Чулкина et al.）研究了多语言语料库的建设及相关语料库研究工具，指出了多语言语料库在语言研究中的重要价值。

2）与翻译相关的语法、修辞研究

在基于语料库翻译的语法和修辞研究方面，俄罗斯语言学界的研究呈现出多样化趋势。别利亚耶娃（Л. Беляева, 2013）利用平行文本语料库进行词汇—词典分析，探讨了语料库语言学的相关问题，这一研究为后续的语料库构建和应用奠定了基础。茹科娃（Н.С. Жукова, 2015年）关注俄语和英语中固体量不精确表示的客观化问题，这对翻译实践具有重要意义（尤其是在处理量不确定性的情况下）。奥久门科（В.И. Озюменко, 2016）研究了法官概念在英俄语中的词汇语义场，拓展了法律翻译的理论研究。进入 2018 年，费久琴科（Л.Г. Федюченко）探讨了隐喻术语在技术知识传达中的作用，这一研究对于技术文本的翻译具有启发性。2019 年，切尔诺乌索娃（А.О. Черноусова）对短语翻译中的搭配问题进行了深入研究，这对于理解短语单位的翻译策略非常重要。2020 年，社会文化价值在短语中的表现受到尤苏波娃（С.М. Юсупова）的关注，她的语料库研究为理解文化概念和翻译实践提供了新视角。同年，托卡列娃（А.Л. Токарева）研究了小说中愤怒隐喻的翻译策略，这对理解情感表达在文学翻译中的复杂性有重要意义。在 2021 年，希季科夫和希季科娃（П.М. Шитиков и М.Н. Шитикова）以圣经语料库为基础，探讨了隐喻的语料库研究方法，这对于理解宗教文本的翻译具有重要价值。波尔塔夫斯卡娅（А.Д. Полтавская, 2023）专注于基于语料库的短语单位的翻译方法，这对于提高翻译质量有实际指导意义。最新的研究是瓦申科（Д.Ю. Ващенко, 2023）基于平行语料库数据对斯洛伐克语和德语中表示时间短暂性名词的研究，这一研究丰富了语法和修辞研究的内容，对于理解不同语言间的细微差别有着重要的理论和实践意义。

3）翻译教学

在翻译教学领域，俄罗斯语言学界的学者们运用语料库翻译的研究方法取得了显著成果。扎维亚洛娃（В. Л. Завьялова, 2011）探讨了语言语料库在语言教学法和科学研究中的应用，尤其是在语音学方面。鲍曼（Я. Бауманн, 2019）讨论了在书面翻译教学中应用语料库语言学方法的困难，提出了提高语料库文化素养的策略。德维茨卡娅等（З. В. Девицкая et al.2019）分享了在大学词汇学课程中使用国家语料库的经验，强调了实际工作经验在教学中的重要性。古塞娃（А. Х. Гусева, 2020）详述了如何将文本语料库作为教学材料使用，探讨了语言处理与教学技术的结合。德米扬科夫（В. З. Демьянков, 2021）的研究聚焦于非母语习得和语料库语言学（尤其是在高频搭配的理解和教学上）。古塞娃（А. Х. Гусева, 2023）探讨了构建大众传媒语料库的方法，这对于语言专业的翻译教学非常有帮助。这些研究不仅提升了翻译教学的质量，还为如何有效地利用语料库资源提供了宝贵的参考。

4）翻译共性与翻译语言特征

在翻译语言特征的研究方面，俄罗斯学界的研究成果非常丰富。哈伊鲁特丁诺夫（З.Р. Хайрутдинов, 2010）进行了英语原文与翻译文本的词汇—语法特征的比较分析，突出了在翻译过程中保持语言精确性的重要性。列姆赫（И.Н. Ремхе, 2014）探讨了语料库系统在翻译学中的应用，这些工具强调了语言选择在翻译过程中的重要性。沃尔科娃（Т.А. Волкова, 2014）通过语料库方法来确定翻译中的主导因素，有助于理解翻译决策背后的语言学原理。克拉斯诺佩耶娃（Е.С. Краснопеева, 2015）从语料库翻译学角度出发，分析了俄语翻译语篇的特点，为优化翻译教学和实践提供了指导。她还探讨了翻译中的干扰和规范化趋势，提出了俄语翻译话语语料库研究的路径。多布罗沃利斯基和佩佩尔（Д.О. Добровольский, Л. Пёппель, 2016）进行了关于不同语言中相似话语结构的对比语料库研究，展示了跨语言对比的复杂性和实证研究的价值。瑟尔钦娜（А.С. Сырчина, 2016）介绍了语料库语言学的概念与两个常用的语料库处理工具 Wordlist Creator 和 AntCont。乌达罗娃（Н.И.

Ударова, 2018）研究了俄英互译过程中企业名称作同位语的使用频率差异，为理解跨文化交流中的词汇选择提供了新视角。卡拉佩茨（В.В. Карапец, 2019）关注了福楼拜在《包法利夫人》英文译本中分号的俄译，这项研究揭示了文学翻译中标点符号的重要性。米罗诺夫（М.В. Миронов, 2019）关注了"brown"作为马的颜色名称的语义和俄译方法，突出了特定词汇在跨语言翻译中的挑战。科马罗娃和科甘（И.А. Комарова, М.С. Коган, 2019）利用语料库语言学的方法研究了英语习语，提出了一种新的基于语料库研究英语习语的方法。希利希娜（К.М. Шилихина, 2020）研究了基于平行语料库数据的笑声动词的语义，这有助于理解幽默在不同文化中如何被翻译和理解。乌尔扎（А.В. Уржа, 2020）讨论了《汤姆索亚历险记》俄译本中使用的指称语、回指和历史现在时，研究了翻译策略如何影响读者与文本的关系。西多罗娃（Е.Ю. Сидорова, 2021）研究了平行语料库中"缓慢"一词的使用，这有助于理解不同语言中指小词的功能和风格变化。沙莫娃（Н.А. Шамова, 2021）通过平行语料库研究了电影话语的翻译特点，这一研究对理解大众文化文本的跨文化转换非常重要。斯米尔诺娃（А.С. Смирнова, 2021）关注了罗蒙诺索夫作品中代词对 Сей-Оный 的使用，这对研究作者的语言风格和习惯提供了重要视角。格罗莫娃等（Е.Н. Громова et al., 2022）研究了英语互联网模因的语言特征及其可翻译性，探讨了文化元素在翻译中的传递问题。涅罗夫纳雅（М.А. Неровная, 2022）探讨了阿富汗的饮食话语如何翻译成俄语，这一研究涉及特定区域和特定类别话语的翻译策略。萨芬娜等（З.М. Сафина et al., 2022）对文学翻译中的词汇单位进行了定量与统计分析，揭示了词汇选择对文学作品风格影响的重要意义。

5）翻译应用研究

在语料库翻译应用研究方面，俄罗斯学者也进行了一系列的探索。费久琴科（Л. Г. Федюченко, 2017）对"石油和天然气设备"的一般技术术语进行了逻辑认识论分类，这有助于理解和翻译相关专业术语的逻辑和知识结构。乌玛托娃和阿利姆巴耶娃（Ж. М. Уматова и А. Т. Алимбаева, 2015）探讨了法律文献中动词短语翻译的特殊性，揭示了在法律语言中对这些动词短语进行精确转换的重要性和复杂性。巴尔卡诺夫和穆拉夫列娃（И. В. Балканов и В. Р. Муравлева, 2023）研究了非典型词典情况在发展词典功能理论中的作用，特别是如何在军事英语教学环境中正确使用专业词典。达斯塔穆兹（С. Дастамуз, 2022）评估了在线翻译工具在俄语到波斯语翻译中的有效性，探讨了语用学在翻译实践中的应用。巴库门科和加布里耶良（О. Н. Бакуменко и Е. А. Габриелян, 2023）专注于观察视频游戏本地化过程中将英语贬义词转换为俄语的特殊性，体现了文化因素在翻译中的重要地位。这些研究不仅提高了翻译实践的准确性和敏感性，也为翻译理论提供了宝贵的实证研究基础。

6）译本对比分析

俄罗斯学者关于语料库在译本分析中的应用研究成果不多。克拉斯诺佩耶娃（Е.С. Краснопеева, 2014）探讨了如何通过选择构词模型来指示译者的个人风格，并提出了一套语料选择的方法。这项研究强调了译者如何在翻译过程中采用不同的词形变化来保留或改变原文的风格和含义。扎哈罗夫（Н.В. Захаров, 2017）对莎士比亚《量度之量》第一幕的俄文译本进行了比较分析。他的研究涵盖了不同译者的风格和策略，以及它们如何影响了文本的最终俄语表达。这些研究共同促进了对翻译文本中风格多样性的研究，并为翻译实践和翻译教学提供了宝贵的实证研究素材。

由上文的梳理可知，俄罗斯语言学界的语料库翻译研究有着较强的自身特色。第一，基础研究扎实，尤其是在大型语料库创建应用方面始终在不断拓展和深化。第二，关注语料库在翻译教学中的应用，重视如何通过语料库的应用提升教学效果。第三，研究主要涉及的语言为欧洲语言，亚洲语言相对较少。但最近十年出现了较多与俄汉或汉俄翻译相关的研究成果，主要由在俄罗斯就读的博士生和导师合作完成。

第四,与欧洲和我国相比,俄罗斯语言学界关于译本比较和译者风格的研究相对较少,这是一个未来需要继续深化研究的领域。

1.2.4　国内俄语学界基于语料库的翻译研究

国内俄语学界基于语料库的翻译研究在 2014 年以前尚属空白。2014 年以前我国俄语界基于语料库的研究主要是介绍性与评价性的(宋余亮,2007;陈虹,20 12,2014;李绍哲,2012),或是讨论建库原则(吕红周,2007;秦立东,2007;张禄彭、张超静,2012;崔卫、李峰,2014)和综述俄罗斯计算语言学的发展(傅兴尚,2009)。自 2014 年起,陆续有学者基于自建双语平行语料库展开翻译研究。其研究内容与方法主要集中在以下三个方面。

1)俄汉/汉俄双语平行库的研制

双语平行库的建设是语料库翻译研究的前提与保障。近年来,学者们自主研发了一系列不同用途、不同语体的双语平行库,具体包括崔卫、张岚(2014)创建的军事外宣汉俄翻译语料库,陶源(2014)创建的人文社科学术文本俄汉平行语料库,朴哲浩、李庆华、王利霞(2014)创建的《酒国》汉俄平行语料库,及刘淼、邵青(2015)创建的基于契诃夫短篇小说的俄汉平行翻译语料库(该语料库也是目前我国唯一的互联网在线俄汉翻译语料库)。原伟(2017a,2017b)探索了俄汉新闻可比语料库的创建和评估,在维基百科的基础上构建了俄汉可比语料库,利用跨语言相似度计算的方法对其进行了可比度计算,并对此类语料库的应用前景进行了展望。

2)翻译语言特征与译者风格

学者们在自建语料库的基础上,通过语料库的检索与统计,探讨了词汇、句法的翻译模式与翻译规范,如朴哲浩、李庆华、王利霞(2014)研究了《酒国》俄译本中叠音词的俄译规律,陶源、胡谷明(2015)讨论了学术文本中致使动词的语义韵翻译模式,陶源(2015)在学术文本的框架下进一步探讨了 чтобы 从句的翻译操作规范问题。刘淼、邵青

（2015）在契诃夫小说三个译本的基础上进行了翻译语言特征与译者风格的研究。王铭玉、刘子夜（2016）从词频分析的角度对《中国政府工作报告》的翻译语言特征进行了描写。刘淼（2017）通过与俄罗斯国情咨文进行对比，运用语料库翻译研究的方法探讨了《中国政府工作报告》的俄译本特征和翻译策略。刘玉宝、陈娟（2018）在自建双语平行语料库的基础上，对《生死疲劳》俄译本中的文化负载词翻译策略进行了描写与分析。刘淼（2023）基于《红楼梦》双语平行语料库，对言语动词"笑道"的翻译语言特征进行了描写。韩丹、张志军（2023）在汉俄平行语料库的基础上，对《阿Q正传》的俄译本进行了语言特征和译者风格的剖析。

3）翻译教学研究

将汉俄双语平行语料库应用于翻译教学的研究文章并不多见，朴哲浩、柳曙明、王利霞（2014，2015）是该领域的先行者。他们基于小型自建双语新闻语料库，阐述了将汉俄平行语料库应用于翻译教学的初步设想，并将该库应用于翻译教学实践，指出平行双语库在翻译教学领域中将会拥有广泛的应用前景。

从上文的研究中不难看出，我国俄语学界的语料库翻译研究开始时间晚，研究成果相对较少，所涉及的领域主要是语料库的创建和翻译语言特征描写。语料的类型也相对较为单一，主要以文学语料和政治文献语料为主。总体而言，我国俄语学界的语料库翻译研究可充分借鉴国际、国内英语学界和俄罗斯语言学界的理论与方法论，未来仍有很多的研究空间有待挖掘。

1.2.5 语料库建设与应用软件开发现状

基于语料库的翻译研究离不开两个必要的工具：语料库和语料库检索分析软件。

1）语料库的建设

用于翻译研究的语料库主要包括单一翻译语言语料库、对应／

平行语料库与类比语料库（王克非，2012:11）。从目前来看，国外已建成的用于翻译研究的语料库包括：英语—挪威语平行语料库（English-Norwegian Parallel Corpus, ENPC）、肯尼·多罗西主持研制的德语—英语文学文本平行语料库（German-English Parallel Corpus of Literary Texts, GEPCOLT）、英国曼彻斯特大学创建的翻译英语语料库（Translational English Corpus）、拉维奥萨创建的英语类比语料库（English Comparable Corpus, ECC）、俄语国家语料库（НКРЯ）等。国内已建成的用于翻译研究的语料库包括：北京大学汉英双语语料库（CCL），王克非主持研制的通用汉英对比语料库和中国英汉平行语料库，肖忠华主持研制的兰卡斯特汉语语料库（LCMC），胡显耀创建的当代汉语翻译小说语料库（CCTFC），刘泽权主持研制的《红楼梦》中英文平行语料库，外研社研制的冯友兰《中国哲学史》汉英参照语料库，国家语委语言文字应用研究所主持研制的李约瑟（Josef Needham）《中国科学技术史》英汉参照语料库、柏拉图（Plato）哲学名著《理想国》双语语料库，中国科学院自动化研究所主持研制的英汉双语语料库——LDC香港新闻英汉双语对齐语料库，上海交通大学管新潮教授主持研制的马克思《资本论》德汉平行语料库，北京第二外国语学院主持研制的全国多语种公示语语料库等。上述语料库中的数据都经过了一定程度的结构化处理，具体包括双语平行库中的句子对齐、语料基本属性标注等。

2）语料库检索软件

语料库从本质上讲，是"依照某种原则方式所收集的大量文本总汇"（Kenny 2001:22）。要进行语料的检索、分析和处理，离不开语料库工具，即语料库检索分析软件。它们是快速处理海量文本、精确定位所需信息的最有力的辅助工具。当代语料库的研究离不开语料库检索分析软件，甚至可以说，语料库工具是当代语料库研究的前提条件。目前，基于语料库的翻译研究使用的语料库检索分析软件主要包括以下几种：

（1）文本检索软件 Wordsmith 与 AntConc

Wordsmith Tools 由英国利物浦大学麦克·斯科特（Mike Scott）主持

开发研制，是由牛津大学出版社出版的单语语料库工具。该工具自研发以来，经过了几次升级，目前最新的版本为 Wordsmith Tool 9.0。主要操作界面如下：

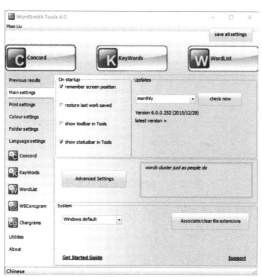

图 1.1 Wordsmith 操作界面

由图 1.1 可见，Wordsmith 主要具备三大功能：语境共现功能（Concord）、主题词表功能（KeyWords）、单词列表功能（WordList）。通过 Wordsmith，用户能够检索词汇或短语出现的频率、词汇或短语的共现语境，能够计算文本的类/形符比、平均词长、平均句长、平均段落长及相关参数标准差等语篇数理统计信息，能够输出主题词表、高频词表等词汇分布参数。

AntConc 软件由日本早稻田大学英语语言科学教学中心的劳伦斯·安东尼（Laurence Anthony）教授开发研制，该软件与 Wordsmith 有着相似的功能，而且是一款免费软件，无需复杂的安装程序，可直接使用，但在支持一些高级检索项的能力上略逊色于 Wordsmith。AntConc 的主要操作界面如下：

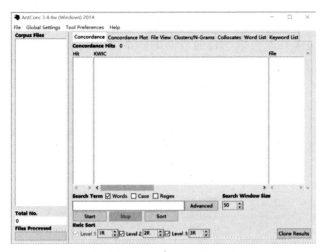

图 1.2　AntConc 操作界面

（2）词性赋码软件 CLAWS、Tree Tagger 与 Mystem

词性赋码软件 CLAWS 与 Tree Tagger 是自动词性标注工具，就其开发者公布的测试数据来看，准确率已经能达到 95% 以上。CLAWS 与 Tree Tagger 对语篇单词所做的词性赋码，建立在对句子句法结构进行分析和识别的基础上，是利用人工智能对文本进行初级分析的有效工具。同时，Tree Tagger 还开发了多语种支持系统，能够对俄语文本进行词性赋码。其主要操作界面如下：

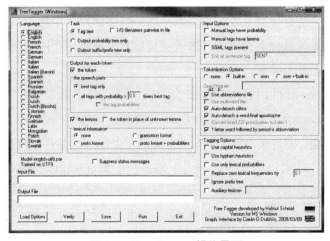

图 1.3　TreeTagger 操作界面

Mystem[①]是一个俄语词性标注程序，其语法体系主要依据《俄罗斯科学院语法（1980年）》的划分标准。与其他欧美国家开发的多语种赋码软件相比，Mystem标注系统除基础的词性标注（名词、动词、形容词等）之外，还包括基础的语法属性（动物性、及物性、主/被动态），以及简单的句法属性的标注，例如述谓词等。就俄语词性标注程序而言，俄罗斯本土开发的Mystem系统是最适合俄语赋码的，该系统同时也是俄语国家语料库使用的语料基础处理程序，在词语的很多语法维度上已经实现了自动标注，对俄语国家语料库的标注细化和语料高度结构化做出了非常重要的贡献。

通过回顾以往语料库翻译研究文献和已建成的各类用于翻译研究的语料库，我们可以认为，当前基于语料库的翻译研究正处于方兴未艾的发展阶段，但同时也存在着一些不足之处：①**从语种覆盖面来看**，目前国内这类研究主要以英汉/汉英双语为主，非通用语种的相关研究成果较少，俄汉/汉俄翻译语料库的开发与应用则更少；②**从研究内容来看**，目前对翻译共性、译者风格、翻译规范的探讨主要建立在翻译文本和非翻译文本对比的基础上，几乎完全忽略源文本语言的影响因素，多少有些"矫枉过正"的意味，应在以译本为主要研究对象的同时，充分考虑源语语法或文化对译文的影响；③**从研究系统性来看**，目前的研究多是从某个单独的研究视角切入，如词汇搭配、语义韵、句法特征等，缺乏针对某类文本的整体性描写研究。

综合语料库翻译研究的现状与趋势，结合我国语料库翻译研究的现状，我们认为，当前我国俄语界基于语料库的翻译研究尚处于起步阶段，缺少相关的标志性研究成果。本书拟结合当前语料库翻译研究的发展趋势，以契诃夫短篇小说的三个汉译本为主要语料，在俄汉双语平行语料库与单语类比库的基础上，尝试确定基于语料库的俄译汉翻译小说语言特征考察维度与描写参数体系，探索文学翻译语言特征研究模式，全面

---

① 网址为：www.yandex.ru/dev/mystem（访问时间：2024年1月）

描写、分析契诃夫小说译本的语言特征,并探讨三位译者翻译风格的异同。

1.3 研究所需语料库概述

本书研究所依据的语料库是由本书作者主持研发的"俄汉文学翻译语料库"。该语料库系多译本平行在线语料库[①],共收录了契诃夫七部短篇小说、一部中篇小说的原文及三个汉译本,字符总数为78万字。

1.3.1 俄汉文学翻译语料库

1)语料库的创建目的

基于契诃夫小说的俄汉文学翻译语料库是一个以经典文学作品及其多译本为语料、通过互联网平台的形式对源语与译文进行再现的双语平行语料库。该语料库通过搜集、整理、标注大量源语和译语语料,将源文本与译本以"一对多"的方式同时呈现,可以帮助研究者在掌握大量真实语料的基础上进行定性与定量的研究,从而服务于翻译研究与翻译教学,能够促进我国俄语界翻译语言特征与译者风格的研究。

2)语料的选取

语料的选取是俄汉文学翻译语料库创建的第一个重要环节。在确定作家和具体文学作品时,需要考虑作家的知名度、译本的多样化、作品内容的代表性、语言的规范性以及语言现象的丰富程度等多种因素。契诃夫是享誉世界的著名俄国小说家,其作品语言生动形象,以精练准确见长。他的作品早在20世纪初就被翻译到中国,是中国读者最熟悉的俄国作家之一。同时,契诃夫作品的汉语译本较多,这非常便于进行译本之间的平行对比。基于契诃夫小说的俄汉文学翻译,语料库共收录契诃夫的七部短篇小说:«Анна на шее»、«Ванька»、«Смерть чиновника»、«Толстый и тонкий»、«Хамелеон»、«Человек в футляре»、«Крыжовник»和一部中篇小说 «Палата № 6»。这些作品的

---

① 网址为:www.rucorpus.ru(访问时间:2024年1月)

原文出自 1983—1986 年间俄罗斯科学出版社出版发行的 30 卷本《契诃夫作品全集》；汉语译本选择汝龙（《契诃夫小说全集》，上海译文出版社，2000）、沈念驹（《契诃夫短篇小说精选》，浙江少年儿童出版社，2009）、冯加（《契诃夫中短篇小说集》，译林出版社，2011）的翻译作品。

3）语料的加工

语料加工的质量决定了语料库数据的可靠性，所有数据须经过初步处理后方可录入计算机中。语料文本的处理主要分以下步骤进行：**（1）语料采集**。随着信息技术的不断发展，互联网上已能搜索到契诃夫短篇小说作品的俄语、汉语文本。我们下载电子版后与纸质版原文仔细校对，经过整理后分别保存为格式统一的 txt 文档。**（2）文本处理**。为方便电脑读取和显示，需对文本格式进行统一化处理：俄语文本使用半角标点符号，汉语文本使用全角标点符号，每个自然段段首不保留空格，段与段之间不保留空行。**（3）段落划分**。由于俄汉语言间的差异，加之译者的个人因素，有些译文的段落分布并未与原文保持一致。考虑到语料平行对比的需要，我们以俄语原文的章节、段落划分为基准，相应的汉语文本按照原文段落进行调整。同一段俄语原文及其三个译本为一组段落，每组段落均赋予一个独立的 Paragraph ID，便于数据索引。**（4）语句对齐**。语句层面同样以俄语为基准，将原作与三个汉语译文一一对应。我们使用语句自动对齐软件 ABBYY Aligner 进行句子对齐。该软件基于词典语义对齐语句，准确率很高。尽管机器自动对齐的准确率已经很高，但仍需通过人工校对保障绝对的准确性。因此，我们在软件自动对齐的基础上，再进行人工的校正对齐。**（5）数据导入**。先前步骤已完成句子层面的初步处理，为便于计算机存储和管理这些数据，需将每一组已对齐的语句及对应 ID 制作成一条记录，生成 xml 格式的数据表，并导入 SQL 数据库。

4）语料属性标注

标注指以统一的标准来标示语料文本所具有的特征，并将数据用二维表结构进行逻辑表达，使信息的性质和量值出现在固定的位置，实现数据的结构化，以便根据特定条件筛选出符合相应需求的语料。语料库不仅仅是原始语料的集合，而且是有结构的，标注了语法、语义、语音、语用等语言信息的语料的集合，这是语料库区别于一般的文本数据库的重要标志（何婷婷，2003:14）。例如，俄罗斯国家语料库设置了被搜索词句的"词汇—语法特征"筛选功能，具体从语法特征、语义特征、补充特征、词组特征等几个角度设置了120多个属性选项；又如北京大学《人民日报》标注语料库，从26个基本词类、专有名词和其他语法属性的角度对所有的语料进行了多达40余项的属性标注，帮助用户精确定位所需信息。

在对语料进行属性标注前，首先需要标注语料库对象文本的元数据，即描述数据及数据环境，具体包括语言、版本、作者、出版信息等。为便于从原文及各个译本中筛选出含有一定特征的语句加以研究，录入语句的同时还需定义其独有的属性字段，即语句属性的标注，据此可在语料库中进行更详细的检索。俄汉文学翻译语料库检索所需的标注属性划分并无已有成熟案例可以套用，如需达到一定的精度和准确度，需要有一套相对科学和严谨的属性标准。根据俄译汉教学与翻译研究的需要，我们对原文及译文进行三个层面的人工属性标注，具体为"语法范畴""修辞范畴""翻译技巧"。其中，语法范畴指的是原文自身的语法属性，具体包括"单部句类型"与"动词非变位形式"；修辞范畴分为原文修辞与译文修辞两部分，其中原文修辞主要包括"俗语、习语、谚语、成语""词汇情感色彩后缀""人名称谓""比喻"与"借代"，译文修辞包括"四字格""正反义词""叠词"与"象声词"；翻译技巧主要包括"增译""减译""成分改变""断句""合句"。

人工标注的优势在于能够完成机器还无法识别的一些属性标注，可以为研究者提供更有针对性的属性检索与面向某一具体属性的定量研究材料。例如，原句语法属性的标注能够帮助使用者便捷地一键搜索到所有带有相关属性的句子，大大节省阅读与记录的时间，同时又能同步查看不同译本的翻译方案与翻译策略；而翻译技巧的属性标注则揭示译者们对源文本的不同处理方式，能够有效地保障多译本模式下不同译者翻译风格的定量与定性研究。

同时，人工属性标注的不足之处也是显而易见的，这种标注方式耗时长，需要大量人力资源的保障，很难快速处理海量文本，其准确性难免受到标注人自身知识水平的限制。但由于目前俄文信息处理技术的限制，除某些词法和句法属性外，俄语语句属性的自动标注在实际操作中不易实现，语料的整理标注工作十分艰辛，大量的手工操作是必不可少的。为了保证标注的准确统一，我们定期检查标注错误并及时纠正，力求使错误发生的概率降到最低。

5）语料库检索功能的开发

语料的检索是语料库最重要的核心功能。而俄语词汇具有变化繁杂、词形众多的特点，如每次只能对一种词形进行搜索，则须进行多次操作方能获得较为全面的结果；若通过模糊搜索等方法扩大检索范围，则得出的结果往往包含大量不需要的信息。所以，研发与植入俄语搜索集成模块是俄汉或汉俄语料库最急需解决的问题。

基于契诃夫小说的俄汉文学翻译语料库的检索功能开发立足于扎里兹尼亚克（А. А. Зализняк）主编的《俄语语法词典》（Грамматический словарь русского языка）。这是一本俄语词形变化词典，全书共收录词条10万余个，详尽地给出这些俄语词汇可能发生的所有变化形式，并将其列举分类，归纳成索引符号。该词典的电子化版本奠定了众多计算机运行俄语程序的基础，广泛地应用到拼写检查、搜索引擎、机器翻译等诸多领域，为俄语国家的自然语言处理做出了重要贡献。我们通过《俄语语法词典》所列的词形变化，归纳出俄语基本词语变化的具体算法，结合词典中提供的特例，利用计算机根据词条自动处理，整理出常用俄语词语的词形列表。

搜索功能的运行流程可分为输入、回溯、检索、输出4个步骤。假设其中某个俄语单词的原形为 A，其所有变化形式为 A_1、A_2、

$A_3……A_n$,搜索时输入的关键词为 A_x,那么程序就会将关键词与词形变化列表进行比对,据此判断出 A_x 属于 $A_1~A_n$ 中的一项,再逐个对 $A_1~A_n$ 进行搜索,最终向用户返回完整的搜索结果。例如 A 为单词原形 человек, A_1, A_2, $A_3……A_n$ 则为其所有可能出现的变化形式:человек,человека,человеку,человеком,человеке,люди,людей,людям, людьми,людях。当用户输入的关键词 A_x 为 человек 时,程序将判定出该词属于集合 {человек,человека, …… людях},并分别以 человек,человека, …, людях 作为关键词检索,整合查找到的结果,最终反馈给用户的结果如下:

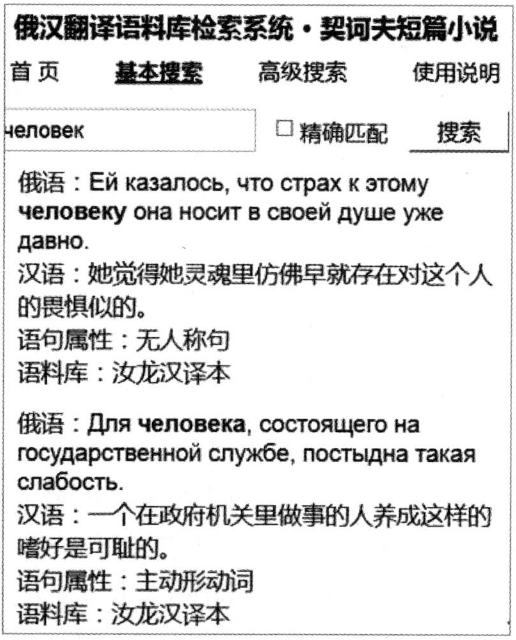

图 1.4 俄汉文学翻译语料库对"человек"一词搜索的结果(部分)

6)语料库存储和使用平台的构建

当前国内一些俄汉平行翻译语料库的建设已实现了语料在本地数据库的存储,并开发了相应的语料处理工具和管理系统。这些方法可满足较为初步的基于俄汉对照的翻译教学与研究,但仍存在两个问题:(1)数据未能存储在云端,且缺少开放的外部用户界面,本地域之外使用较为不便,移动性不强;(2)依赖管理系统应用程序,仅能在特定操作系统运行,迭代开发较为繁琐,兼容性不强。为满足不同的教学和研究需要,我们经过调研和分析,提出了具有普适性的语料库平台基本框架,以便在线进行内容管理和数据检索。

该平台不同于传统语料库的 C/S 结构(Client/Server,客户端/服务器模式),采用 B/S 结构(Browser/Server,浏览器/服务器模式),将系统功能实现的核心部分集成到服务器上,简化了系统的开发、维护和使用;采用 MySQL 关系型数据库管理系统,具有体积小、速度快的特点,并可通过索引功能加快数据检索操作;编程语言采用 Java,可在所有平台的任意环境中开发、部署、扩展;运行环境为轻量级应用服务器 Tomcat,适合语料库这类中小型系统和并发访问用户较少的情况,运行时占用的系统资源小,扩展性较强。该平台具有以下优势:(1)使用方便,随时随地均可进行语料检索;(2)兼容性强,在 Windows、Linux、Mac 等各种操作系统上均可正常使用;(3)类型开放,可建设多语种、多语体、多版本、多种标注属性的平行语料库;(4)易于维护,可任意增删语料库或语料数据,技术升级和版本迭代更为简便;(5)程序轻量,可流畅运行;(6)免去安装,可直接使用。

目前基于契诃夫小说及其三个汉译本的俄汉文学翻译语料库的后台管理和前台检索系统已基本完成开发,录入数据 7116 条,总计 78 万余字,并通过相关备案手续(京 ICP 备 12033280 号),进入试运行阶段,网址为 http://www.rucorpus.cn/(访问时间:2024 年 1 月)。具体的高级搜索界面和搜索结果界面如下:

图1.5 俄汉文学翻译语料库检索系统高级搜索界面

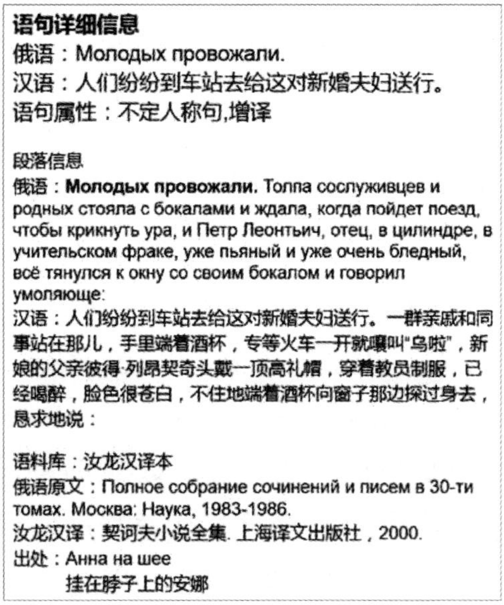

图1.6 俄汉文学翻译语料库检索系统搜索结果详情页

在语料库系统层级结构方面,该语料库可按照语体划为不同的分类,同一分类下可按作者、题材等添加多个语料库,每个新添加的语料库均可按作品、来源等容纳多个素材,继而划分素材段落,对语句进行标注,具体结构如下图所示：

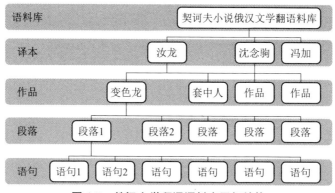

图 1.7　俄汉文学翻译语料库层级结构

7）当前存在的问题与今后的发展方向

由于国内俄汉文学翻译语料库的研究刚刚起步，目前尚处于探索阶段。俄汉文学翻译语料库检索系统还存在着许多值得改进之处：（1）依靠人工进行属性标注的效率较低，无法应对大量文本的标注。但人工标注是对文学等灵活性较强的语体进行属性标注的必经之路，也为文学翻译类语料属性的分类和框架构建奠定了基础。随着语言语义研究的深入与计算机技术的不断进步，将来应努力实现计算机半自动或全自动属性标注。（2）目前语料库较偏重语法属性的标注，属性标注的分类和框架仍需完善。今后应继续积极进行属性标注的探索和实践，增加语义、语篇等类型的属性标注，并可尝试将各类语义词典的算法导入语料库，强化搜索功能。

综上，基于契诃夫小说的俄汉文学翻译语料库是一个多译本的平行语料库，其语料结构化程度高，带有多个语法与翻译属性标注，能够为本书的研究提供充分的翻译实例与数据支撑。

1.3.2　研究所需的参照语料库

基于语料库的语言对比研究与参照库的相关数据密不可分。为了客观与全面地描写某类文本或某种语言的属性与特征，需要将研究的对象与其他文本或其他语言进行对比分析。

用于语言对比研究所需的参照库通常需要具备两个特点，第一，代表性与平衡性。"语料库具有代表性是指基于该语料库分析的结论能够推广到这种语言特定的部分。"（Bernardini&Kenny，1998:111）代表性的首要条件是语料的真实性，即语料必须是实际使用的材料而不是杜撰的文本。其次，建设能够代表某种语言总体的通用（平衡）语料库，还必须考虑各种语言的体裁和形式在语料库中的平衡性，即各种体裁的比重（胡显耀，2006:72）。具有代表性和平衡性的通用（平衡）语料库，可以作为语言对比研究的参照语料库。第二，语料的范畴相关性。可用于语言对比研究的类比语料库，需要在范畴上与研究对象相关，在语体上、类型上、规模上均应与研究对象具有可比性。

本书的研究内容是俄译汉翻译小说的语言特征，为了更好地进行译本与源文本、汉语原创文学、汉语翻译文学与汉语总体之间的对比研究，本书选择了3个语料库作为参照数据库：分别是：1）契诃夫文学作品语言的语法—语义词频语料库（Частотный грамматико-семантический корпус языка художественных произведений А. П. Чехова）；2）当代汉语翻译小说语料库（CCTFC）；3）兰卡斯特汉语料库（LCMC）。下面将依次对三个参照语料库进行简要的介绍：

1）契诃夫文学作品语言的语法—语义词频语料库

契诃夫文学作品语料库由莫斯科大学语文系俄语教研室（Филологический факультут, кафедра русского языка, Лаборатория общей и компьтерной лексикологии и лексикографии МГУ）创建，该语料库对契诃夫全部的作品从语法和语义两个角度进行了统计分析，具体包括：契诃夫文学作品的词性分布情况（名词、动词、形容词、副词等）、词的独立语义组合（人物姓名、表颜色的词汇组合、表声音的词汇组合等）、词汇的量化统计特征（词性比例、高频词表、高频词组等）。

2）当代汉语翻译小说语料库（CCTFC）由胡显耀创建，收录了译自英、美、法、俄、德、日、西班牙语等多种语言的汉语翻译小说共56部，目前容量 130 万词。收录语料主要是译自世界名著的汉语翻译文学文本，译者具有较高知名度，由正规出版社在 1980 年至 2000 年间出版的长篇翻译小说和同一作者的短篇小说集组成。CCTFC 对语料进行了词性、标点、句子、段落、翻译文本信息四个层次的标注。

3）兰卡斯特汉语语料库（LCMC）由肖忠华创建，系现代汉语平衡语料库。该语料库严格按照 FLOB（Freiburg-LOB Corpus of British English）模式编制，共选择 15 种文体类型[①]，在每个类型中选取 500 个文本，从每个文本中选取 2000 词左右的样本，力求保障语料库的代表性与平衡性。该语料库语料容量 100 万词次（按每 1.6 个汉字对应一个英文单词折算），既适合开展英、汉语对比研究，也适合开展汉语研究（许家金 2007）。其中，收录小说语料的子库可表示为 LCMC-N。

上述三个语料库能够为本书提供译本与源文本、汉语原创文学、汉语翻译文学与汉语总体之间的对比数据。

1.4 研究方法与研究路径

1.4.1 研究方法

本书拟采取以下三种研究方法：

1）定量描写与定性分析相综合。本书一方面采用数据驱动的实证主义方法，以量化分析和频率统计为手段，对俄译汉翻译小说的语言特征进行全景式归纳和总结，探索相应的规律和特点；另一方面对影响翻译小说语言特征的形成机制和动因进行解释分析，探索翻译小说语言特征背后的语言与文化因素。

2）语际对比与语内对比相结合。本书采用语际语内对比、共时与历时协调的"综合对比"模式，通过目标语料库（俄汉文学翻译语料库）

---

① A 新闻报道，B 社论，C 新闻评论，D 宗教，E 技术、商贸，F 通俗社会生活，G 传记和杂文，H 其他：报告和公文等，J 学术、科技，K 一般小说，L 侦探小说，M 科幻小说，N 武侠小说，P 爱情小说，R 幽默（英文字母为语料代码）。

内部的语际对比、目标语料库与类比库之间的语内对比,分析与阐释数据差异,加强结论的解释力与说服力;通过对不同时期同一源文本不同译本的纵向历时对比,探讨历时视角下译本的差异及形成原因。

3）整体分析与个案研究相配合。本书一方面对翻译小说的共性语言特征进行整体描述与分析;另一方面在三个平行译本的基础上,探讨三位译者的翻译风格异同。两类方法相互参照,将更有利于反映客观事物共性与个性之间的联系与区别,从而更准确地把握翻译小说语言的规律性特征。

1.4.2 研究路径

根据上文所述的研究内容,现将本书的研究路径总结如下:

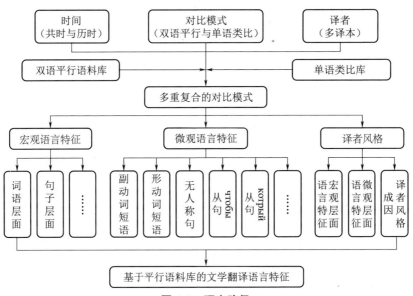

图 1.8　研究路径

需要指出的是,本书探索的基于语料库翻译语言特征的描写框架是开放的,可以随着计算机技术的发展和翻译学研究的深入而填补新的描写参数。因此,图 1.8 中"宏观语言特征"与"微观语言特征"维度下均用省略号代表了这种描写框架的开放性。

1.5 本书结构

第一章是绪论部分。主要论及本书的选题背景与原因、研究对象、研究内容与研究价值、研究综述、研究所需语料库、研究方法与研究路径，以及本书的组织安排。

第二章为理论基础部分。在中外相关研究成果的基础上，论述本书所立足的语料库语言学理论与语料库翻译研究的理论基础。对本书的关键概念如基于语料库的翻译研究、描写参数、多重复合对比模式等加以明确界定。结合语料库语言学与翻译学理论，确定翻译语言特征的描写参数体系，从宏观语言层面、微观语言层面、译者风格三个维度统筹全文对翻译小说语言特征的分析。

第三章为宏观语言特征研究。本章以语料库工具为研究手段，通过对语料的检索与分析，描写并解释词语层面与句子层面的俄译汉翻译小说语言的规律性特征。词语层面具体描写参数包括：词语变化度、词汇密度、高频词表；句子层面的描写参数包括：平均句长、句子连接成分等。

第四章为微观语言特征研究。本章以语料库工具为研究手段，通过对语料的检索与分析，描写并解释译自俄语具体语言项的翻译语言特征。其中包括：副动词短语、形动词短语、无人称句、который 定语从句、чтобы 主从复合句等。

第五章为译者风格研究。本章以语料库工具为研究手段，通过对语料的检索与分析，描写并解释三位译者不同的翻译风格。具体包括：宏观语言特征分析、微观语言项分析、译者风格形成原因考察等。

第六章是结论部分。总结本书的主要研究成果，作出结论，指出研究存在的局限性与不足，提出进一步研究的设想与展望。

第二章　语料库翻译研究理论基础

2.1　语料库翻译研究的理论支撑

语料库翻译研究的兴起与发展主要源自描写翻译研究与语料库语言学的相关理论与方法。前者从翻译理论的角度，为语料库翻译研究提供研究对象和理论上的支撑，论证了翻译文本作为翻译研究独立研究对象的合理性，关注翻译文本的规律性语言特征与模式；后者立足于语言学，凭借现代计算机技术，采用数据驱动的实证主义研究方法，对语言与语言交际行为的规律进行研究，为语料库翻译研究提供了新的研究理念与方法。

2.1.1　20 世纪的翻译理论研究：从语言翻译学派到描写翻译学派

翻译的历史，与人类使用不同语言进行文化交流的历史一样久远。然而翻译活动被纳入科学研究的范畴，拥有自身的研究领域、理论体系与研究方法，是从 20 世纪中叶开始的。

1）语言翻译学派

苏联著名翻译学家费道罗夫（А. В. Фёдоров）于 1953 年出版了代表作《翻译理论概要》（Введение в теорию перевода），第一个从语言学角度对翻译理论进行了系统的研究，首次提出翻译理论是语言学的一个分支，是一门独立的学科，翻译问题只能在语言学领域内求得解决。费道罗夫在书中阐述了翻译学科的性质、特点、任务及与其他的学科的关系。《翻译理论概要》是苏联语言学派翻译理论的开拓性文献，也是整个西方现代翻译学中的重要著作之一,在国内外享有极高的声誉。在这之前,只有美国的奈达(Nida, 1947)发表过类似的观点(李文革,2004:149)。费道罗夫认为,翻译就是用一种语言准确而完整地把另一种语言的内容表达出来(费道罗夫,1955:15),翻译首先要研究的是两种语言之间和各具体语言材料之间的对比关系,无论是文学作品、新闻报道、政论语篇还是科技语篇,都需要将源语与译语进行对比,以寻求语言上的对应,即"等值翻译"。

继费道罗夫之后,巴尔胡达罗夫(Л. С. Бархударов)继承并发展了费道罗夫关于翻译理论是一门语言学科的观点。巴尔胡达罗夫在1975年出版的《语言与翻译》(Язык и перевод)中提出,翻译是人类的一种多方面的活动,不应仅仅将翻译局限于语言学的研究范畴,翻译研究也应是心理学、控制论、信息论及应用教学理论研究的对象,但在翻译活动所涉及的所有理论中,语言学理论应该是最核心最主要的理论。巴尔胡达罗夫认为:"翻译的语言学理论具有双重性,是一门描写性和规约性的学科,以描写为主。翻译的主要任务是描写实际的翻译过程,即揭示从源语到译语转换的客观规律,可以通过对已有译文的分析来发现这些规律……并通过一些术语将翻译过程模式化。"(Бархударов, 1975: 39)

科米萨罗夫(В.Н. Комиссаров)是苏联另一位翻译理论家,较之前两位学者,他更着重强调翻译的语言学性质,提出了"翻译语言学"(Лингвистика перевода)的概念。科米萨罗夫认为,翻译是以语际交流为基础的,涉及两种语言在语法、语义、语用、修辞等方面的"等值"问题。同时,科米萨罗夫致力于研究能够指导译者进行翻译活动的翻译标准,指出制定翻译标准至少应考虑到五个方面的内容:对等性、文体风格、语言的地道使用、实用功能、惯例。

以上简要回顾了苏联三位著名语言学派翻译理论家的学术思想。在同一时期的西方翻译学界,代表人物是美国翻译理论家尤金·奈达(Eugene A. Nida)。奈达同样借鉴现代语言学的知识体系,对翻译理论研究和实践中可能遇到的问题进行了多角度、全方位的探讨。奈达的研究成果非常丰富，涉及范围很广。本书主要从语言学理论的角度出发，从三个方面总结奈达的翻译理论研究。

（1）翻译与传统语言学理论（语法学、语义学）的结合。奈达早期的研究主要是从句法、词语和语义等角度，通过双语对比的方法，对翻译过程进行描写式研究。

（2）翻译与语言交际理论的结合。奈达认为翻译是跨语言、跨文化的交际活动，是两种语言之间传递信息和交流思想的一种方式。因此，翻译学家们应当从信息源、信息内容、信息接受者、信息反馈、噪声、信道和媒介的角度来研究翻译过程。在此基础上，奈达提出了动态对等翻译观，指出译者应从译文接收者的角度出发，着重传达原文的意义和精神，而不拘泥于形式上的对应。

（3）翻译与符号学理论的结合。奈达依据符号学与社会学的理论，创建了新的理论模式，研究源语与译文的形式与意义，强调语言形式与内容的辩证关系，指出言语的内容、言语的语法特征和修辞特征都属于意义的范畴。

20世纪50—70年代的语言学派为翻译研究的发展做出了巨大的贡献。他们首先论证了翻译作为一门独立学科存在的合理性与必要性，为翻译研究在人文学科中争得了一席之地。虽然关于翻译是否能成为一门独立学科的讨论至今还在继续，仍有学者对此心存疑虑，但20世纪50年代以来翻译研究取得的成绩是毋庸置疑的。语言学派对翻译理论的贡献主要有：第一，将翻译研究与语言学理论结合起来，且不断吸收最新的语言学成果，尝试用不同的语言学理论解释翻译过程，描写翻译事实；第二，将翻译研究与对比语言学紧密结合起来，确立了双语对比的翻译研究范式；第三，提出翻译是一门科学，将传统的"工匠式"翻译与现代翻译研究对立起来；第四，关注翻译本身的过程，并关注语言转换规则在翻译过程中的重要作用。

还需要指出的是，很多语言学派学者研究的兴趣点，不仅仅限于翻译与语言学理论的交叉，他们同时也关注翻译与其他学科的关系，如巴尔胡达罗夫提倡将翻译与心理学、文艺理论、信息学等结合以来，奈达积极使用信息学、符号学的知识分析和阐释翻译现象。可以说，语言学派的研究虽然以传统语言学理论为工具，但他们同时也能够兼容并包，为翻译研究开创了一个开源化的研究空间与研究模式。继语言学派之后，翻译学家们积极吸纳其他学科的理论成果，不断深化对翻译过程与翻译本质的探讨。

2）描写翻译学派

描写翻译学派兴起于 20 世纪 70 年代，其重要的理论背景是埃文—左哈尔的多元系统理论。埃文—左哈尔认为，翻译文学是构成译语文化多元系统的独立系统之一，它与其他系统之间发生着动态的关系，根据多元系统的总体特征，翻译文学系统在多元系统内既可以处于边缘位置也可以处于中心位置（Even-Zohar 1978:120）。

多元系统理论对翻译研究最大的贡献在于确立了译语文本在目标语文化系统中的独立地位，打破了翻译文学总是处于次要、从属地位的观念，将翻译研究的重心从源语文化引向了译语文化，译文已不再仅仅是原文的再现和衍生，译文具备自身的规律特征，而这些特征具备很高的研究价值。在多元系统理论的背景下，翻译学家们开始将关注点由原文或双语对比转向了翻译过程与翻译本质，主张在大量真实翻译文本的基础上进行翻译研究。

霍姆斯（J. Holmes）和图里（G. Toury）是描写翻译学派的代表人物。霍姆斯在 1972 年发表的重要论文《翻译学的名称与性质》中提出了翻译学的系统框架：首先，翻译学可以分为纯翻译学和应用翻译学；其次，纯翻译学包括描写翻译学（Descriptive Translation Studies，简称 DTS）和理论翻译学或翻译理论（Translation Theory）；再次，描写翻译学可以分为三个分支，分别以功能、过程、产品为导向。他强调翻译学是一门经验科学，其主要任务是"描写我们经验的世界里所呈现的翻译和翻译现象，建立可以解释和预测这些现象的概括性原则"（Holmes, 1988:71）。图里继承了霍姆斯的理论框架，在《描写翻译学及其他》

一书中他明确地将描写翻译学放在翻译研究的核心位置，"任何经验性科学如果没有适当的描述部分都不能被称为全面和（相对）独立的科学，……只有描写的方法才是验证、反驳和修正理论、检验理论假设的连贯方法论，……描写研究中的所有发现，能够形成一系列连贯的规律，阐明翻译所涉及的一切问题的内在联系"（Toury, 1995:1-16）。

描写翻译学派的主要观点包括：（1）译文具有独立的研究价值，翻译研究应从原有的源语导向论转至目标语导论；（2）翻译研究必须建立在研究大量真实翻译文本的基础上，只有对翻译文本进行经验式的描写，才能总结出翻译的规律；（3）描写的方法分为发现的步骤和证明的步骤，具体包括在译语文化系统中评价译文的可接受性、对比原文与译文（包括原文与译文的比较、同一原文与不同时期译文的比较、译文与译语原创作品的比较）、概括翻译原则三个阶段。同时，应扩大语料范围，在大规模真实语料的基础上检验总结出的翻译规律，并将其上升到纯理论的范畴，最终形成普遍性的、概率性的翻译定律，以解释和预测与翻译有关的所有现象（Toury, 1995:38）。

可以说，描写翻译学派的理论建立在对语言翻译学派进行批判的基础之上。正如霍姆斯所指出的："当代翻译理论许多缺陷和不足之处都是因为现有理论大都是在演绎的基础上发展而来，并不依靠实际发生作用的翻译文本，顶多只是用有限的语料来寻求解释，而不是去证实或证伪"（Holmes, 1994:101）。描写翻译学派将翻译研究的方法由规约式研究引向了描写式研究，注重译文本身和译文产生的环境，因而也被学者称为"经验性"和"重目标文本"的研究方法。著名美国翻译家埃德温·根茨勒（Edwin Gentzler）曾这样评价描写翻译学派的学术贡献："摒弃了翻译中一比一对应观点以及文学语言方面对等的可能性；提出任何译文的产生都涉及译语文化系统内的文学倾向；动摇了原文信息固定不变的观点；提出原文与译文在文化系统的交织结构中合为一体。"（Gentzler, 1993:133—134）。

上文简要回顾了 20 世纪后半叶翻译理论研究的历史。通过语言学派到描写学派的转变,可以观察到翻译研究的目标和导向正在发生变化,其研究的内容、方法与理论正在日趋成熟。当翻译研究的规约性方法逐渐被描写式与经验式方法所取代,当翻译实证研究成为翻译理论的主要来源,如何更加客观、科学而准确地描写翻译事实,如何在足够有说服力的大量真实语料的基础上进行实证研究就成为翻译研究领域迫切需要解决的问题。仅仅对有限语料进行观察描写,很难保障研究结果的客观性与科学性,而依靠人工对大规模语料进行全面描写,又是一项几乎无法完成的"艰巨任务"。由此可见,翻译描写研究必须寻求来自其他学科的"技术支持",在"大数据"的基础上实现对翻译事实的实证描写。

2.1.2　语料库语言学的兴起与发展

如果说描写翻译学为翻译研究的发展指明了一个方向,那么语料库语言学则提供了一套独特有效的研究方法。

语料库语言学兴起于 20 世纪 50 年代。语料库(corpus, корпус)一词源于拉丁语,本义为"身体、躯体",18 世纪后,该词开始用于指称"关于某一主题文字形式的汇编、全集",到 20 世纪 50 年代,该词开始具有现代"语料库"的含义,指的是"用于进行语言分析而收集的大量书面语或口语资料"(OED, 1989:959)。

20 世纪 60 年代初,以夸克(R. Quirk)等为主进行了"英语用法调查(Survey of English Usage)",他们手工建立了现代英语语料库,并在该语料库的基础上完成了《现代英语语法》(*A Grammar of Contemporary English*)和《英语语法大全》(*A Comprehensive Grammar of the English Language*),对现代英语进行了全面而系统的描写。同时,最早的计算机语料库也出现在 20 世纪 60 年代初,是由纳尔逊(F. Nelson)和库切拉(H. Kucera)建立的布朗(BROWN)美国英语语料库。布朗语料库虽然容量并不大,只有 100 万词,但该语料库严格按照随机原则,选材自不同体裁的文本,是第一个英语通用平衡语料库,对语料库语言学的发展产生了重要的影响。

自 20 世纪 60 年代起，随着计算机技术的发展及语料库在词典编撰、语言研究与教学等方面的实际运用，语料库语言学显示了强劲的发展势头。经过几十年的发展，"语料库"已由最初的"用于进行语言分析而收集的大量书面语或口语资料"发展为"运用计算机技术，按照一定的语言学规则，根据特定的语言研究目的而大规模收集并贮存在计算机中的真实语料，这些语料经过一定程度的标注，便于检索，可应用于描述研究与实证研究"（王克非 2012:9）。相应的，语料库语言学也成为出现在计算机科学、普通语言学和应用语言学边缘的一门新的交叉学科。它为语言学研究提供了一种全新的研究思路，它以真实的语言数据为研究对象，它从宏观的角度对大量语言事实进行分析，从中寻找语言使用的规律；它在语言分析方面采用概率法，以实际使用中的语言现象的出现概率为依据建立自然语法，进行语法分析（杨惠中，2002:4）。

我们认为，语料库语言学在研究理念和方法论上为翻译研究所做的贡献，可以概括为以下两个方面：

第一，语料库语言学理论为翻译研究提供了新的研究理念。

语料库语言学的理论源头是以弗斯（J.R. Firth）、韩礼德（M.A.K. Halliday）、辛克莱（J. Sinclair）为代表的英国传统语言学思想。该学派认为语言研究应以真实数据为基础，即以真实文本为主要研究对象进行实证研究；将文本整体作为研究的基本单位；基于文本语料的研究应以对比为基本模式（Stubbs, 1993:8—13）。相应的，语料库语言学以大量真实的语料为研究对象，重视语境在判断语言意义过程中的重要作用，所有的数据与结论均是以一个完整文本或多个完整文本为研究单位，这样得出的数据与结论必然能够对已有的翻译学理论或语言模式进行验证与修正。同时，在大规模语料的基础上，人们通过真实的语境再现，能够发现一些以前未被发现的或未被系统研究的规律性翻译行为。正如著名语料库语言学家辛克莱（Sinclair, 1991）指出的："能够系统地对大量文本语料进行审视,使我们有可能发现一些以前从未有机会发现的语言事实。"

第二,语料库语言学为翻译研究提供了新的语言考察和分析手段。

在现代意义的语料库出现之前,翻译研究的方法往往是经验式的,其规约式的研究缺少定量数据的支撑,采集和使用翻译材料的方法主要为内省法与诱导法。尽管很多研究均使用真实翻译语料作为例证,但这些例证的选取往往是随意的、有选择的,或是研究者认为典型的,并非建立在全部文本数据的基础之上。这种研究方法有可能导致其结论具有一定的主观性,缺乏科学的验证与推导。语料库语言学在语料的采集和使用、研究推导的模式等方面均有了新的突破:

(1)以概率统计为基础的科学化数据论证方式。

首先,语料库所采集的语料严格依据统计学的抽样原则,既考虑到语料的代表性,也考虑到语料的平衡性。在语料取样科学有效的基础上,语料库的相关数据就具备了代表性与可参照性;其次,语料库检索软件的设计与实现均遵循统计学的运算原则,能够保障数据结论的科学性。

(2)以属性标注为基础的双语平行对比研究模式。

现代语料库的标志之一是结构化的语料,即按照一定的原则和目的对语料进行标注处理。经过标注处理的语料便于检索,尤其在双语平行语料库中,按照一定属性检索到的语料能够直接支持相关的语言描写研究与实证研究。

目前,语料库语言学研究的范围正在不断扩大。学者们积极拓宽研究领域,利用语料库进行多种交叉学科的研究,具体涉及理论语言学、话语分析、语用学、词典学、文体学、语言教学、语言测试、社会语言学等多个学科领域。

除上文提及的研究理念与方法论之外,语料库语言学也为翻译研究贡献了一系列大型通用平衡语料库与文本检索分析工具。可以说,这些语料库与检索工具能够为每一位翻译研究者提供有效的例证支持及直观数据。它们具体包括：

（1）大型平衡通用语料库，其中不乏国家级亿万容量的"超级语料库"。如英语方面：共建英语语料库（COBUILD）、朗文语料库（LONGMAN）、英国国家语料库（BNC）、国际英语语料库（ICE）；俄语方面：俄语国家语料库（НКРЯ）；汉语方面：BCC 汉语语料库（北京语言大学主持研制）、北京大学 CCL 现代汉语语料库（北京大学主持研制）等。

（2）语料库标注与检索软件的大规模研发。目前，英语界已成功研发了 CLAWS 词性标注系统（part-of-speech tagger）、Tree Tagger 词性标注系统（支持包括俄语在内的多国语言的词性自动标注软件）、句法标注系统（Syntactic Parser）、USAS 语义标注（Semantic Tagger）系统、韵律标注（Prosodic Annotation）系统、指代关系标注（Anaphoric Annotation）系统等多个语料库标注系统。在俄罗斯，由谢加洛维奇（И. В. Сегалович）和季托夫（В. Л. Титов）主持研发的 Mystem 系统，已经能够实现机器自动标注俄语文本的词性与一些句法属性。汉语不同于印欧语系的多种语言，要对汉语进行标注，首先需要对汉语文本进行切词处理。目前国内学者研发了多种切词软件，其中 ICTCLAS 切词系统的准确率较高。在切词的基础上，需要结合语义分析系统，才能够对汉语的词性进行准确率较高的标注。

综上可知，描写翻译学派与语料库语言学的兴起与发展，为语料库翻译研究提供了理论与方法论上的有效支撑。且描写翻译研究与语料库语言学之间存在着很多的共同点："他们的研究对象都是真实使用的文本，本质上都是假设检验，研究对象都放在语言的规律性特征上，方法均以文本对比为基本模式，这些共同点成为二者结合建立语料库翻译学研究分支的基础。"（黄立波，2014:11）

2.2 语料库翻译研究范式

20世纪90年代,在描写翻译学派理论的基础上,一些学者将语料库语言学方法与翻译研究结合起来,开创了翻译学领域的新分支——语料库翻译研究(Corpus Translation Studies, CTS)。在过去的三十多年时间里,随着描写翻译理论的进一步深化与计算机技术的发展,语料库翻译研究方兴未艾,取得了令人瞩目的成就。本节将从语料库翻译研究的研究内容与研究途径两个方面论述基于语料库的翻译研究范式。

2.2.1 以翻译语言普遍性特征为主的研究内容

语料库翻译研究是以真实的翻译文本为研究对象,通过对真正发生的翻译事实进行描写,以概率和统计为手段,探索翻译过程的本质特征。在研究内容方面,贝克(1993)提出,用语料库研究翻译主要是从翻译文本入手,从以下几个方面展开:(1)翻译语言普遍特征(universal features of translation)(后称翻译共性,translation universals),具体包括显化(explicitation)、消歧(disambiguation)、简化(simplification)、语法性(grammaticality)、避免重复、过度凸显目标语语言特征,以及某些特征的特定分布;(2)特定社会—文化语境下的翻译规范;(3)翻译中介过程(the intermediate stages of translation)研究、翻译单位的大小与性质,以及对等的类型与层次等(同上:243—248)。从后来的发展看,前两类课题得到了较为充分的关注,其中共性研究成果最丰富,但第三类课题受到的关注则较少(黄立波等,2012:29)。结合本书的研究对象,下文将重点论述语料库语言学对翻译语言普遍性特征的研究,及与翻译语言普遍性相关的译者风格的研究。

1)翻译共性研究

翻译共性是指翻译语言作为一种客观存在的语言变体,相对于源语或目标语原创语言在整体上表现出来的一些规律性语言特征。荷兰翻译学家切斯特曼(Andrew Chesterman)(2004a,2004b)将翻译共性研究划分为源语型共性（S-universals）和目标语型共性（T-universals）两大类，前者基于源语文本与译文之间的语际对比关系，关注译者对源语文本的处理方式；后者关注目标语中翻译文本与非翻译文本之间的语内类比关系，重点描述译文对目标语原创文本的偏离。

三十年以来的翻译共性研究可以按照切斯特曼提出的两大类别进行划分：（1）以贝克为代表的学者所进行的翻译共性研究属于目标语型共性研究。贝克将其定义为"翻译文本而不是原话语中出现的典型语言特征，并且这些特征不是特定语言系统干扰的结果"（Baker, 1993:243）。贝克认为，翻译语言作为"第三类符号[①]"，具有自身独特的、不受源语影响的规律和特征。对翻译语言特征的描写，可以借助文本的类/形符比和词汇密度等统计手段（Baker, 1995:235-238），通过将译语与目标语原创作品进行对比而获得（Baker, 1995, 1996; Olohan&Baker, 2000; Puurtinen, 1998, 2003a, 2003b; 胡显耀, 2006 等）。（2）以我国学者柯飞（2005）为代表的翻译共性研究属于源语型共性研究。柯飞所提出的"翻译共性"是指"译文中呈现的有别于原文的一些典型的、跨语言的、有一定普遍性的特征"。这种研究方法采用语际对比的方式双向考察翻译共性，其结果不同于目标语对比模式（Schmied&Schaffler 1997, Øveras 1998, Kenny 2000 等）。

无论是以上哪一种研究模式，其方法都是从译本语言特征入手，采用语际、语内或两者结合的对比模式，以概率和统计为手段，探索翻译语言的规律性特征，并结合语言内或语言外的因素对规律性特征加以解释。翻译共性研究的内容通常包括译文在词语、句子上的一些显著特征，如显化、隐化、简化、繁化、陌生化、传统化等。其研究步骤为：创建双语或单语语料库，通过观察与描写具有某个特征的语言检索项，提出关于翻译语言共性的假设，在语料库数据的基础上检验共性假设，结合语言内、外的因素，解释该假设存在的背后制约影响因素，最后在此基

[①] "第三符号"（Third Code），即翻译文本，指的是译文以一套独立的符号出现，具有其自身的标准、结构预设、秩序（Frawley 1984，见 Cowie 1997 172-173）。

础上为后续研究提出新的假设。

下文以翻译共性研究的"显化①"为例,举例说明两种对比研究模式研究方法的差异。

在目标语型共性研究中,学者将译文与目标语原创文本进行对比,如贝克与奥洛汉(M. Olohan)(2000)以翻译英语语料库(TEC)与英语国家语料库(BNC)为语料来源,对转述动词后选择性 that 的频次进行了对比研究;胡显耀(2006)以当代汉语翻译小说语料库与兰卡斯特汉语语料库为语料来源,讨论了汉语翻译小说助词的显化问题。

在源语型共性研究中,学者通常以平行语料库为基础,从语言转换入手研究翻译语言在源语的影响下表现出的一些规律性特征。如施密德(J. Schmied)和舍夫勒(H. Schäffler)以克姆尼茨英德翻译语料库(Chemnitz English-German translation Corpus)为基础,在双语对比的基础上,将英德翻译中的显化问题分为结构显化和非结构显化两类,分别体现在词汇和语法两个层面;柯飞(2003)以英汉/汉英语料为基础,对英汉转化过程中"把"字句的分布特点进行了考察。

2)译者风格研究

译者风格,也称译者文体,指的是"留在文本中的一系列语言及非语言的个性特征",即一位译者在翻译不同作品时,其所有译文表现出的规律性语言模式,这些语言模式并非一次性的,而是译者偏爱、反复出现、习惯性的语言模式,而这些特征是完全不受源文本或原作家语言风格影响的结果(Baker, 2000:245)。除典型的语言运用习惯外,译者风格还包括译者的选材、惯用的具体策略,包括前言、后记、脚注、文中词汇注释等。

基于语料库的译者风格研究模式,与翻译共性的研究基本一致,可根据研究所需语料库的不同,分为单语类比模式与双语平行模式。单语

---

① 显化,又称明晰化,是指目标文本以更明显的形式表述原文的信息,是译者在翻译过程中增添解释性短语或添加连接词等来增强译本的逻辑性和易解性,从而使原文艰涩晦暗之处在译文中变得清晰、明白、浅显。

类比模式指的是将译文与目标语原创作品进行对比，关注不同译者各自所有译文表现出的整体风格差异，如在词语变化度、句子复杂程度、叙事方式等方面的不同。具体的研究方法以贝克（2000）的研究为例：贝克在语料库检索数据的基础上，从类符/形符比、平均句长以及词项"say"的使用，对比分析了翻译英语语料库中收录的彼得·布什（Peter Bush）和彼得·克拉克（Peter Clark）两位译者的翻译作品。前者的译著源自三种语言：巴西葡萄牙语、本土西班牙语和南美西班牙语，后者的译著源自两个风格差异较大的阿拉伯语作家。在语料库检索数据的基础上，贝克描写了两位译者在翻译语言特征与语言运用习惯方面的差异，并结合两位译者的文化背景及源语与目标语在文化上的距离等对这种差异进行了解释。

双语平行模式关注不同译者对相同原文处理方式的异同，既可以是译本语言宏观层面上的差异，也可以是微观层面上具体语言项的差异。在这种模式下，研究者关注的不再是译语与目标语原创文本之间的偏离，而是不同译者在翻译相同原文时表现出的彼此间的差异。如博索（C. Bosseaux）（2001）考察了弗吉尼亚·伍尔夫（Virginia Woolf）小说《海浪》（The Waves）两个译本之间的差异，其考察参数与贝克（2000）大致相同，包括类符/形符比、平均句长、文化特有词项等，但博索研究的是两个译本不同的翻译语言处理方式，其研究模式与贝克有着根本的不同。

2.2.2　以假设检验为主的研究路径

关于语料库翻译研究的研究路径，拉维奥萨有过很经典的论述。她指出，语料库翻译研究的本质就是对假设进行检验：

（1）提出假设；

（2）建立研究目标并对假设进行验证；

（3）描写和分析数据；

（4）对发现进行理论阐述；

（5）将假设精确化；

（6）在此基础上为将来的研究提出新的假设，在重复运作的基础上对理论进行修正和完善并建立初步的方法论体系。

"提出假设"是语料库翻译研究的开端。这里的"提出假设"，指的是在已观察到的事实上提出某一假设，并通过检索数据、描述数据、分析数据、解释数据、优化假设、再提出新假设的办法，完成假设推理。从逻辑推理的角度而言，属于逆证法①。

同样以翻译共性研究中的"显化"为例，上述路径可理解如下：首先，研究者通过观察大量翻译语料，发现译者在翻译过程中会增添解释性短语或添加连接词等来增强译本的逻辑性和易解性，研究者在此基础上提出了"译本显化"的假设，通过创建类比语料库，检索某个可观察到的显化标记（如连接词），然后对检索结果进行统计与描述，并结合语言学理论解释检索结果，进而提出更精确的关于译文是否具有显化特征的结论，并在此基础上提出新的关于显化的假设（如助词是否具备显化倾向等）。

可以说，拉维奥萨关于假设推理的观点比较准确地概括了当前语料库翻译研究的路径。鉴于本书的研究建立在自建语料库的基础上，因此下面将逐一阐述基于自建语料库的翻译语言特征研究的具体操作步骤：

1）创建语料库

创建语料库需要遵循一系列科学的原则和方法。语料库的创建主要包括根据研究目标确定总体设计原则、对语料进行界定、采集和处理等。处理的过程包括文本句子层面的对齐、对语料进行分词处理和属性标注等。在科学原则基础上而创建的现代化语料库，能够有效地支持翻译语

---

① 逆证法，由美国著名逻辑学家皮尔斯（Charles Sanders Peirce）提出。逆证可表述为：**前提：观察到令人惊奇的事实 C；若 A 正确，C 就可能是当然的；结论：因此有理由相信 A 是正确的。**（引自王克非，2012:30）逆证法属于推理的一种，是从个体到一般的推理过程，与演绎法从一般到个体的推理方式不同。严格来说，其并没有逻辑上的有效性。然而，逆证法是科学发现的重要方法之一，尤其是对语言学研究而言。语言学的研究，往往是通过观察已知的事实，通过归纳和逆证的方法，最终做出结论。翻译学的研究也是如此。翻译作为一种经验型的活动，对翻译事实的观察往往是第一位的，是翻译研究的开端。

言特征研究。

2）确定对比模式

不同对比模式下的语料库创建原则、语料类型、研究依据理论、研究方法及结论均不尽相同。总的来说，语料库翻译研究的对比模式可分为目标语单语类比模式、双语平行模式。

目标语单语类比模式是在语料库翻译研究初期由贝克（1995）提出的。这种模式通过建立类比语料库，进行译文与目标语原创文本之间的对比。贝克指出：类比语料库由同一种语言（目标语）语言的两类文本组成，一类是原创文本，另一类是译自一种或多种其他语言的翻译文本，两类文本在语域、语体、时间跨度和大小等方面相似（同上：234）。这种对比方式以翻译文本作为语料，以目标语中同类非翻译文本作为参照库，探索翻译文本或翻译语言不同于目标语原创文本的普遍特征。双语平行模式以双语平行语料库为基础，通过语际对比的方法描述翻译语言的特征与规律。它以双语平行语料作为研究对象，以具体的考察项为切入点，通过对比观察两种语言，进行翻译共性与译者风格的研究。

3）确定描写参数

在语料库翻译研究过程中，选择合适的切入点——即利用双语库能给翻译研究带来什么新发现、新解释或提出什么新问题非常重要（王克非，2012:17）。这里的切入点，与语言特征的描写参数同义。描写参数的确定一方面应充分借鉴现代语言学的研究成果，关注语言学与翻译学的热点问题，另一方面也难免受到目前计算机技术的影响，一些较为复杂的句法或语篇属性的标注与检索还很难实现。

4）描写与分析数据

研究翻译语言特征所需的数据主要来自两个方面：一是语料库检索软件输出的相关数据，具体包括类/形符比、词汇密度、平均句长、高频词表、关键词表等；二是在语料库检索平台或软件的支持下，检索某个具体语言项或翻译单位，通过语境共现的方式来对语料进行梳理与统计；三是通过检索语料库已完成的标注属性，进行标注属性的相关研究，但这种方法通常对语料库数据的结构化程度要求较高,要求语料带有一些词法或句法的相关属性标注。

5)解释数据

解释数据是语料库翻译研究中最重要的环节。所有对翻译活动进行的数据层面的描写、统计、分析、对比,都是为了客观地再现翻译事实。在客观翻译事实的基础上如何阐释数据背后的深层次原因,是研究的目的所在。随着翻译研究跨学科趋势的不断凸显,能够影响并解释翻译活动的因素不仅仅局限在传统语言学内,还涉及社会语言学、心理语言学、认知语言学、文化学等学科。

综上所述,基于语料库的翻译研究是一种以假设为出发点、以语料库为研究手段、以数据统计为基础、以翻译理论为支撑、以假设检验为路径、以提出新的假设为目标的实证研究。

2.3 当代语料库翻译研究的发展趋势

自贝克 1993 年提出"基于语料库的翻译研究"至今,语料库翻译研究已经历了三十多年的发展历程,取得了一系列有价值、有影响力的研究成果。在梳理与总结三十几年来研究成果的基础上,我们认为语料库翻译研究当前的发展趋势主要包括以下几个方面。

2.3.1 对比研究模式的整合与优化

基于语料库的翻译研究主要包括两种对比模式,一种是贝克依据埃文—左哈尔的多元系统论而提出的单语类比模式,不考虑源语与译文之间的联系,只考察译文与目标语原创文本之间的差异,通过语料库检索数据揭示两者之间的差异,并分析数据差异背后的语言学及社会、文化因素。贝克提出的单语类比模式一度是语料库翻译研究的主要模式。然而一些学者认为,考察译文的特点不能将其与源文本完全割裂开来,源语固有的语言特点会对翻译语言特征产生很大的影响,基于平行语料库的双语对比模式同样也是翻译语言特征与译者风格研究的重要考察手段。

目前，基于两种对比模式的研究成果均比较丰富，然而随着研究领域的拓展与语料库技术手段的进步，越来越多的学者发现，虽然单语类比模式、双语对比模式，对翻译语言特征与译者风格均有一定的解释能力，但仅依靠一种对比模式得出的结论往往无法全面描述翻译语言的本质特征或揭示翻译家的具体翻译风格，应当对现有的两种对比模式进行整合与优化，建立一种多重复合的对比模式，全面地描述与阐释翻译语言特征。

2.3.2 研究领域的纵深拓展

语料库翻译研究关注的重点从翻译内部扩展到了翻译外部，重视研究制约翻译文本生成的各种因素，以及由翻译带来的语言间的各种互动与语言本身的变化。语料库翻译研究发展的初期，研究重心主要集中在对翻译语言特征进行形式化的考察，其考察角度主要包括形/类符比、平均句长、词汇密度等。近年来的翻译研究将翻译作为语言接触的一种形式，关注翻译活动带来的语言变化，其研究视角更多转向句法、语篇等层面的语言特征。

无论是在翻译语言的宏观层面，还是在微观层面，基于语料库的翻译研究均在不断地发展。在宏观层面，随着自然语言分析处理技术的不断发展，出现了更多的语料标注形式及整体描写参数；在微观层面，研究者们将更多的句法和语篇层面特征纳入描写参数体系，研究的广度和深度均有所拓展。

2.3.3 跨学科性与实证性的增强

近年来，对翻译语言特征与译者风格的研究不再仅限于描写，而是将重点放在解释力上，实证性和跨学科性进一步增强。切斯特曼（2004）认为，对翻译共性的解释可以从人类认知、翻译作为沟通行为的本质和译者对自身社会—文化角色的认知三个方面进行。拉维奥萨（2007:57）

在描述翻译共性取得的成绩时指出,尽管语料库研究方法有很大的潜力,但其仍是众多研究方法中的一种,需要与其他方法结合使用,不能仅限于描写—分析模式,更要向探索—解释方向发展。将社会学、心理语言学、认知语言学的知识应用到语料库翻译研究中,研究的跨学科性可进一步推动语料库翻译研究的发展。

综合语料库翻译研究的现状与趋势,结合我国语料库翻译研究的现状,我们认为,当前我国俄语界基于语料库的翻译研究尚处于起步阶段,缺少相关的标志性研究成果。而俄罗斯文学在我国的译介有着近百年的历史,俄罗斯作家的作品被我国读者广为熟知,且很多经典作品都在不同时代被多位译者译介,其经典文学的汉译本是非常有价值的研究对象。本书拟结合当前语料库翻译研究的发展趋势,以契诃夫短篇小说的三个汉译本为主要语料,在俄汉双语平行语料库与单语类比库的基础上,尝试确定基于语料库的俄译汉翻译小说语言特征考察维度与描写参数体系,探索文学翻译语言特征研究模式,全面描写、分析契诃夫小说译本的语言特征,并探讨三位译者翻译风格的异同。

2.4 基于俄汉平行语料库的文学翻译语言特征研究模式构建

在语料库翻译研究已有成果的基础上,结合当前学科的发展趋势,本书将从三个角度探讨基于俄汉平行语料库的文学翻译语言特征研究模式的构建。

2.4.1 宏观与微观相结合的多维度描写框架

对翻译语言特征进行整体描写的第一步,就是确定层次分明、逻辑清晰的描写维度。据上文梳理的翻译语言特征研究综述可知,目前的相关研究相对局部、孤立和片段化,主要考察某一个或某几个具体的描写参数,全面而具整体性的描写维度尚无范例可循。

在语料库翻译研究理论与方法论的指导下,结合当前已有的研究成果，本书拟从译文语言宏观层面特征、译文语言微观层面特征、译者风格三个维度描写翻译语言的规律性特征。上述三个描写维度的确立，主要基于以下两点考虑：

（1）宏观与微观是语言特征研究的两个有效维度，它们既是一个整体，同时又相互独立，相互补充。宏观语言特征指的是翻译语言相对于非翻译语言表现出的一些整体特征和趋向，其研究以单语类比模式为主、双语平行模式为辅，研究所需数据以语料库检索软件输出的固定描写参数为主；微观语言特征指的是译文某些具体语言项在源文本影响下表现出的特征和趋向，其研究以双语平行模式为主、单语类比模式为辅，研究所需数据以语料库平台对某一词项或翻译单位的检索输出结果为主。翻译语言的宏观特征与微观特征是一个有机联系着的整体，它们的研究范畴既包括全景式的整体描写，又能够对具体语言项特征进行深度挖掘，其研究数据与结果既能够独立说明翻译语言的某种规律性特征，又能够彼此支撑，相互印证。

（2）本书的研究对象是翻译文学文本，它不同于其他语体的翻译文本，具有主观性强、译者风格明显的特点。对翻译文学的语言特征进行研究，需要充分考虑到译者因素的影响。因此，本书将译者风格作为第三个描写维度，在前两个维度的研究基础上，分别考察三位著名翻译家的个体翻译风格，并尝试分析译者风格形成的影响因素。

译者风格与前两个维度之间的关系，是一种整体研究与个案研究、基础研究与延展研究的关系。一方面，宏观与微观层面的语言特征是对翻译语言特征的整体描写，其结论建立在三个译本共同数据的基础之上，是一种整体化、基础性的研究。另一方面，三个译本源自不同的译者，各自独立。对三个译本各自语言特征的描写、统计与分析，能够帮助我们考察三位译者不同的翻译风格，探索译者风格的影响因素，是一种个案式、延展性的研究。整体与个案、基础与延展的结合，能够更加全面地描写翻译语言特征，尤其是翻译文学语言的规律性特征。

2.4.2 多参数视角下的多重复合对比研究模式

多重复合对比模式代表了语料库翻译研究的发展趋势，它打破了单语类比与双语平行模式之间的壁垒，将两种方法整合优化，并在研究过程中考虑历时与共时的差异，力求全面地描述翻译活动的本质特征。本书的研究正是基于多重复合对比模式的研究。

我们认为，多重复合对比模式指的是以语种、译者、时间为对比参数，通过建设多个单语或双语平行语料库，综合考察翻译语言在不同语种之间、不同译者之间、不同时间范围内所表现出的规律性特征，力求全面而准确地描述翻译行为的本质属性，研究者可根据不同的课题来选择相应的对比模式。由上述定义可知，多重复合对比模式，不仅仅包括上文所论及的单语类比模式与双语平行模式，还包括语种、时间、译者等多个对比维度，是一个多角度、多层面的对比研究模式。结合本书的研究内容，现将本书中多重复合对比模式的具体表现形式阐述如下：

（1）单语类比与双语平行模式相结合

美国当代翻译研究家蒂莫奇科（M. Tymoczko）曾指出，语料库翻译学的主要吸引力不是首先去找寻普遍性，而是首先以可操作的形式搞清楚翻译中涉及的不同语言和文化中的具体的语言现象（Tymoczko, 1998:655-656）。虽然语料库翻译研究始于基于单语类比模式的翻译普遍性研究，但绝不能仅局限于此。基于双语平行模式的微观语言转换规则研究同样是翻译语言特征研究的重要组成部分，甚至应是更重要的一部分，因为它能够为宏观的翻译普遍性研究提供更多翻译事实和统计数据支撑，并最终修正和优化翻译普遍性的研究。因此，本书对翻译语言特征的研究建立在单语类比和双语平行模式结合的基础之上，根据不同的描写维度与描写参数，选择不同的类比模式，或同时使用两种模式进行研究。

（2）翻译语言特征与译者风格相结合

为了更好地描写本书所研究的翻译语言的文学属性，凸显译者在文学翻译中的重要作用，本书在对翻译语言特征进行宏观与微观研究的基础上，对三个译本各自的语言特征进行描写，总结三位翻译家不同的翻译风格，并进一步探索译者风格的成因。

（3）译本的共时与历时因素相结合

对多译本翻译语言特征的研究，应充分考虑译本之间的时间差异，探索不同历史时期的语言变化对译本语言的影响。本书研究所涉及的三个译本产生时间不同，汝龙译本翻译于 20 世纪中期，而沈念驹与冯加译本翻译于 20 世纪末。现代汉语在近半个世纪之中的发展与变化，是三个译本语言差异的影响因素之一。

2.4.3　兼顾源 / 译语系统的典型化语言特征描写参数体系

对翻译语言特征的描写最终要落实到具体的语言考察参数项，即语言描写参数。在确定描写参数的过程中，主要需要考虑以下三个因素：

第一，在翻译语言的宏观层面上，描写参数应具有代表性，能够客观而全面地反映宏观描写维度下翻译语言的规律性特征。在译文语言的宏观维度下，本书根据词语和句子两个层面确定描写参数。其中词语层面的描写参数包括词语变化度、词汇密度、高频词表，句子层面的描写参数包括平均句长、句子连接成分等。这些描写参数主要通过语料库检索软件获得，能够对译文语言的规律性特征进行整体描写。

第二，在翻译语言的微观层面上，描写参数应具有典型性。这里的"典型性"指的是在双语平行对比模式下，与源语语言特征密切相关的一些具体语言项，主要是指源语中典型而译入语中不存在的语言项，即上文谈到的"语言真空项"。

在本书中，这些微观层面的具体语言项主要包括：副动词短语、形动词短语、无人称句、который 定语从句、чтобы 从句。选择上述五个具体语言项，主要基于以下几点原因：

（1）双语平行对比模式是一种充分考虑源文本语言特征的研究模式，其研究目的在于通过源文本与译文进行平行对比研究，深入描写某一语言项的翻译转换形式，并在对大量真实语料进行描写的基础上，总结和归纳规律性的翻译语言特征。显然，在这种对比模式下，源语中存在而译入语中不存在的语言项（也称"语言真空项"）最具典型性和研究价值，因为译者在翻译具有这种特点的源语语言项时，无法在译入语中轻易找到与之完全对应的语言结构，需要将其转换为译入语系统中相似的或完全不同的语法或语义结构，在这种转换模式下产生的译文，无疑更具有对比研究的价值，更能够凸显翻译转换过程中的翻译策略与译者风格，从而更好地辅助微观层面的翻译语言特征研究。

（2）上述五个具体语言项在源语中具有典型性，能够涉及简单句扩展成分、单部句及主从复合句等多种语法形式。

（3）上述五个具体语言项在译文中具有普遍性。本书选择上述五个具体语言项作为微观层面的描写参数，不仅因为它们符合"语言真空项"的要求，同时也由于它们在译文中出现的频率较高，均是译文中的普遍语言现象，研究语料丰富。

第三，描写参数应具有可操作性，能够得到当前语料库检索软件的支持。基于语料库的翻译研究，是计算机技术支持下的大数据研究，不可避免地会受到当前计算机技术发展的限制，在参数选择的范围上具有一定的局限性。目前，语料库翻译研究的参数主要可以通过以下方法获得：

（1）语料库软件统计和输出的固定描写参数，具体包括词语变化度、词汇密度、高频词表、关键词表、平均句长、平均词长等，这部分参数是相对固定的。

（2）语料库中已标注好的语料属性，这些标注属性可以成为翻译语言特征的描写参数，但这要取决于语料库数据的结构化程度。语料库中数据的结构化程度越高，描写参数的选择就越多。以文本研究所依托的俄汉文学翻译语料库为例，该语料库从源文本属性和译文属性两个层面，对词法、句法、修辞、翻译技巧等进行了属性标注，这样的语料库能够为翻译语言特征研究提供更多描写参数资源。

（3）基于语料库检索平台的具体语言项。这部分参数选择是最自由的，简单而言，就是在语料库中检索研究需要的具体词语。但这同时也是最受限制的描写参数，因为从目前语料库检索技术来看，仅能支持某个词、词组或结构的检索，不能对某一句型、某种语篇属性进行一键式的检索（已经过属性标注的语料除外）。本书研究所依托的俄汉文学翻译语料库，具有强大的搜索功能，能够一键检索某一俄语单词的所有变化形式，大大简化了搜索过程，提高了检索结果获取的效率。

综上所述，在三个选择因素的影响与限制下，本书将描写参数体系确定如下：

表 2.1 多维度描写框架下的描写参数体系

描写维度	具体参数		其他变量
宏观层面	词语层面	(1) 词语变化度 (2) 词汇密度 (3) 高频词表 ……	对比模式 （单语类比模式） （双语平行模式） 译者变量 （汝龙译本） （沈念驹译本） （冯加译本） 时间变量 （共时译本） （历时译本）
	句子层面	(1) 平均句长 (2) 句子连接成分 ……	
微观层面	译自副动词短语的译文		
	译自形动词短语的译文		
	译自无人称句的译文		
	译自 который 定语从句的译文		
	译自 чтобы 从句的译文		
	……		
译者风格	宏观层面	宏观描写维度的各译本统计参数	
	微观层面	微观描写维度的各译本统计参数	

由表 2.1 可知，文学翻译语言特征研究是在多维度的整体描写框架下，采用多重复合对比模式，将单语类比和双语平行模式相结合，将译者与时间作为描写参数变量，具体从译文语言的宏观层面特征、译文语

言的微观层面特征、译者风格三个维度，对翻译语言特征进行的系统性描写。其中，宏观层面的描写参数分为词语和句子两个层面，词语层面的描写参数为：词语变化度、词汇密度、高频词表等；句子层面的描写参数包括平均句长、句子连接成分等。微观层面的描写参数包括副动词短语、形动词短语、无人称句、который 定语从句、чтобы 从句等；译者风格层面主要包括宏观数据与微观数据两个方面，其中具体的描写参数与上述两个维度相同，但将对三个译本的翻译语言特征进行独立的统计与描写，最后在统计数据的基础上，探讨三位译者翻译风格的成因。

需要指出的是，由于本书是基于语料库的研究，需依靠语料库应用软件进行检索与分析，所以研究描写参数难免受到语料库应用软件发展水平的制约，难以面面俱到。但同时，这也是一个开放的研究框架，随着计算机技术的发展和研究的深入还会产生更多视角与切入点。

本章小结

本章介绍了语料库翻译研究的理论依据、语料库翻译研究范式与基于俄汉平行语料库的文学翻译语言特征模式的构建原则与实现路径。通过对相关理论的梳理与对以往研究框架的整合与优化，我们可以得出以下结论：

（1）语料库翻译研究植根于描写翻译学派与语料库语言学。前者为语料库翻译研究提供了理论支撑，后者为其提供了方法论指导。建立在描写翻译学与语料库语言学基础上的语料库翻译研究以译语为导向，重视翻译文本在目标语文化中的地位，用描写和实证的研究方法，在语料库及语料库检索软件的支持下，自下而上地描写翻译事实，揭示翻译活动的本质规律。

（2）语料库翻译研究具有一套较为完整的研究体系。其在研究理念、研究对象与内容、研究途径与方法上都具有区别于其他学科或学科分支的独特之处。三十多年来，语料库翻译研究取得了一系列令人瞩目的成果，人们通过创建单语或双语翻译语料库，采用单语类比或双语平行的方法，从不同的切入点和视角描写并解释了翻译语言的规律性特征，力求通过对翻译语言规律性特征的描写来揭示翻译活动的本质规律。

纵观目前语料库翻译研究的已有成果，尤其是我国俄语界的相关研究成果，围绕某位作家或某类作品的翻译语言特征的整体化研究仍显不足，且缺少对现有研究视角与研究方法的整合与创新。

3）多重复合对比模式符合语料库翻译研究的发展趋势，是全面描写翻译语言特征与译者风格的有效方法。建立在多重复合对比模式基础上的文学翻译语言特征研究框架，融合了对比模式、译者、时间等多个变量，以宏观层面语言特征、微观层面语言特征及译者风格为描写维度，通过对不同维度下具体描写参数的检索与分析，阐述数据背后的影响因素，探索翻译语言的规律性特征。

契诃夫是深受我国读者喜爱的俄罗斯著名短篇小说家，其作品语言经典凝练，译文版本较多，具有重要的学术研究价值。本书选择契诃夫的多部小说作为源文本，三位著名翻译家的汉语译文作为平行译本，在对比分析源文本与三个译本、三个译本与汉语原创、汉语翻译文学及汉语总体的基础上，全面系统地描写译自俄国经典作家的、拥有多译本平行资源的翻译语言的特征。

第三章　多重复合对比模式下的译文语言宏观特征

　　本章考察的是多重复合对比模式下的俄译汉翻译小说语言的宏观特征。译文语言的宏观特征通常通过单语类比模式获得，以汉语原创文本或汉语翻译文本为比照对象，描写翻译小说在汉语文学系统中表现出的规律性语言特征。

　　与以往仅基于单语类比模式的译文语言宏观特征研究不同，本章对译文语言宏观特征的研究基于多重复合的对比模式，以单语类比模式为主，以双语平行模式为辅，同时考虑译者、时间等变量。本章的研究从词语和句子两个层面展开，词语层面的描写参数包括词语变化度、词汇密度、高频词表；句子层面的描写参数包括平均句长、句子连接成分。本章研究所依托的语料库是俄汉文学翻译语料库，现将语料库收录的源文本与译文情况简要介绍如下：

　　基于契诃夫小说的俄汉文学翻译语料库共收录契诃夫的«Анна на шее»«Ванька»«Смерть чиновника»«Толстый и тонкий»«Хамелеон»«Человек в футляре»«Крыжовник» 七部短篇小说和 «Палата № 6» 一部中篇小说。这些作品的原文出自 1983—1986 年间俄罗斯科学出版社出版发行的 30 卷本《契诃夫作品全集》；汉语译本选择的是汝龙译《契诃夫小说全集》、沈念驹译《契诃夫短篇小说精选》和冯加译《契诃夫中短篇小说集》，作品原文与译名对应如下：

表 3.1 俄汉文学翻译语料库俄语源文本与汉语译本对照关系表

源文本名称	汝龙译本	沈念驹译本	冯加译本
Анна на шее	挂在脖子上的安娜	挂在脖子上的安娜	脖子上的安娜
Ванька	万卡	万卡	万卡
Смерть чиновника	一个文官的死	小官吏之死	小职员之死
Толстый и тонкий	胖子和瘦子	胖子和瘦子	胖子和瘦子
Хамелеон	变色龙	变色龙	变色龙
Человек в футляре	套中人	套中人	套中人
Крыжовник	醋栗	醋栗	醋栗
Палата № 6	第六病室	六号病房	第六病室

本章研究所需的参照库是兰卡斯特现代汉语语料库（The Lancaster Corpus of Mandarin Chinese，下文简称 LCMC）、兰卡斯特现代汉语语料库的小说子集库（下文简称 LCMC-N）、当代汉语翻译小说语料库（The Contemporary Chinese Translated Fiction Corpus，下文简称 CCTFC），和契诃夫文学作品语言的语法—语义词频语料库（Частотный грамматико-семантический корпус языка художественных произведений А. П. Чехова）。

3.1 词语层面的译文语言宏观特征

3.1.1 词语变化度特征

词语的变化度，也称类符/形符比和标准化类符/形符比。所谓形符（Token），是指文本一共有多少个词，而类符（Type）是指文本一共有多少个不同的词形。单纯的形符数和类符数不能反映文本的本质特征，但两者的比率——类符/形符比（Type/Token Ratio，简称 TTR）——却在一定程度上反映了文本的某种本质特征，即用词的变化性（杨惠中，2002:153）。比较不同译本、译本与汉语原创文本、来自不同源语译本的 TTR，可以判断各个文本词语变化程度上的差异。TTR 越大，说明译本中所使用的不同词语越多，反之，不同词语则越少。然而，语料库文本容量大，会导致其TTR变小，因此要用标准化类符/形符比（Standard Type/Token Ratio，简称STTR）保障不同容量文本之间TTR的可比性。STTR通常以1000个形符为单位，分批计算文本的类符/形符比，再求平均值。

TTR的计算公式为：

TTR= 类符数÷形符数×100%

STTR的计算公式为：

STTR=(类符数1÷形符数1+ 类符数2÷形符数2+...+ 类符数n÷形符数n)÷n×100%

本书运用NLPIR汉语分词系统将汉语译文切分至词语级别，并使用WordSmith6.0、AntConc3.2等语料库检索软件，统计出三个译本的类符数和形符数，进而计算出其比值，同时参照LCMC、LCMC-N、CCTFC的相关数据进行比较分析，结果如下表所示：

表3.2 三译本、源文本及各参照语料库的类符/形符比

	汝译	沈译	冯译	源文本	LCMC	LCMC-N	CCTFC
形符	42799	48613	45524	30006	760324	171670	978968
类符	6008	7078	6265	4886	27231	12945	24400
TTR(%)	14.04	14.56	13.76	16.28	3.58	7.54	2.49
STTR(%)	47.73	48.75	49.73	47.49	43.35	44.02	42.11

下面，我们将以单语类比和双语平行两个模式对表3.2的数据进行描写分析：

（1）单语类比模式——三译本、汉语原创小说、汉语翻译小说和汉语总体的比较

三个译本的STTR值（汝龙译本：47.73、沈念驹译本：48.75、冯加译本：49.73）均高于汉语原创语料库（LCMC）的43.35，也高于汉语原创语料库小说子库（LCMC-N）的44.02，更高于汉语翻译小说语料库（CCTFC）的42.11。这与英语界翻译规范假设研究的结果并不相符。

根据以往对翻译规范的研究[①]，翻译文本的词语变化程度通常会低于译入语的原创文本，即拉奥维萨（1998，2001）等人所提出的翻译普遍性的"简化"假设：翻译小说倾向于使用较少的不同词语，而原创小说倾向于使用较多的词语。如果上述假设成立的话，则本书三个译本STTR值的"非常规性"，可以从以下两个角度理解：

第一，译文STTR可能受作品字符总量的影响。由于本书语料分析对象主要为短篇小说，需要在小篇幅内叙述完整故事，故词汇变化可能会略丰富于中长篇。所以即便是按照千词计算类符/形符比，短篇小说的STTR值仍会偏高。

第二，译文STTR可能受到源语表达方式的影响。俄语语篇衔接的相关研究表明，俄语语篇衔接较少使用名词复现，经常在下文使用相关名词或代词进行替代。俄语语篇链接的这一特点可能直接导致译自俄语的译文STTR值都比较高。胡显耀在研究中曾指出，俄文小说《洛丽塔》译本的STTR值为48.39%，是当代汉语翻译语料库中STTR最高的译本（胡显耀2006:66）。如要验证源语为俄语的汉译小说词语要略丰富于源语为英语的汉译小说这一假设，还需对比分析与契诃夫写作风格接近的英语短篇小说的中译本。

（2）双语平行模式——三译本与源文本之间的比较

译本与源文本之间STTR的比较，可以在一定程度上反映译者再现原文词语变化度的能力。从表3.2的数据可知，三位译者的STTR值均高于源文本，即三个译本的词语变化度均高于源文本。这可以说明，三个译本充分再现了源文本的词语丰富程度，源文本对词语多样性的追求，也同样反映在译本中，译文词语多样性的饱和度高。

同时，上文提到的三个译本在STTR值方面的"非常规性"，也可以从源文本的视角进行解释。胡显耀在研究翻译小说的词语变化度时曾指出："类符/形符比与小说本身的用词变化性有一定的关系"

[①] 具体研究成果可见贝克（1996）、拉奥维萨（1998，2002）、胡显耀（2007）、王克非（2012）等。

（2006:137），也就是说，译文 STTR 可能受到源文本 STTR 值的影响。契诃夫小说源文本的 STTR 值已偏高，达到 47.49，当译文较好地对译了源文本中的词语时，译文 STTR 值高便是顺理成章的。

由于本书研究所依托的语料库中收录的主要是契诃夫的短篇和中篇小说，文章篇幅短，词语饱和度高，且契诃夫作为世界著名的短篇小说家，其作品语言风格简明，信息量大，因此，为了考察小说体量与作家风格是否对 STTR 值有所影响，本书进一步考察了不同作家、不同体量俄语小说的 STTR 值，数据如下：

表 3.3　俄语小说源文本中的类符 / 形符比

	《战争与和平》（Война и мир）	《白痴》（Идиоты）	《父与子》（Отцы и дети）	《叶甫盖尼·奥涅金》（Евгений Онегин）	《契诃夫作品》（Произведения Чехова）
形符	145865	209787	55031	28026	45645
类符	11346	10492	6880	5590	6540
TTR(%)	7.78	5.0	12.50	19.95	14.12
STTR(%)	45.41	41.61	48.82	53.67	48.74

由表 3.3 的数据可知，诗体小说《叶甫盖尼·奥涅金》（«Евгений Онегин»）的 STTR 最高，中篇小说《父与子》（«Отцы и дети»）次之，两部长篇小说《战争与和平》（«Война и мир»）、《白痴》（«Идиоты»）最低。由此可见，俄语小说 STTR 值似乎具有篇幅越小、句子越短，STTR 越高的倾向。因此，在译文能够充分再现源文本词语变化度的前提下，译自俄语小说的译文 STTR 值均有可能偏高，这可以在一定程度上修正对翻译小说"简化"假设的研究。当使用简化假设解释翻译小说与非翻译小说之间 STTR 值的差异时，应充分考虑源文本因素的影响，不能仅凭单语类比模式泛而论之。

3.1.2　词汇密度特征

词汇密度通过计算实词在语料库中所占的比例而获得，是语料库语言学考查文本信息承载量的重要参数。实词在不同语言中的界定方法有差异。据已有的词汇密度研究来看，实词主要指名词、动词、形容词、数量词，词汇密度的主要计算方法是统计文本中上述词类所占文本总词汇的比例。汉语语料库中实词的统计数字，是在文本经 NLPIR 系统分词后依据每个词的词性赋码获得[①]。LCMC、CCTFC、俄汉翻译语料库的词性赋码采用相同的标准，因而数据之间具有可比性，具体数据如下：

表 3.4　三译本、源文本及参照语料库的词汇密度

	汝译	沈译	冯译	源文本	LCMC	LCMC-N	CCTFC
名词	18.46%	19.11%	18.98%	16.86%	27.00%	23.26%	18.88%
动词	26.04%	25.47%	25.92%	25.43%	24.77%	24.52%	23.57%
形容词	6.42%	6.70%	6.44%	6.86%	5.14%	4.99%	5.07%
数量词	3.01%	3.01%	3.07%	0.83%	6.42%	6.36%	5.96%
词汇密度	56.50%	56.46%	55.94%	49.98%	63.33%	59.13%	53.48%

下面，我们将以单语类比和双语平行两个模式对表 3.4 的数据进行分析：

（1）单语类比模式——三译本、汉语原创小说、汉语翻译小说和汉语总体的比较

如表 3.4 所示，三个译本的词汇密度均低于 LCMC 与 LCMC-N，这可以验证关于翻译小说词汇密度通常低于汉语原创、汉语翻译小说及汉语总体的假设。这说明从词汇密度特征来看，翻译小说存在实词密度低的"简化"现象，即试图通过降低实词所提供的信息量来降低译文的难度，从而提高其可接受性（胡显耀，2006:139）。

另外，同为汉语翻译小说，三译本中的动词比例明显均高于 CCTFC。这应该是受到了源文本的影响。在源文本中，动词比例高达 25.43%，是表 3.4 中的较高值。动词是句子述谓核心重要的组成部分，通常认为，平均句长越短，动词在全文中的比例就会越高。契诃夫小说

[①] 词性赋码包括：普通名词 n、名词性语素 ng、人名 nr、地名 ns、机构名 nt、其他专名 nz；动词词性赋码包括：动词 v、动词性语素 vg、副动词 vd、名词性动词 vn；形容词词性赋码包括：形容词 a、形容词性语素 ag、副词性形容 ad、名词性形容词 an；数词词性赋码包括：数词 m、数量词 mq。

语言以简洁精练著称，句子简洁，小句多，长句少，因此动词在文本中的比例也更高，从而译文中动词的比例也偏高。

（2）双语平行模式——三译本与源文本之间的比较

三个译本的动词与形容词比例与源文本接近，但名词比例却均高于源文本，这表明译本中名词的总数超过了源文本中的数量。这应该与俄汉两种语言的语篇衔接方式有关。汉语语篇衔接倾向于多用名词回指，少用代词；而俄语语篇衔接中代词的比例更高。在这种情况下，译文倾向于将源文本中的代词译为名词，导致名词比例的升高。

同时，我们可以看到，在数量词一栏，译文与源文本的数据差异非常大。这并不难理解，因为汉语对数量词的统计包括数词与量词，而俄语并没有量词这一词类，所以本书中对这组数据的差异不做进一步讨论。

最后还需要指出的是，译文中词汇密度的降低不能简单地用翻译共性的简化假设来解释。实词密度只能提供一个宏观的数值，更为深层的原因还需要通过对比两种语言之间的具体语言项进行解释。尤其是在源语与译入语分属两个不同的语系、语法系统差别巨大的情况下，以语料库数据为基础开展进一步更为具体的实证对比研究显得尤为重要。

3.1.3 词表和常用词特征

词表是指语料库中词汇的频次，即词频表。通过高频词的统计和分析，可以观察到译文中高频词使用的典型特征。三个译本经 NLPIR 系统分词后，借助 WordSmith 6.0 词表功能检索的结果如下：

表3.5 三译本及各参照语料库词表前十列表

	汝译	%	沈译	%	冯译	%	LCMC	%	LCMC-N	%	CCTFC	%
1	的	5.41	的	5.65	的	5.50	的	6.75	的	5.0	的	7.06
2	他	2.98	他	2.76	他	3.08	了	1.73	了	2.41	他	2.56
3	了	1.79	了	2.00	了	1.82	是	1.66	是	1.46	了	2.55
4	是	1.59	在	1.61	是	1.48	在	1.38	一	1.43	是	2.05
5	在	1.54	是	1.50	我	1.47	一	1.33	我	1.36	我	2.05

（续表）

	汝译	%	沈译	%	冯译	%	LCMC	%	LCMC-N	%	CCTFC	%
6	我	1.46	不	1.32	不	1.42	不	1.02	他	1.33	在	1.78
7	不	1.42	我	1.21	在	1.39	和	0.97	在	1.19	一	1.73
8	一	1.14	一	1.13	一	1.31	他	0.78	不	0.94	不	1.67
9	着	1.02	和	1.13	着	1.10	我	0.75	她	0.89	她	1.40
10	说	0.94	着	1.04	说	0.90	有	0.74	你	0.89	着	1.01

下面，我们将以单语类比和双语平行两个模式对表 3.5 的数据进行分析：

（1）单语类比模式——三译本、汉语原创小说、汉语翻译小说和汉语总体的比较

如表 3.5 所示，三译本中的高频词与 LCMC、LCMC-N 和 CCTFC 的统计数据大致相同，主要由助词、介词、连词、代词等虚词构成。词表中翻译小说文本（包括三个译本和 CCTFC）与汉语平衡语料库 LCMC 之间最大的差别在于人称代词的使用频率。

翻译小说文本中代词的大量使用，可能与源语的语言特征有关。代词是俄语篇章回指的重要手段，而汉语的篇章回指主要依靠名词重复、零形回指、省略等手段，俄语代词回指的使用频率高于汉语（史铁强，2001:59）。由此可进一步推测：翻译文本中代词所占比例在一定程度上能够反映译本的异化程度，译本中代词占比越大，其异化程度越高。

（2）双语平行模式——三译本与源文本之间的比较

鉴于表 3.5 的篇幅所限，本书将三个译本的高频词表与源文本的高频词表对比统计如下：

表 3.6　三译本及源文本语料库词表前十列表

	汝译	频次	%	沈译	频次	%	冯译	频次	%	源文本	频次	%
1	的	2317	5.41	的	2748	5.65	的	2232	5.50	и	1697	5.65
2	他	1274	2.98	他	1340	2.76	他	1250	3.08	он	904	3.01
3	了	764	1.79	了	972	2.00	了	740	1.82	в	841	2.80
4	是	681	1.59	在	785	1.61	是	602	1.48	не	597	1.98

（续表）

	汝译	频次	%	沈译	频次	%	冯译	频次	%	源文本	频次	%
5	在	661	1.54	是	729	1.50	我	595	1.47	что	489	1.63
6	我	627	1.46	不	644	1.32	不	576	1.42	на	466	1.55
7	不	609	1.42	我	588	1.21	在	564	1.39	быть	382	1.27
8	一	489	1.14	一	549	1.13	一	531	1.31	я	379	1.26
9	着	437	1.02	和	547	1.13	着	447	1.10	с	352	1.17
10	说	403	0.94	着	508	1.04	说	363	0.90	тот	328	1.09

由表 3.6 可知，与源文本相比，译文中代词"他"与"我"的比例比较特殊。汉语的人称代词"他"与俄语的"он"比例相当，但汉语的"他"仅能指代人，而俄语中可以指代人和物。在两者比例相近的情况下，可以推测，译文中在一些原文没有出现"он（指代人）"的地方补译出了人称代词"他"。同样，译文中"我"的比例也高于源文本中的"я"，这种现象似乎与我们前文中谈到的"俄语语篇多用代词衔接，而汉语多用名词衔接"并不相符。因此，我们选择《第六病室》中主人公的名字"Андрей Ефимыч"（安德烈·叶菲梅奇①）作为考察项，检索该专有名词在源文本和三译本中出现的频次。经赋码还原后，源文本中共出现"Андрей Ефимыч" 136 次，相应的，汝龙译本出现 136 次，沈念驹译本出现 154 次，冯加译本出现 136 次。从上述数据可以看出，整体而言，译本对专有名词的翻译还是倾向于使用原名词，且有时还会进行补译，这与上文的结论并不冲突。

在这种情况下，译文中人称的代词不减反增的原因需要从其他方面进行思考。通过本书第四章对微观具体语言项的研究，我们发现，在俄语简单句扩展结构中（如副动词短语、形动词短语），和俄语主从复合句的从句中（如который 定语从句），是没有名词或代词性主语的。但这些结构在被译为汉语时，经常需要在译文中将主语以名词或代词的形

---

① "Анрей Ефимыч"一词在汝龙译本中被译为：安德烈·叶菲梅奇；在沈念驹译本中被译为：安德烈·叶菲梅奇；在冯加译本中被译为：安德烈·叶菲梅奇。我们分别根据上述三个汉语译名进行检索。

式译出。这种翻译方式必然会导致译文中人称代词的增加，有时其比例甚至超过了源文本。

还有一点值得注意的是，译文中的"说"的频率，远远高于源文本中的"сказать"和"говорить"之和。汝龙译本中"说"的频次为403次，沈念驹译本中436次，冯加译本中363次，而源文本中的"сказать"和"говорить"共出现259次。通过对比观察源文本与译文，我们发现，译文倾向于在源文本中与"说"相关的动词后增补"说"字，这些动词往往在上下文中与"说"的动作密切相关，如动词"отвечать""улыбаться""продолжать"等。这种增补的翻译方式使译文更加清晰易懂，这一点符合翻译规范中的"明晰化"假设，即译者对"源语中暗含的，但可以从上下文中推导出的信息"在译语中加以明确介绍（Baker, 1996:180）。

3.2 句子层面的译文语言宏观特征

3.2.1 平均句长特征

平均句长是语料库检索软件可直接输出的句子平均长度值，可在一定程度上反映文本的句法复杂程度。通过 Wordsmith 6.0，我们将三译本的平均句长统计如下：

表 3.7 三译本、源文本及各参照语料库平均句长表

	汝译	沈译	冯译	源文本	LCMC	LCMC-N	CCTFC
字符数	42659	48616	45552	29990	46564	12086	49607
句子数	2898	2541	2727	2321	2792	850	2514
平均句长（词数）	14.77	19.13	16.70	12.92	16.68	14.22	19.73

下面，我们将以单语类比和双语平行两个模式对表 3.7 的数据进行分析：

（1）单语类比模式 —— 三译本与汉语原创、汉语翻译小说和汉语总体的比较

由表 3.7 的数据可知，三译本的平均句长均高于汉语原创小说语料库（LCMC-N），这符合关于翻译文学的平均句长通常高于译入语非翻译文学的假设。但同时我们也发现，三译本的平均句长全部低于汉语翻译小说语料库，在汉语翻译文学中，三译本的平均句长偏低，并不具备翻译小说在平均句长方面的共性特征。我们认为，三译本平均句长整体偏低，应是源文本干预的结果。契诃夫小说文风简洁，篇幅短小，其源文本的平均句长本就明显偏低，仅为 12.92。在译文对源文本句子结构改动不大的情况下，译文的平均句长偏低是可以理解的。

需要指出的是，这里的源文本并不具普遍的代表性，因为本书创建的俄汉文学翻译语料库主要收录的是短篇与中篇小说，对俄语长篇小说并无涉及。但在由俄语翻译而来的文学作品中，长篇小说占有很大的比重。因此，如需对译自俄语的翻译文学平均句长进行整体描写，需要建立均衡语料库，考察更多中篇与长篇小说。

（2）双语平行模式 —— 三译本与源文本之间的比较

由表 3.7 可知，三译本的平均句长均高于源文本的 12.92，这表明源文本在被译为汉语时，在句子词量上得到了扩充，这符合翻译小说句法特征显化的假设。显化，又称明晰化，是指目标文本以更明显的形式表述源文本的信息，如译者在翻译过程中增添解释性短语或添加连接词等来增强译本的逻辑性和易解性，从而使原文艰涩晦暗之处在译文中变得清晰、明白、浅显。在句法显化特征的作用下，译文的句子结构会变得更为复杂，句中词语也会相应增多。下文及第四章、第五章将会通过实例论证翻译小说的句法显化特征。

3.2.2 连接成分特征

句子层面的连接成分是能够连接句子和句内分句的词语的总称，通常被划入虚词的范畴，用于表达句际或句内的逻辑关系。

在汉语中，虚词要么只起语法作用，本身没有什么具体意义，要么表示某种逻辑概念（朱德熙，1982:81）。因此，作为虚词的连接成分，通常用来表达汉语句际或句内的逻辑意义。

俄语句中用于表达逻辑关系的连接成分可分为连接词与连接性词（或称关联词），其中连接词属于虚词类，用以形成复合句的各个分句之间、话语的各个句子之间以及（仅指某些连接词）简单句结构中词形之间的关系。大部分连接词可用来区分句法联系的类别——并列联系和主从联系。连接性词是兼有实词类和虚词类特性的代词性词。借助连接性词确定的联系，具有主从的性质。（РГ, 1980:713, 720）。

根据连接成分在句中的显化或隐化，可以把句子层面的连接分为显性连接和隐性连接两种形式。连接成分显性程度的高低往往是语言形式化程度的衡量标准之一，被视为"形合"语言与"意合"语言的一种区分性标志。通常认为，连接成分显化程度越强，则语言形合程度越高；连接成分隐化程度越强，则语言意合程度越高。本书将依据俄汉平行语料库与类比语料库的相关数据，对汉语译文中连接成分的显化和隐化加以考察。

（1）汉语中的显性连接与隐性连接

几乎所有语言的句际及句内连接都可以分为显性和隐性两种形式，但语言系统各有不同，其连接成分的显化与隐化程度也各有差异。汉语和俄语分属不同语系，在连接成分的显化和隐化上区别明显。

汉语中隐性连接非常普遍，正如连淑能指出，汉语中的语法意义和逻辑联系常隐藏在字里行间，常以语序、修辞、紧缩句、四字格等方式来代替显性连接成分所表达的功能，如：

她不老实，我不能信任她。

聪明一世，糊涂一时。

上梁不正下梁歪。

玩火自焚。

（连淑能 1993:54-57）

上述四个例子中均不存在显性连接成分，但我们可以根据语序和上下文语义判断句子的逻辑关系，分别是：因果、转折、因果、条件关系。

比起常见的隐性连接形式，汉语中的显性连接成分似乎更能得到语言学家们的关注。近年来，由于显性连接成分被列入译文显化或明晰化的重要手段，因此汉语中对显性连接成分的研究，经常与翻译语言特征相关。连接成分的显化，不仅能够使译文的逻辑表达更加清晰易懂，同时还能提升译文的语法严密程度。它既是现代汉语在欧洲语言影响下出现的显著特征，也是现代汉语语法逻辑严密化的标志性特征。

陆俭明、马真（1985:218）指出，现代汉语中的连词总共有120个左右，常用的有90个左右，一般按意义分两大类：表示联合关系的连词和表示主从关系的连词，后者中常用的大约有60个，又可进一步按意义分成表示让步转折、假设让步转折、假设结果、条件结果、推论结果、因果、目的七类。

（2）俄语中的显性连接与隐性连接

俄语是词形变化复杂的屈折语，语言形式化程度高，有着丰富的连词系统。与汉语隐性连接的普遍与常见不同，连接词的显化是俄语的主要特征。俄语的连接词按照形式可分为简单连接词（包括类连接词 анологи союзов，如 поэтому，причем 等）和复合连接词，按照句法功能可分为联合连接词和主从连接词。

由上文对汉语和俄语中连接成分的梳理可知，两种语言都存在着大量表达逻辑意义的连接成分，但它们在句中的表现形式并不相同，汉语中隐性连接形式更为常见，而俄语中则主要使用显性连接形式。正因为如此，两种语言在连接成分方面更具比较意义，我们可以通过汉语译本中连接成分的显化程度考察翻译语言的显化规范及现代汉语欧化的一些特征。

由于汉俄两种语言中的连接成分比较庞杂，在分类上也并不统一，限于篇幅，本书仅讨论句子层面的连接成分，包括分句与分句、句子与句子之间起连接作用的连接成分，并主要关注条件、因果、转折三类连接成分，对联合连接词不作探讨，同时将关注焦点局限于上述主从连接词的常用形式上。

（1）条件关系

条件关系是指两个分句之间在意义关系上，其中一个是另一个存在的前提，这一前提可以是真实的，也可是虚拟的。俄语条件从句也可以表达现实的、非现实的和潜在的制约意义。根据上文对连接词的总结，现将本书将要考察的汉俄语中表示条件关系的连接词列举如下：

表 3.8 汉、俄语中表示条件关系的连接成分的主要形式

语言	词类	例词
汉语	前置连词	如果、假如、假使、假若、假设、假定、倘若、倘使、若是、若要是、若非、万一、……的话、只要、一旦、只有、唯有、除非
	后置连词	那、那么、则、否则、不然、要不然
	连接副词	再、就、便、也、才
	连接语	果然如此、万一如此、否则、不然、要不然
俄语	连接词	если, если бы, в случае если, в том случае если, на случай если, при условии если, а то

（2）因果关系

因果关系是指在意义关系上，两个分句之间其中一个是另一个产生的原因。根据黄伯荣、廖序东（2002:169）的观点，"因果关系分说明因果关系和推论因果关系两类"。俄语中原因从句也可以根据连接词和上下文的不同，分为纯原因意义和非纯原因意义（原因—推论意义）。现将本书将要考察的汉俄语中表示因果关系的连接词列举如下：

表 3.9 汉、俄语中表示因果关系的连接成分的主要形式

	词类	例词
汉语	前置连词	因、因为、由于、之所以、既、既然
	后置连词	所以、故、于是、因此、因而、以致、从而、那么、则、可见
	连接副词	才、就、便、又
	连接语	因此、所以、既然如此、由此可见
俄语	连接词	потому что, так как, поскольку, ведь, оттого что, из-за того что, ради того что, благодаря чему что, затем, вследствие того что, в результате того что

（3）转折关系

转折关系指前后分句之间"意思相反或相对"（黄伯荣、廖序东，2002：165）。在现代汉语中，转折关系通常被归入"对抗式"并列关系（如王力，1985：57；高名凯，1986：425 等），可见转折关系与一般的并列关系并不相同。陆俭明和马真将转折关系划分为让步转折和假设让步转折两类。俄语中的转折关系与王力、高明凯的对汉语转折关系的划分相近，也被列入"对抗式"并列关系，属于并列从句的一种逻辑关系类型。同时，在俄语中，让步从句也可以包括转折意义，当让步理由不充足（被否定）时，从句可以与否定连接词 но 一起组成复句。虽然本书讨论的转折意义在汉俄两种语言中分属不同的从句类型，但鉴于本书的研究对象是汉语译文，且研究目的是探讨翻译语言中显性逻辑连接词的规律性特征，因此，本书将以汉语对转折关系的界定为基准，在俄语对应形式中选择表示否定意义的并列连接词及带有转折意义的让步从句连接词，具体如下：

表 3.10　汉、俄语中表示因果关系的连接成分的主要形式

	词类	例词
汉语	前置连词	虽、虽然、虽则、虽是、虽说、尽管、固然、即使、就是、哪怕、即便、纵然、纵使
	后置连词	但、但是、可、可是、然而、不过、只是、反之而、则
	连接副词	却、还、仍、也、又、翻、反倒、反而
	连接语	相反、反之、反过来
俄语	连接词	хотя, хоть, хотя но, да, хотя же, пусть, пускай, правда

下面，本书将从单语类比模式和双语平行模式两个角度考察译文中显性连接成分的规律性特征。在分析之前需要先对两种模式下的数据采集方式进行说明。在类比模式下，本书的相关数据需要与 LCMC、LCMC-N 及 CCTFC 的数据进行比较。由于上述三个语料库对连接词数据的统计仅限于某些连词，因此，本书在类比模式中的数据将与这三个语料库保持一致，而在平行模式下，本书将扩展数据容量，对表 3.8、表 3.9、表 3.10 中出现的所有连接成分进行统计分析。

(1) 单语类比模式下译文连接成分的统计特征

LCMC、LCMC-N 及 CCTFC 主要考察了"只有""只要""除非""不管""无论"五个表达条件意义的连词。根据对俄汉文学翻译语料库中三个译本中相关连接词的统计，结合 LCMC、LCMC-N 及 CCTFC 的连词数据①，我们得到统计结果如下：

表 3.11　三译本及各参照语料库中条件连接成分使用情况统计

	汝译	沈译	冯译	LCMC	LCMC-N	CCTFC
总词数	42799	48613	45524	1000000	1000000	1000000
条件连接成分（频次）	66	74	53	658	758	1012
所占比例（‰）	1.54	1.52	1.16	0.66	0.76	1.02

根据表 3.11 可以看出，三译本中的条件连接成分明显高于 LCMC 和 LCMC-N，这符合译本逻辑连接词显化的翻译规范特征，即译文中总是倾向于将源文本中显化或隐化的逻辑关系译为显性连接词，使译文中连接成分的比例增加，高于汉语的原创文本。同时，我们也发现，三译本中的连接成分比例也高于 CCTFC，这可以表明三译本中表示条件意义的显性连接成分比例较高，高于汉语翻译文学的平均值。

LCMC、LCMC-N 及 CCTFC 主要考察了"因为""由于""所以"三个表达原因意义的连词。根据对俄汉文学翻译语料库中三个译本中相关连接词的统计，结合 LCMC、LCMC-N 及 CCTFC 的连词数据②，我们得到统计结果如下：

表 3.12　三译本及各参照语料库中原因连接成分使用情况统计

	汝译	沈译	冯译	LCMC	LCMC-N	CCTFC
总词数	42799	48613	45524	1000000	1000000	1000000
原因连接成分（频次）	91	141	86	1386	1106	2276
所占比例（‰）	2.13	2.90	1.90	1.39	1.11	2.28

---

① 根据胡显耀（2006），LCMC、LCMC-N 及 CCTFC 关于连词的数据以百万词为单位。
② 根据胡显耀（2006），LCMC、LCMC-N 及 CCTFC 关于连词的数据以百万词为单位。

根据表3.12可以看出，三译本中的原因连接成分均高于LCMC和LCMC-N，这也符合译本逻辑连接词显化的翻译规范特征。同时，沈念驹译本的原因连接成分比例高于CCTFC，而汝龙和冯加译本则略低于CCTFC，这表明三位译者在原因连接成分的翻译习惯上有所不同，本书将在第五章译者风格考察中对此进行更加深入的探讨。

LCMC、LCMC-N及CCTFC主要考察了"虽（然）""不过""即使""但（是）""然而"五个表达转折意义的连词。根据对俄汉文学翻译语料库中三个译本相关连接词的统计，结合LCMC、LCMC-N及CCTFC的连词数据[①]，我们得到统计结果如下：

表3.13 三译本及各参照语料库中转折连接成分使用情况统计

	汝译	沈译	冯译	LCMC	LCMC-N	CCTFC
总词数	42799	48613	45524	1000000	1000000	1000000
转折连接成分（频次）	108	212	134	2702	3276	4250
所占比例(‰)	2.52	4.36	2.94	2.70	3.28	4.25

根据表3.13可以看出，与上文表达条件与原因关系的连词统计特征不同，三译本中的转折连接成分总体低于LCMC、LCMC-N及CCTFC，这可以表明译文中表示转折意义的显性连接成分比例偏低，并不符合译本逻辑连接词显化的翻译规范特征。同时，我们还发现，汝龙与冯加译本中转折连接成分的比例非常低，已接近汉语总体，甚至低于汉语原创小说。对于这种"非常规"的数据，在单语类比模式下很难找到合理的原因，我们需要结合源文本与译者风格进行进一步的研究。

（2）双语平行模式下译文连接成分的统计特征

通过观察上文类比模式下译文连接成分的统计特征可知，将译本、汉语原创小说文本、汉语翻译文本及汉语总体进行比较，可以描写译文相对于译入语的整体偏离程度，但在缺乏源文本数据的情况下，却无法解释一些"非常规"的数据。这再次证明对译文语言特征的研究，不能

---

① 根据胡显耀（2006），LCMC、LCMC-N及CCTFC关于连词的数据以百万词为单位。

完全脱离源文本，需要充分考虑源文本语言特点对译文的影响。下面，我们将结合源文本的统计数据，对译文中的连接成分进行双语对比模式下的统计与分析。根据上文对数据采集模式的阐述，接下来的研究数据较之类比模式有所扩展，以表3.8、表3.9、表3.10中列出的例词为统计项，从而进一步提高数据的覆盖面和代表性。

表 3.14　三译本及源文本中条件连接成分使用情况统计

	汝译	沈译	冯译	源文本
总词数	42799	48613	45524	29990
条件连接成分（频次）	113	148	111	55
所占比例（‰）	2.64	3.04	2.44	1.83

由表3.14可知，三译本的条件连接成分均明显高于源文本的条件连接词，这是译文明晰化的表现，即译者对原语中暗含的，但可以从上下文中推导出的信息在译语中加以明确介绍（Baker, 1996:180）。对于连接成分而言，明晰化的表现就是译文中连接成分的比例高于源文本，译者倾向于将句内或句际隐含的逻辑关系译出，以便帮助读者更好地理解原文。

在三译本的条件连接成分中，三位译者表现出了对某些连接词的集体偏好，如"不然""……的话"等，而表3.8中列举的"假使""假若""若非"三个连接词则在三个译本中一次都没有出现过（具体数据见第五章译者风格考察的表5.8）。同时，三位译者表现出了一些独特的连接词偏好，对此我们将在第五章进行探讨。

表 3.15　三译本及源文本中原因连接成分使用情况统计

	汝译	沈译	冯译	源文本
总词数	42799	48613	45524	29990
原因连接成分（频次）	185	248	176	62
所占比例（‰）	4.32	5.10	3.87	2.07

由表3.15可知，三译本中的原因连接成分均明显高于源文本中的原因连接词，这同样也是译文明晰化的表现。同时，三位译者均使用较

多的表原因关系的连接词是:"既然""因此""于是""因而""那么"等;而一次都没有出现过的连接词包括:"故""既然如此""由此可见"等(具体数据见第五章译者风格考察的表5.8)。

表 3.16　三译本及源文本中转折连接成分使用情况统计

	汝译	沈译	冯译	源文本
总词数	42799	48613	45524	29990
转折连接成分（频次）	291	286	258	130
所占比例（%）	6.80	5.88	5.67	4.33

由表 3.16 可知,三译本的转折连接成分均明显高于源文本的转折连接词,这同样符合译文的明晰化翻译规范。同时,三位译者均使用较多的转折关系连接词包括:"尽管""可(是)""哪怕""反而""相反"等;而一次都没有出现过的连接词有:"反倒"等(具体数据见第五章译者风格考察的表5.8)。

通过对比表 3.13 和表 3.16 的数据,我们发现,表 3.16 中汝龙和冯加译本转折连接词比例偏低并非源文本的原因所致。汝龙和冯加译本转折连接成分偏低的原因在于表 3.15 中仅统计了连接词"但(是)",但汝龙和冯加在这个意义上更倾向使用的连接词是"可(是)",因此造成了表 3.13 中汝龙与冯加译本转折连接成分比例的异常。由此可见,考虑到译者风格的差异,对转折连接成分的统计应尽量扩展例词数量,力求结果科学可靠。

纵观表 3.14、表 3.15、表 3.16 的数据,我们不难看出,译文中表条件、因果、转折的连接成分较之源文本均有大比例的增加,原因连接成分的数据差尤为明显。这种较大的数据差不能仅仅用译文的明晰化翻译规范来解释,还需要考虑到源文本中存在而译文中不存在的一些特殊的语言表达方式。例如,俄语文学作品中存在着较多的副动词与形动词短语,这些短语与句子主要结构之间并不需要连接词进行衔接,但这些词组经常表示一些疏状的限定意义,如条件、因果等关系。译者对这些关系的显化翻译,必然带来译文中相应连接成分的大幅增加。

综上所述，在类比模式下，三个译文中句子层面的连接成分比例均高于 LCMC、LCMC-N 及 CCTFC（汝龙、冯加译本中的转折连接成分除外），这表明三译本符合译文连接成分显化的翻译规范，即翻译文本倾向于将源文本中的逻辑关系明示出来，以期帮助读者更好理解原文。但对于汉语这种更重"意合"的语言，我们很难判断这种翻译规范是否能真正提升译文的可读性，毕竟汉语母语读者亦习惯阅读依靠词序、上下文语义进行连接的句子及句群，在一些情况下，连接词的大幅增加，反而会加强译文的异化程度，带有一定的"翻译腔"。

在平行模式下，我们建立了译文与源文本之间的联系，通过对源文本连接成分比例的考察，我们发现，译文中显性连接成分的比例要远远超出源文本中相关连接词的数量。这一方面是译文明晰化翻译规范作用下的结果，一方面也与俄语本身的语言特点与特有语法结构有关。

本章小结

本章在多重复合对比模式的框架下，考察了译文语言的宏观层面特征。与以往的研究不同，本章的研究模式打破了仅使用单语类比模式的固化研究方法，将源文本因素引入实证分析中，在单语类比模式与双语平行模式相结合的基础上，从词语层面和句子层面对三译本的翻译语言宏观特征进行了深入描写。

在多重复合对比模式下，三译本显示出了与汉语原创小说（LCMC-N）、汉语翻译小说（CCTFC）及汉语总体（LCMC）的一些差异性特征：

（1）在词语变化度方面，三译本的词语变化度（STTR）均明显高于汉语原创小说和汉语总体，且同时高于汉语翻译文学文本。这并不符合翻译规范中的简化假设。对三译本 STTR 值偏高的原因，可以从源文本的体裁特征、文体特征两个角度探寻。这可以表明源文本的体裁和文体是译文的重要影响因素，不能脱离源文本的体裁和文体而独立考察译文的词语变化度。

（2）在词汇密度方面，三译本的词汇密度均低于汉语原创小说、汉语翻译小说及汉语总体，这符合翻译小说词汇密度通常低于译入语非翻译文本的假设，即译者总是倾向于通过使用更少的实词来降低译文难度，提高译文的易理解性。同时，源文本的词汇密度也能够影响译文的词汇密度，三译本中的动词比例明显超过汉语翻译文学，这与源文本的体裁和原著作者的写作风格有关。

（3）在词表和常用词方面，三译本的高频词与汉语原创小说、汉语翻译小说及汉语总体的差异不大，主要由助词、介词、连词和代词等虚词构成，其中代词的比例明显高于三个参照语料库。这可能与汉、俄两种语言的语篇衔接方式有关，汉语语篇更多使用名词复现进行衔接，而俄语语篇则更多使用人称代词进行衔接。同时，在将三译本与源文本进行对比研究的过程中，我们发现，译文中人称代词的使用存在显化的情况，即译者倾向于将源文本中隐性的名词或代词性主语译出，造成高频词表中人称代词比例的升高。

（4）在平均句长方面，三译本的平均句长值均高于汉语原创小说及汉语总体，这符合关于翻译文学的平均句长通常高于译入语非翻译文学的假设，即符合翻译文学语言的显化特征。但同时我们也发现，三译本的平均句长全部低于汉语翻译小说，这主要是受到了源文本平均句长的影响。

（5）在连接成分方面，本章主要探讨了译文中表达条件、原因、转折关系的显性连接成分的统计特征。在单语类比模式下，三译本中（汝龙、冯加译本中的转折连接词除外）表达上述逻辑关系的连接成分比例明显高于汉语原创小说、汉语翻译小说及汉语总体，这符合翻译文学语言的显化特征。在双语平行模式下，译文中显性连接成分的比例要远远超出源文本中相关连接词的数量。这一方面是译文显化翻译规范作用下的结果，一方面也与俄语本身的语法特点有关。同时，通过观察三译本连接成分的相关数据，我们发现三位译者在连接词的选择上既有相似之处，也有各自的偏好，对此本书将在第五章进行探讨。

综上所述，在多重复合对比模式下，三译本既表现出了某些符合翻译共性的特征（如词汇密度方面的简化特征、高频词及连接成分方面的显化或明晰化特征），同时，在源语的影响下，三译本也表现出了一些独特的、与翻译共性不符的特征（如词语变化度偏高、平均句长偏低等）。对于这些与翻译共性相悖的特征，我们可以通过引入源文本进行解读，这也再次证明了使用多重复合对比模式研究翻译语言特征的必要性与科学性。

第四章　多重复合对比模式下的译文语言微观特征

本章在多重复合对比模式下考察俄译汉翻译小说语言的微观特征。译文语言微观层面的规律性特征，是一个尚未被广泛开发，却最具研究价值的领域。

语料库翻译研究的理论源头，是描写翻译学派。描写翻译学派最关注的，就是对译文语言深层、全面、细致的描写，因为"描写研究中的所有发现，能够形成一系列连贯的规律，阐明翻译所涉及的一切问题的内在联系"（Toury, 1995:1-16），真正揭示翻译活动的本质规律。

自语料库翻译研究诞生以来，学者们使用语料库检索软件，在单语类比模式下，对翻译语言的宏观特征进行了许多卓有成效的研究。然而，正如整体源自无数个体一样，对译文语言宏观特征的研究，离不开对该语言微观层面的探讨。缺少微观层面支持的宏观研究必然是干枯的，缺少生命力的。对翻译语言的系统描写，需要从宏观和微观两个层面进行。

语料库翻译学界对译文语言微观特征的研究起步较晚，成果不多，主要基于单语类比与双语平行两个模式。在单语类比模式下，学者们以译入语的某些典型语言项为描写参数，通过对比研究译文与译入语非翻译文本，描写这些具体语言项在两者之间的偏离程度。以汉语译文中的"把字句"或"被字句"为例，一些学者（胡显耀等，2010；朱一凡等，2014）通过对比译文与汉语非翻译文本，探讨译文中"把字句"和"被字句"的翻译规范。在双语平行模式下，学者们选择源语中的某些典型和特有的语言现象，通过对比源文本与译文，深入描写基于这些具体语言项的翻译语言特征。以英语源语为例，有学者（王克非，2003）通过对比源文本与汉语译文，探讨源文本中"so...that"结构在译文中的翻译特点。

本章对译文语言微观特征的研究主要基于双语平行对比模式，同时兼顾时间、译者等多个参数变量。本书主要选择双语对比模式研究译文语言的微观特征，主要基于以下两点考虑：第一，根据本书第三章对译文语言宏观特征的研究可知，在我们对单语类比模式下获得的数据进行解释的时候，往往需要考虑源文本的因素，源文本是翻译语言特征研究中必不可少的要素。第二，研究俄译汉翻译小说的微观语言特点，不能仅仅将译文与汉语非翻译文本进行对比，这样的对比虽然能够描写译文相对于汉语非翻译文本的某些规律性特征，但却无法揭示俄语作为重要的翻译变量在译文形成过程中的影响和作用，这样的对比研究，与英译汉、法译汉、德译汉等并无本质的区别，且学界目前基于英语源语的研究成果，已经具有一定的代表性，而基于俄语源语的双语平行对比研究，却鲜有人涉及。

目前此类研究的成果较少，相关研究对某一具体参数的描写角度并不统一，较为随意，且无成熟的描写框架可借鉴。本书作者在大量反复阅读双语语料的基础上，结合源语与译语的语言特征，在语料库翻译研究方法论的指导下，提出了四个层面的参数描写框架：1）分布特征与对译形式特征；2）译文的句子结构特征；3）译文的词汇语法手段特征；4）译文的语义层次特征。其中，分布特征与对译形式描写是对某一参数翻译情况的整体描写，包括该参数在译文中的出现频次及具体翻译方法；译文的句子结构特征是指译文句子在源语影响下体现出的某种规律性的结构变化，包括翻译结构在句中是否独立及所处位置等；译文的语法手段特征指的是译文中用于表达源语特定语言项语法意义的词汇或语法手段，主要包括各种虚词标记、具有语法意义的词汇显性手段等；译文的语义层次特征指的是译文对源语特定语言项语义内涵的重构方式，具体包括翻译结构与句中其他成分之间的主/次语义关系、译文对源语语义的还原程度等。

我们认为，这四个描写层面符合基于语料库的翻译研究的理论思想与描写原则，兼顾了整体描写与个案分析，涉及了翻译结构转换规律及翻译规范的研究，同时也能够充分体现源语对译文的影响。

综上所述，本章将主要在双语平行对比模式下，从源语出发，选择源语中特有和典型的语言或语法现象，通过四个层面来描写译自这些具体语言项的译文，探讨翻译语言微观层面的规律性特征。根据第二章论及的描写参数选择标准，本章选择了五个能够代表俄语特点、在汉语中部分对应或无对应语言项的描写参数，它们分别是副动词短语、形动词短语、无人称句、который 定语从句和 чтобы 从句。

4.1 译自副动词短语的翻译语言特征

副动词（деепричастие）是俄语动词的特殊形式，兼有动词和副词两种词类的意义。副动词短语应用广泛，可出现在各类语篇当中。在一些印欧语系的语言中（如俄语、拉丁语、西班牙语、法语等），都存在副动词或类似于副动词的动词形式。然而，与这些印欧语系语言不同的是，汉语中的动词没有类似的形式，正如赵陵生先生所指出的："汉语语法著作中无副动词这一术语，动词就是动词，并无其他的形式。"（赵陵生等 2006:89）因此，在两种语言互译时，尤其是俄译汉时，译文需要充分考虑到副动词在两种语言体系中的非对称性，既要考虑到俄语的语法规则与语义内涵，又要符合汉语的表述习惯。

副动词这一语法术语最早由波洛茨克大主教斯莫特里茨基（М. Смотрицкий）于 1619 年写入俄语语法，是由 "дее（отдеяти в значении делать）" 和 "причастие（причастность）" 两个词根构成的。它最初只是形动词的短尾形式，有格的变化，在句中做定语。后来随着俄语的发展，副动词逐渐失去了形态的变化，更接近于副词。

苏联科学院 20 世纪下半叶出版的三部《俄语语法》（Русская грамматика，下文简称 РГ）都在"词法"部分对副动词进行了定义与描写，只是角度和内容略有差异。《俄语语法》(1954，下文简称《54语法》)认为，副动词包含了动词和副词的特征、体的范畴、反身形式与非反身形式、保持动词的搭配关系。但副动词像副词一样，没有词形的变化，它依附于用作谓语的、有词形变化的或以其他形式出现的主动词，表达次要的伴随动作意义。副动词没有独立的时间意义，不能指出说话时刻的时间。它表达的是与主动词同时发生，或先于主动词的行为（在一些情况下，也可以表达主动词之后的发生的行为）(РГ, 1960:520-521)。《俄语语法》(1970，下文简称《70语法》)认为，副动词是动词的一种形式，它可以将其不定式的词汇意义以副词特征表现出来，属于没有词形变化的词法类别。副动词有体的范畴。虽然副动词有现在时和过去时的构词区别，但这些时间形态并不能表达现实世界中的时间意义（Грамматика современного русского литературного языка, 1970:421-422）。《俄语语法》(1980，下文简称《80语法》)认为，副动词是动词的修饰性形式，兼有动词和副词两种词类的意义，即动作意义和疏状—修饰意义（обстоятельственно-определительное значение），副动词的功能是作为定语修饰动词的所有述谓形式、不定式以及（在较少情况下）名词和形动词。用副动词表示的动作的主体，与由它修饰的动词形式所表示的主体，是一致的（РГ, 1980:672）。

可以说，三部苏联科学院语法对副动词的界定与描写相对稳定，始终将副动词界定为动词的一种形式，兼有动词和副词的特征、体的范畴、保持动词原有的搭配关系等。根据三部苏联科学院语法的描述，副动词主要表达主语的动作或状态，其具体的语法意义主要有：伴随动作意义、疏状评定意义与主语的状态意义。

4.1.1 分布特征与对译形式

4.1.1.1 副动词的整体分布特征

副动词是俄语文学语篇的典型词法现象，广泛地应用于叙述、描写、议论等言语类型中。为了对副动词在文学作品中的分布有更全面的了解，本书选择了同一历史时期、不同体量的俄语小说进行对比研究。具体包括托尔斯泰（Л.Н.Толстой）的长篇小说《战争与和平》（«Война и мир»）、陀思妥耶夫斯基（Ф.М. Достоевский）的长篇小说《白痴》（«Идиот»）、屠格涅夫（С. Т. Тургенев）的中篇小说《父与子》（«Отцы и дети»）、普希金（А. С. Пушкин）的诗体小说《叶甫盖尼·奥涅金》（«Евгений Онегин»）。根据对多部不同体裁的俄罗斯经典文学作品赋码统计后可知，副动词是俄语文学作品中常见的语言形式，具体数据可见下表：

表 4.1　各文学作品中副动词使用频率统计

	文学作品名称	句子总数	字符总数	副动词数	比例（副动词/字符数）
1	战争与和平	15270	231585	4077	1.76%
2	白痴	13999	209804	1643	0.78%
3	父与子	4585	55020	494	0.90%
4	叶甫盖尼·奥涅金	2720	28927	270	0.93%
5	契诃夫小说	2321	29990	248	0.83%

表 4.1 的数据显示，五位作家作品中均广泛地使用了副动词，副动词与总字符的比例平均为 1%，其中《战争与和平》中的副动词频率最高，而《白痴》中的副动词频率则最低，契诃夫作品居中。由此可见，无论是在长篇、中篇、短篇小说中，还是在诗体小说中，副动词均是一种较为常见的词法现象。

俄汉文学翻译语料库中收录的契诃夫小说是经过语句属性标注处理的，在以句子为单位对语料库全部语料进行赋码后，可以得到以下更为具体的统计结果：

表 4.2　俄汉文学翻译语料库中副动词的使用频率统计

文学作品名称	句子总数	带有副动词的句子		副动词数
		句子数	所占比例	
契诃夫小说	2321	236	10.17%	248

由表 4.2 可知，在契诃夫的八部小说中，共使用副动词 248 个，带

有副动词的句子236句，占全部句子总数的10.17%。相应的，三位译者共翻译相关译文744句。下面我们将从副动词的语法意义入手，具体描写俄汉文学翻译语料库中副动词与汉语的对译形式。

4.1.1.2　副动词的对译形式

经过对这三个译本744句译文的梳理，结合副动词短语的语法意义，我们将语料库中的副动词结构对译情况总结如下：

1) 伴随动作意义——副动词短语说明主动词的时间

（1）未完成体副动词短语

未完成体副动词短语可以表示和句中主要动词同时发生的动作，可译为"一面……一面……""边……边……""在……时候""同时"等，或不加其他词。以下将对上述对译情况逐一举例：

例1：Я к вам с поручением от жены, — продолжал он, ***подавая ей руку***, — Вы должны помочь нам.（Анна на шее）

译文[①]："我是受内人的委托来找您的。"他一面接着说，一面向她伸出手去，"您应该帮帮我们的忙。"（《挂在脖子上的安娜》，沈念驹）

例2：Да, давно я уже не мылся, — говорил он, раздеваясь.（Крыжовник）

译文：是啊，我好久没有洗澡了，他边脱衣服边说。（《醋栗》，沈念驹）

例3：Андрей Ефимыч пожал плечами, вздохнул и вышел. ***Проходя*** через сени, он сказал: — Как бы здесь убрать, Никита... Ужасно тяжелый запах!（Чехов, Плата №6）

译文：安德烈·叶菲梅奇耸耸肩膀，叹口气，走出去。他走过前堂的时候说："最好把这个地方收拾一下，尼基达……气味难闻极了！"

[①] 俄汉文学翻译语料库是多译本平行语料库，同一原文对应三个译本。但由于本节论述仅涉及副动词的对译形式描写，所以本节中的例子均只来自其中某一个译本。

（《第六病室》，汝龙）

例 4：В халатишке, в смешном колпаке и в туфлях, иногда босиком и даже без панталон, он ходит по улицам, *останавливаясь у ворот и лавочек*, и просит копеечку.

译文：他身穿睡袍，头戴可笑的尖顶帽，脚着便鞋，有时光着脚板，甚至不穿裤子，在街头游来荡去，<u>同时在人家大门口或小铺子边停留下来</u>，乞讨一点小钱。（《六号病房》，沈念驹）

例 5：***Стоя около стены и зажмурив глаза***, он слушал пение и думал об отце, о матери, об университете, о религиях; ему было покойно, грустно, и потом, уходя из церкви, он жалел, что служба так скоро кончилась.（Плата №6）

译文：<u>他靠墙站着，眯细眼睛</u>，听唱诗，想起父亲，想起母亲，想起大学，想起各种宗教，他的心平静而忧郁。事后他走出教堂，总是惋惜礼拜式结束得太快了。（《第六病室》，汝龙）

（2）完成体副动词短语

完成体副动词一般表示在主要行为之前发生的动作，可译为"……后""……就""然后……"等，或不加其他词。以下将对上述对译情况逐一举例：

例 6：***Дождавшись, когда хозяева и подмастерья ушли к заутрене,*** он достал из хозяйского шкапа пузырек с чернилами, ручку с заржавленным пером и, ***разложив перед собой измятый лист бумаги***, стал писать.（Ванька）

译文：<u>他等到老板夫妇和师傅们外出去做晨祷后</u>，从老板的立柜里取出一小瓶墨水和一支安着锈笔尖的钢笔，<u>然后在自己面前铺平一张揉皱的白纸</u>，写起来。（《万卡》，汝龙）

例 7：Но он выпил, выбросил из своей пачечки десять рублей и важно отошел, ***не сказав ни слова.***（Анна на шее）

译文：可是他喝干那杯酒，从他那卷钞票里抽出十卢布来往外一丢，<u>一句话也没说就</u>有尊严地走了。（《挂在脖子上的安娜》，汝龙）

例 8：Вернулся Мойсейка и, ***увидев доктора,*** протянул руку.(Плата №6)

译文：莫依塞依卡回来了，<u>他见到医师</u>，就伸出手来。（《第六病室》，汝龙）

2）疏状评定意义

i）疏状评定意义 —— 副动词短语说明主要动词行为的方式方法。这种情况下副动词短语可译为"……地""……着"、汉语的连动式，或不加其他词。以下将对上述对译情况逐一举例：

例 9：Модест Алексеич осмотрелся в купе, разложил вещи по полкам и сел против своей молодой жены, ***улыбаясь.***（Анна на шее）

译文：莫杰斯特·阿历克塞伊奇瞧一下车室，把东西放到架子上，<u>然后微笑着</u>，在年轻的妻子对面坐下。（《挂在脖子上的安娜》，汝龙）

例 10：И мешая говорить Андрею Ефимычу, он продолжал, ***волнуясь:*** — Я люблю вас за образованность и благородство души.（Плата №6）

译文：他不让安德烈·叶非梅奇说话，<u>继续激动地</u>说道："我喜欢您的教养和高尚的心灵。"（《第六病室》，汝龙）

例 11：Значит, у вас теперь три Анны, — сказал он, ***осматривая свои белые руки с розовыми ногтями***, — одна в петлице, две на шее.（Анна на шее）

译文："就是说，现在你有三个安娜了，"他<u>看着自己有粉红色指甲的白净的双手</u>说道，"一个在扣眼里，两个在脖子上。"（《挂在脖子上的安娜》，沈念驹）

例 12：И с восторгом, с негодованием, с презрением, уже уве-ренная, что ей за это ничего не будет, она сказала, ***отчетливо выговаривая*** *каждое слово*: Подите прочь, болван!（Плата №6）

译文：她又是快活，又是气愤，又是轻蔑，而且相信自己无论说什么话也没关系，就<u>咬清每个字的字音</u>，说："滚开，蠢货！"（《挂在脖子上的安娜》，汝龙）

ⅱ）疏状评定意义——副动词短语表达与主要动词行为之间的逻辑关系。副动词短语在句中具有原因、目的、让步等意义，译文中可以加上相应的连词，但也可不加。例如：

例 13：Не отрывая глаз с Ани, он выпил бокал шампанского и заплатил сто рублей, потом выпил чаю и дал еще сто — и всё это молча, *страдая астмой...*（Чехов, Анна на шее）

译文：他两眼盯紧阿尼雅，喝下一杯香槟酒，付了一百卢布，然后喝点茶，又给了一百，始终没开口说话，<u>因为他害气喘病而透不过气来。</u>（《挂在脖子上的安娜》，汝龙）

例 14：Аня покраснела, ***ожидая***, что он скажет что-нибудь неподобающее (ей уже было стыдно, что у нее такой бедный, такой обыкновенный отец).（Анна на шее）

译文：阿尼雅脸红了，<u>料着他会说出什么不得体的话</u>（她已经因为自己有一个这样穷酸、这样平凡的爸爸而觉得难为情了）。（《挂在脖子上的安娜》，汝龙）

例 15：Он доплыл до самой середины плёса и нырнул, и через минуту показался на другом месте и поплыл дальше, и всё нырял, *стараясь достать дна*.（Крыжовник）

译文：他一直游到河当中水深处，扎一个猛子，过一分钟在另一个地方钻出来，接着再往远里游去，老是扎猛子，<u>极力想够到河底。</u>（《醋栗》，汝龙）

3）表示主要动作的状态意义。完成体副动词表示与主要行为同时呈现的状态，翻译的时候往往不加其他词。例如：

例 16：За ним, *опустив свои острые морды*, ходили две борзые.（Чехов, Анна на шее）

译文：两条猎狗跟在他身后，用尖鼻子嗅着地面。（《挂在脖子上的安娜》，汝龙）

例 17：Собаки, уже мокрые, стояли, *поджав хвосты*, и смотрели на них с умилением.（Толстый и тонкий）

译文：狗已经淋湿，站在那儿，用后腿夹着尾巴，带着温柔的神情瞧他们。（《胖子和瘦子》，汝龙）

从上文对副动词短语与汉语结构的对译描写可知，在文学作品中，副动词短语可根据其语法语义特征，对译为汉语的"一面……一面……""边……边……""在……时候""同时""……后""……就""然后……""……地""……着"、汉语的连动式、"因为"等，或不加其他词，直接译作汉语相应的动词结构。虽然这些对译的方式都有出现，但它们在出现频率、分布和惯常译法上存在着很大的差异。下面将从译文句子结构、词汇语法手段、语义层次三个方面分析译自副动词短语的翻译语言规律性特征。

4.1.2 译文的句子结构特征

通过对语料库俄语原文中带有副动词语句的整理与统计，我们发现，副动词与主动词之间的结构关系主要有以下几种情况：

第一，根据是否独立于主动词，可以分为两种结构：一种是独立结构，即独立于主动词，与主动词之间用逗号隔开，一种是非独立结构，即不独立于主动词，与主动词之间没有标点间隔。

例如，独立结构：Когда поезд тронулся, Аня видела, как ее отец побежал немножко за вагоном, *пошатываясь и расплескивая свое вино*, и какое у него было жалкое, доброе, виноватое лицо.（Аннанашее）

非独立结构：Он встал, не *спеша* снял с шеи орден, снял фрак и жилет и надел халат.（Анна на шее）

第二，在上述两种情况下，具体又可分为前置（位于主动词之前）和后置（位于主动词之后）两种结构。

例如：独立结构的前置形式：***Получив ответ,*** он и белокурый доктор тоном экзаменаторов, чувствующих свою неумелость, стали спрашивать у Андрея Ефимыча, какой сегодня день, сколько дней в году и правда ли, что в палате № 6 живет замечательный пророк.（Палата №6）

独立结构的后置形式：Коваленко сидел, ***надувшись,*** и молчал.（Человек в футляре）

通过在语料库中检索上述几种不同的副动词短语的结构形式，我们获得统计数据如下：

表 4.3　源文本中副动词短语结构特征统计

结构特征	数量	比例	位置特征	数量	比例
独立结构	247	99.6%	前置	103	41.7%
			后置	144	58.3%
非独立结构	1	0.4%	前置	1	100%
			后置	0	0%

由表 4.3 可知，俄语源文本中副动词短语在绝大多数情况下（99.6%）独立于主动词，且后置情况居多（58.3%）。但在将副动词短语译为汉语时，译者们经常会改变副动词短语在句中的位置，有时将独立结构的副动词短语译为非独立结构，有时可能会调整主动词和副动词在句中的前后顺序。

下面将具体分析译文中副动词短语的翻译方式。鉴于本书研究所依托的语料库为多译本平行语料库，同一原文有三个对应译本，而本章对译文翻译语言特征的研究基于全部译本，因此，本章中对译文语言的描写数据取自三个译本之和。

1）副动词短语的独立结构与非独立结构在译文中的翻译方式

表 4.4　源文本与三译本中副动词短语结构对比统计

源文本		三译本	
副动词短语结构	副动词数量①		
独立结构	741	独立结构	563②
		非独立结构	175
非独立结构	3	独立结构	0
		非独立结构	3

由表 4.4 可知，第一，源文本中的非独立结构在翻译时保持了原来的形式。这一点并不难理解：源文本中的非独立结构往往使用的是副词化程度高的副动词，翻译时均可根据汉语的表述习惯，将其直接译为相对应的副词形式，置于主动词之前。

第二，原文 741 个独立副动词结构中，有 563 个被译为相应的独立结构，占总数的 76%。另外 175 个则被译为了非独立结构，占总数的 23.6%。

这说明在翻译独立的副动词短语时，在更多情况下（76%），译者遵照了源文本中副动词短语的结构形式。源文本中独立的副动词结构，在译文中仍然是独立结构。但同时我们也看到，还有 175 处副动词独立结构被译为了非独立结构，这说明译者在翻译副动词短语时，并非必须严格保留原文的结构，译者有自己灵活处理的空间（23.6%）。

通过对译文中这 175 个非独立结构进行梳理，我们发现，译文中通常使用连动结构、状语或定语结构来表达主动词与副动词之间的关系。例如将其译为连动结构：

例 18：Забыл, а у самого ехидство в глазах, — подумал Червяков, ***подозрительно поглядывая на генерала***. （Смерть чиновника）

---

① 鉴于俄汉文学翻译语料库是三译本平行语料库，此处将副动词个数统计为原文的三倍，即三位译者共翻译了 744 个副动词。
② 译文中有 4 个副动词并没有被译出，其中 2 处省略，2 处漏译。

译文:"说是忘了,可他的眼神却不怀好意。"契尔维亚科夫狐疑地望了望大官想道。(《小官吏之死》,沈念驹)

又如将其译为状语或定语结构:

例 19:Городовой, **_не спеша_**, прошел мимо окон: это недаром. (Палата № 6)

译文:一个警察<u>不慌不忙地</u>走过窗前:这不会平白无故。(《第六病室》,汝龙)

例 20:За ним, **_опустив головы_**, шагают старая Каштанка и кобелек Вьюн, прозванный так за свой черный цвет и тело, длинное, как у ласки. (Ванька)

译文:在他身后,总是跟着两条<u>耷拉着脑袋的</u>狗——老母狗卡什坦卡和小公狗"泥鳅"。这小狗因为长一身黑毛、身子细长得像银鼠才得了这个外号。(《万卡》,冯加)

被译为非独立结构的副动词短语通常比较短小,往往只有一个词或几个词,但有时,这样的短语也会带有复杂的修饰成分,这样就会导致译文句子的状语和定语容量大幅扩张。连动结构和状语、定语结构均是汉语的典型结构,但带有复杂修饰成分的连动结构、长状语或长定语结构对汉语来说却并不典型。它们都是汉语语法欧化的常见形式,也就是某种程度上的"翻译腔"。我们来看几个例子:

例 21:И с восторгом, с негодованием, с презрением, уже уверенная, что ей за это ничего не будет, она сказала, **_отчетливо выговаривая каждое слово_**: Подите прочь, болван!(Плата №6)

译文:她料定自己说什么话他也拿她没办法,<u>于是又高兴、又气愤、又轻蔑地咬清每个字</u>说:"滚开,蠢货!"(《脖子上的安娜》,冯加)

例 22:В центре толпы, **_растопырив передние ноги и дрожа всем телом_**, сидит на земле сам виновник скандала — белый борзой щенок с острой мордой и желтым пятном на спине.(Хамельон)

译文：人群的中央，叉开两条前腿、坐在地上浑身瑟瑟发抖的正是肇事祸首——一只白色灵的小狗，它嘴巴尖尖的，背部有一块黄色花斑。(《变色龙》，沈念驹)

上述两个例子中，状语结构 19 个字，定语结构 18 个字，属于现代汉语的长状语、长定语结构，带有浓浓的欧化翻译气息。

2）副动词短语的前置后置结构在译文中的翻译方式

在源文本中，副动词结构相对于主动词的位置有两种形式：前置和后置。在翻译实践中，译文中主动词与副动词之间的位置关系可能会不同于原文，出现译者将原前置副动词短语后置、原后置副动词短语前置的情况。下表统计了译文中主动词与副动词的位置变化情况：

表 4.5 源文本与三译本中副动词结构对比统计

源文本		三译本	
副动词短语结构	副动词数量		
前置结构	312	前置结构	303
		后置结构	9
后置结构	432	前置结构	171
		后置结构	261

由表 4.5 可知，绝大多数前置的副动词短语（97%）在译文中均保持了原有位置不变，仅有 9 处将其译为了后置结构。9 处中有 6 处均是用完成体副动词表示与主要行为同时呈现的状态，所以译文中往往先译出主要动作，再表明其伴随的状态。例如：

例 23：За ним, *опустив головы*, шагают старая Каштанка и кобелек Вьюн, прозванный так за свой черный цвет и тело, длинное, как у ласки.

译文：他身后跟着两条狗，耷拉着脑袋，一条是老母狗卡希坦卡，一条是泥鳅，它得了这样的外号，是因为它的毛是黑的，而且身子细长，像是黄鼠狼。(《万卡》，汝龙)

例 23 中，"опустив головы"在主动词"шагают"之前，表示主动词的状态意义，在译文中被译为了后置结构。

第四章 多重复合对比模式下的译文语言微观特征

除此 6 处之外，另 3 处的翻译并无规律可循，更像是一种译者较为随意的处理方式，且三位译者并不相同，例如：

例 24：Он всплескивает руками, пожимается от холода и, *старче-ски хихикая*, щиплет то горничную, то кухарку.（Ванька）

汝译：他冻得不时拍手，缩起脖子，一忽儿在女仆身上捏一把，一忽儿在厨娘身上拧一下，<u>发出苍老的笑声</u>。(《万卡》，汝龙)

沈译：他啪啪地击着手掌，身子冷得蜷缩起来，<u>一面发出老年人嘻嘻的笑声</u>，有时将女仆拧上一把，有时将厨娘拧上一把。(《万卡》，沈念驹)

冯译：他冻得直搓手，缩着脖子，<u>老声老气地嘿嘿笑着</u>，一会儿在女仆身上拧一下，一会儿在厨娘身上捏一把。(《万卡》，冯加)

如上例，源文本中的副动词短语是前置的，三个译本的处理方式并不完全相同。汝龙译本中将该副动词短语译为后置结构，而另两个译本则保留了源文本中的前置结构。

与前置结构后译不同，译文中后置结构前译是较为普遍的现象。根据表 4.5 的数据可知，共有 171 处（40%）后置结构在翻译时会被提到主动词之前。经过对这 171 处译文的梳理，我们发现，很多后置的副动词结构在译为汉语时，会受到主动词语义的影响，展现出一种较为集中的位置变化趋势。例如，当主动词为言语或思想动词时，表示梳状修饰意义的后置副动词结构在翻译时经常前置，出现在主动词之前：

例 25：По какому это случаю тут? — спрашивает Очумелов, *врезываясь в толпу*.（Хамелеон）

译文：<u>奥丘梅洛夫挤进人群</u>，问道。(《变色龙》，冯加)

例 26：Говорить не хочет! — подумал Червяков, *бледнея*. — Сердится, значит... Нет, этого нельзя так оставить... Я ему объясню...（Смерть чиновника）

译文："他不想说！"切尔维亚科夫<u>脸色煞白</u>，心里想道，"看来

他生气了……不行,这事不能这样放下……我要跟他解释清楚……"(《小职员之死》,冯加)

另外,当后置的副动词结构发生在主动词时间之前,表示主动词的原因或条件时,需将其译为前置结构:

例 27:Порфирий! — воскликнул толстый, ***увидев*** тонкого.(Толстый и тонкий)

译文:胖子<u>看见</u>瘦子,叫起来。(《胖子和瘦子》,汝龙)

综上所述,在译自副动词短语的译文句子结构特征方面,译文主要保持了源文本的结构特征:在独立与非独立结构方面,76% 的译文与原文一致;在主动词与副动词的前后位置方面,60% 的译文与原文一致。但同时我们也发现,译文在主要保留源文本结构的情况下,仍然表现出了一种整合的趋势。这种整合的趋势主要表现在:(1)源文本中 24% 的独立副动词短语被译为了非独立结构;同时,结构的调整导致译文中的小句或句子容量扩大,句子变长;(2)40% 的后置副动词短语在译文中被前置,尤其以修饰言语动词与思想动词的副动词短语居多。

4.1.3 译文的词汇语法手段

如上文所述,汉语词法中并不存在副动词现象,因此本节讨论的译文词汇语法手段指的是译文中基于副动词语法意义而产生的相关语言手段。这些语法意义指的是副动词的伴随动作意义、疏状修饰意义及主动词状态意义。上述三个意义在源文本中的分布如下:伴随动作意义 132 次;疏状修饰意义 81 次(其中表达逻辑关系意义 18 次,表达行为方式方法意义 63 次);主动词状态意义 35 次。

本章研究的词汇语法手段有两种类型:一是与副动词语法意义相关的语法手段;二是与副动词语法意义相关的词汇手段。下文将从这两个方面具体描写译文的相关特征。

1）译文中的语法手段——汉语动词的体标记

俄语副动词本身具备"体"的范畴，在句中可以表达各种不同的语法意义。但俄语动词的体范畴，与汉语动词的体范畴并不完全对应。本节将以译文中汉语动词的体标记为检索项，探讨译文中体标记的分布情况。

根据目前汉语动词体范畴的研究成果，汉语动词体的标记可分为显性标记与隐性标记。由于语料库翻译研究只能对可检索到的标记进行研究，因此本书只考察译文中动词体的显性标记。汉语动词体的显性标记可分为 2 大类 8 小类，即：完整体，包括现实体（"了"）、经历体（"过"）、短时体（动词重叠）、完成体（动补结构），以及非完整体，包括持续体（"着"）、进行体（"在"）、起始体（"起来"）、继续体（"下去"）（Xiao & McEnery, 2002）。由于完成体（动补结构）和短时体（动词重叠）无法通过机器进行检索识别，因此本书将对上述 8 小类中的 6 小类进行检索。具体的检索结果如下：

表 4.6 三译本中动词体标记的分布统计

动词体分类		动词体标记数量
完整体	现实体（"了"）	38
	经历体（"过"）	14
非完整体	持续体（"着"）	128
	进行体（"在"）	4
	起始体（"起来"）	9
	继续体（"下去"）	0
总计		193

由表 4.6 可知，尽管每个副动词都有体的范畴，但当它们被译为汉语以后，却无法在译文中观察到大量动词体标记的存在，带有体标记的动词仅占全部相关动词的 25.9%。由此可见，译文中副动词的体意义并不主要以显性体标记来表达，而是主要由隐性标记、词汇意义和上下文语义来实现。

虽然俄语动词与汉语动词的体意义并非完全对应，我们不能说俄语动词未完成体对应的是汉语动词的未完整体，或俄语动词的完成体对应的是汉语动词的完整体，但我们可以具体的体意义为切入点，尝试用二维表格的形式，对比研究源文本与三译本中动词体范畴的对应关系。基于语料库的检索数据如下：

表 4.7　源文本与三译本中动词体范畴的对比统计

俄语＼汉语	非完整体			完整体		
	持续体 "着"	进行体 "在"	继续体 "下去"	现实体 "了"	经历体 "过"	起始体 "起来"
未完成体	90	2	17	15	4	8
完成体	38	2	7	23	10	1

由表 4.7 可知，在将俄语动词的完成体与未完成体对应为汉语动词的完整体与非完整体时，对应频率最高的，是俄语动词的未完成体对应汉语动词带有标记"着"的持续体动词，因为持续体"着"通常表示正在进行的行为，与俄语未完成体的意义相对应。但由表 4.7 也可知，俄语的完成体副动词有 38 处被译为了汉语带有"着"的非完整体。在对这 38 句译文进行分析后，我们发现这些译文具备以下两个共同点：其一是源文本中完成体副动词表示的是主动词的状态意义，其二是源文本中完成体副动词所修饰的主动词主要都是未完成体动词。详见下两例：

例 28：На печи сидит дед, *свесив босые ноги*, и читает письмо кухаркам.（Ванька）

译文：祖父坐在炉台上，<u>耷拉着一双光脚</u>，给厨娘们念信。（《万卡》，汝龙）

例 29：Андрей Ефимыч сидит, ***подперев щеку кулаком***, ***задумавшись***, и машинально задает вопросы.（Палата № 6）

译文：安德烈·叶菲梅奇坐在那儿，<u>用拳头支着脸颊</u>，<u>沉思着</u>，然后随口提几个问题。（《第六病室》，汝龙）

例 28、29 中，句中主动词都是"сидит"，是未完成体现在时，句中完成体副动词均表达主动词的状态意义。

由上文的论述可知，在文学语篇中，俄语具备体意义的副动词在译为汉语时，译文中动词的显性体标记很少（25.9%），大多数俄语副动词的体意义并没有被译出。同时，即便译文中存在相应的体标记，也并非严格按照两种语言动词体的对应关系进行对译：其一，完成体副动词可被译为带有"着"的持续体动词，这种情况下完成体副动词表示主动词的状态存在意义，俄语原句中的主动词通常是未完成体动词；其二，未完成体副动词也可以被译为汉语动词的现实体、经历体、起始体等。

2）译文中的词汇手段

（1）副动词短语的伴随动作意义

除语法手段外，译文中还可以使用词汇手段来表达源文本中副动词的语法意义。当副动词短语表示伴随动作意义时，译文经常使用以下词汇手段来表示伴随动作意义，如："……时""同时""一面……一面""一边……一边""……（以）后"等。其中，"同时""一面……一面""一边……一边"经常表达与主句同时发生的行为，而"……（以）后"经常表达在主句之前发生的行为。

表 4.8　三译本中表达动作伴随意义的词汇手段统计

时间意义	词汇表达手段	数量
与主句行为同时	……时	28
	一面……一面	17
	同时	9
	一边……一边	2
在主句行为之前	……（以）后	25
总计		81

由表 4.8 可知，译文在表达副动词短语的伴随动作意义时，"……时""……（以）后"与"一面……一面"的出现频率明显高于其他词汇手段，它们主要用来表达与主句行为同时进行及在主句行为之前进行

的行为。总体而言,译文中用于表达副动词伴随意义的词汇手段较少,仅占全部相关动词的 10.9%。

(2)副动词短语的疏状评定意义

副动词除可以表示与句中主动词的时间关系外,还可以表达与主动词之间的疏状修饰关系,但在原文中这种逻辑关系是内化于副动词的语法形式和意义中的,是隐性的,并不需要用任何逻辑连接词来表示。在这种情况下,译者可以选择将逻辑关系译出,也可隐藏。根据我们对语料库进行的检索统计,我们发现,译文中使用显性逻辑连接词来表达副动词短语逻辑关系的用法在文学语篇中并不多见。

我们将上述疏状评定意义的词汇表达手段统计如下:

表 4.9 三译本中表达疏状评定意义的词汇手段统计

疏状评定意义		词汇标记手段	频次
逻辑关系	因果关系	因为	5
		理由是	1
		借口说	1
		推脱说	1
	转折关系	但(是)	5
		可(是)	3
		然而	2
	假设关系	如果	1
总计			19

由表 4.9 可知,译文中表达逻辑关系的显性词汇手段非常少,占相关动词的 2.6%,且主要以因果关系为主。有时,三位译者对副动词所表达的逻辑关系理解并不相同,有着不同的解读。例如:

例 30:Однажды, это было уже в конце июня, доктор Хоботов пришел по какому-то делу к Андрею Ефимычу; ***не застав его дома***, он отправился искать его по двору; тут ему сказали, что старый доктор пошел к душевнобольным.(Палата № 6)

汝龙译文:有一次,那已经是在六月底,霍包托夫医师有事去找安德烈·叶菲梅奇，<u>却发现他不在家</u>，就到院子里去找他，在那儿，有人告诉他说老医师到精神病人那儿去了。(《第六病室》，汝龙)

沈念驹译文：一次，这是六月底的事了，霍鲍托夫医生因事来找安德烈·叶非梅奇。<u>由于家里没见着他</u>，就到院子里去找。在那里有人告诉他说老医生去看精神病患者了。(《六号病房》，沈念驹)

冯加译文：有一天，那已经是六月底了，医生霍博托夫有事来找安德烈·叶菲梅奇，<u>发现他不在家就到院子里找他</u>。这时有人告诉他，说老医生去看精神病人了。(《第六病室》，冯加)

由例 30 可知，原文中的"не застав его дома"在译文中分布被译为了转折关系、因果关系和连动结构。由此可见，在补译副动词短语的逻辑关系时，译者的理解有时可能存在一定的差异，因此，译者在补译副动词隐含的逻辑关系时非常谨慎，更倾向于隐藏这种逻辑关系，不使用显性的词汇手段来表达副动词与主动词之间的逻辑关系。

4.1.4 译文的语义层次特征

根据三部苏联科学院语法对副动词的描述可知，副动词是动词的修饰性形式，同时具有动作意义和疏状—修饰意义，既可表达次要的伴随动作意义，也可表达疏状修饰意义。副动词短语具有半述谓性，这种半述谓性具备双向性、不对称性、从属性、转化性，从语义信息而言，半述谓结构是对主要信息的补充；从语法意义而言，其依赖于句中的主要行为，具有对主要行为的限定或修饰等意义(周海燕，2016:136)。因此，对于带有副动词短语扩展结构的句子而言，其主动词与副动词的主次语义关系是不同的：句子语义核心应是主动词所表达的行为意义，而副动词表达的行为意义处于次要和非核心的位置。然而，由于汉语缺少与副动词相对应的语法形式，因此，原文中副动词所表达的次要伴随动作意义和疏状修饰意义，译文中只能以辅助其他语法或词汇手段的形式来表达。

根据上文对译文词汇语法手段的考察可知，第一，译文中显性的词汇语法手段主要用来表达体意义、逻辑意义与行为方式意义，但在大多数情况下，除具有主从关系的逻辑意义之外，这些语法手段无法表达副动词短语的次要谓语意义，即非核心意义。第二，即便译文中存在某些这样的显性词汇语法手段，这些手段出现的频次也极为有限。因此，在汉语中缺乏相应的动词形式、词汇语法手段又相对有限的情况下，大多数译自副动词短语的句子语义层次具有模糊化的倾向，原文中的主次语义被重构，读者往往无法根据译文的语言理解到原文主动词与副动词之间的主次语义关系。

  译文句子中主次谓语语义层次模糊化的比较极端的例子，是将副动词表达的次要行为译为句中的主要行为，而主动词的行为则变成了副动词行为的修饰性状语，彻底改变了原有的语义层次。当然，译文中这种情况并不多见，根据我们的统计，在744个带有副动词的译文中，共有4处将副动词译为了主动词，下面看两个这样的例子：

  例31：— Вот так, — сказал он, ***садясь рядом с Аней.***（Анна на шее）

  译文："这就舒服了。"他说着<u>坐到安娜身边</u>。（《脖子上的安娜》，冯加）

  例32：Доктор Андрей Ефимыч, о котором речь впереди, про-писал холодные примочки на голову и лавровишневые капли, грустно покачал головой и ушел, ***сказав хозяйке***, что уж больше он не придет, потому что не следует мешать людям сходить с ума.（Палата № 6）

  译文：医生安德烈·叶菲梅奇（这人以后还要提起）开了在头上冷敷的药液和桂樱叶滴剂的药方，愁眉苦脸地直摇头。<u>临走前他对女房东说</u>，以后他不会再来了，因为他不该妨碍人们发疯。（《第六病室》，冯加）

  在例31、32中，原句中的副动词结构均被译为了主动词，而原句中的主动词，则被译为了方式方法状语或时间状语。

第四章 多重复合对比模式下的译文语言微观特征

在将副动词译为主动词的 4 个译文句子中,我们发现,这种处理方式往往比较灵活,译者有着很大的主动权,同一句原文,不同译者的处理方法并不完全相同,如例 31、32 还可以有其他的译法:

例 31*:"就这样。"他坐到安娜身边说。(《挂在脖子上的安娜》,沈念驹)

例 32*:医生安德烈·叶非梅奇(关于他以后我们还会说到)的处方是头部冷敷和桂樱叶滴剂,他对女房东说他不会再来了,因为不该去打扰一个人发疯,说完忧郁地摇摇头走了。(《六号病房》,沈念驹)

例 31* 中,沈念驹将副动词短语译为了连动结构,而在例 32* 中,副动词短语被译为了分句。

综上所述,我们将译自副动词短语的翻译语言特征总结如下:

(1)在分布特征与对译形式上,副动词是文学语篇中较为常见的词法现象,可以根据其语法意义将其译为多种对应的汉语译文形式。

(2)在句子结构特征方面,原文中的副动词主要以独立结构的形式出现,大部分译文保留了原文的结构特征,但有时也会将原文中的独立结构译为非独立结构,这种翻译方式占全部语料的 23.6%。另外,在所有的独立结构中,虽然后置结构多于前置结构,但在翻译实践中,一些后置结构会被译为前置结构,尤其是当句中主动词为言语或思想动词时,译文中经常会出现结构倒置的现象。

(3)在词汇语法手段方面,由于汉语动词并不具备副动词的形式特征,因此译文中主要依靠一些显性的词汇和语法手段来表达副动词的语法意义。其中,副动词的完成体与未完成体意义可对应为汉语的多种体意义,但这并不是一种完全意义上的对应,一些表达主动词状态的完成体副动词也可以译为汉语带有"着"的持续体动词,一些未完成体副动词也可以译为汉语的现实体、经历体与起始体等。同时,译文中也会使用一些与副动词语法意义密切相关的词汇手段来表达相关的语法意义,但这些词汇手段出现的频率更低。总体而言,译文倾向于隐藏副动词体的语法标记,副动词的语法意义则主要依靠隐性标记、词汇意义和上下文语义来表达。

（4）在译文的语义层次方面，由于译文中缺少有效的语言手段表达主动词与副动词之间的主次语义关系，因此原文中主动词与副动词之间的语义层次在译文中经常会出现模糊化的倾向，读者亦无法直接从译文中获知原文句中谓语部分的语义层次关系，这不可避免地造成了原文信息的流失。甚至在一些情况下，副动词短语会被译为句中的主要谓语结构。

最后，我们将译自副动词短语的翻译语言特征进行简要的概括：分布较为密集；句子结构上具有整合的倾向；缺乏有效的词汇语法手段；主动词与副动词之间的主次语义关系在译文中被模糊化。

4.2　译自形动词短语的翻译语言特征

形动词是动词的修饰性形式，兼有两种词类的意义：动词的意义和形容词的意义，即动作意义和纯修饰意义。作为动词的一种形式，形动词具有体的意义（完整体、未完成体）、时间意义（现在时、过去时）以及态的意义（主动态、被动态意义）（РГ, 1980: 666-667）。

汉语中缺乏与形动词相对应的动词形态，在翻译形动词短语时，需要充分考虑形动词在两种语法体系中的非对称性，既要兼顾形动词短语的语法与语义特征，又要符合中文的表述习惯，用汉语的词汇和语法形式将形动词短语转换为地道的汉语译文。

形动词短语同时具有动作意义和修饰意义，其具体的语法意义与它在句中是否独立、它与主导名词之间的位置（前置或是后置）有关。后置的形动词总要独立，前置的形动词只有在具有半述谓意义时才独立，非独立的前置形动词具有修饰意义，形动词如果在这个位置上独立，便获得半述谓性（РГ, 1980:183）。巴巴伊采娃（В. В. Бабайцева）曾经指出，形动词短语由于其句法位置的不同会出现不同程度的述谓性。其述谓性程度由小到大依次为：前置的形动词结构、后置的形动词结构、带有插入语的后置的形动词结构。当后置的形动词结构前有插入语时，该形动词会获得最大的述谓性，表示一种作为特征的伴随动作（Бабайцева, 2000:518-519）。

换而言之，形动词短语的动作意义和修饰意义的强弱，与它在句中的位置和结构有关。当句中形动词短语动作意义强、述谓性强的时候，这类短语可译为汉语的连动短语、兼语短语或复句，当修饰性意义强，述谓性弱的时候，这类短语可译为汉语的定语结构。

4.2.1 分布特征与对译形式

4.2.1.1 形动词的整体分布特征

形动词是俄语文学语篇的典型词法现象，广泛地应用于叙述、描写、议论等多种言语类型中。为了对形动词在文学作品中的分布有更全面的了解，本书选择了同一历史时期、不同体量的俄语小说进行对比研究。根据对多部不同体裁的俄罗斯经典文学作品赋码统计后可知，形动词是俄语文学作品中的常见语言表达形式，具体数据可见下表：

表 4.10　各文学作品中形动词使用频率统计

	文学作品名称	句子总数	字符总数	形动词数	比例（形动词/字符数）
1	战争与和平	15270	231585	2548	1.1%
2	白痴	13999	209804	1522	0.73%
3	父与子	4585	55020	380	0.69%
4	叶甫盖尼·奥涅金	2720	28927	272	0.94%
5	契诃夫篇小说	2321	29990	171	0.57%

表 4.10 的数据显示，五位作家的作品中均广泛地使用了形动词，形动词与总字符的比例平均为 0.8%，其中《战争与和平》中的形动词频率最高，普希金诗体小说《叶甫盖尼·奥涅金》中也出现了大量的形动词，其比例接近《战争与和平》，契诃夫作品中的形动词频率则最低。整体而言，无论是在长篇小说、诗体小说中，还是在中篇和短篇小说中，形动词均是一种较为常见的词法现象。

俄汉文学翻译语料库中收录的契诃夫小说是经过语句属性标注处理的，在以句子为单位对语料库全部语料进行赋码后，可以得到以下更为具体的统计结果：

表 4.11　俄汉文学翻译语料库中形动词的使用频率统计

文学作品名称	句子总数	带有副动词的句子		副动词数
		句子数	所占比例	
契诃夫小说	2321	165	7.1%	171

由表 4.11 可知，在契诃夫的八部小说中，共使用形动词 171 个，带有形动词的句子共 165 句，占句子总数的 7.1%。虽然这个比例低于副动词，但也能够说明形动词是契诃夫作品中较为常见的语言形式。相应的，三位译者共翻译相关译文 495 句。

4.2.1.2　形动词的对译形式

由于长尾形动词和短尾形动词的语法功能完全不同，长尾形动词短语是句子的扩展结构，具备修饰意义、动作意义和疏状意义，可具有半述谓性特征。而短尾形动词用作谓语，具备完整的述谓特征。因此，本书将从长、短尾两个角度讨论形动词短语与汉语的对译形式。对于长尾形动词，我们将从其修饰意义、动作意义和梳状意义三个角度考察形动词短语与汉语的对译关系。

经过对语料库中 495 句译文的梳理，结合形动词短语的结构特点和语法意义，我们将语料库中形动词短语与译文的对译情况总结如下：

1）长尾形动词短语的对译

（1）表示修饰意义的形动词短语

前置非独立形动词或形动词短语可以表示修饰意义，在译文中通常充当定语。例如：

例 1: На самом краю села Мироносицкого, в сарае старосты Прокофия расположились на ночлег ***запоздавшие*** охотники.（Человек в футляре）

译文：误了时辰的猎人们在米罗诺西茨果耶村边上村长普罗科菲的

堆房里住下来过夜。(《套中人》，汝龙)

又如：

例2：— вздохнул благолепный Сергей Сергеич, старательно обходя лужицы, чтобы не запачкать своих ярко <u>вычищенных</u> сапогов.（Палата № 6）

译文：庄重的谢尔盖·谢尔盖伊奇叹了一口气，小心绕过水洼，免得弄脏<u>擦得锃亮的</u>鞋子。(《第六病室》，冯加)

除前置非独立形动词短语外，一些后置独立形动词短语也可以被译为定语，例如：

例3：Ехать куда-то, неизвестно зачем, без книг, без Дарью-шки, без пива, резко нарушить порядок жизни, <u>установившийся за 20 лет</u>, — такая идея в первую минуту показалась ему дикою и фантастическою.（Палата № 6）

译文：不明原因地到某个地方去，没有书，没有达里尤什卡，没有啤酒，突然打破<u>二十年来建立的</u>生活秩序，这样的想法一开始他就觉得很陌生，是一种空想。(《六号病房》，沈念驹)

又如：

例4：За платформой в толпе бойко играли на гармонике и на дешевой визгливой скрипке, а из-за высоких берез и тополей, из-за дач, <u>залитых лунным светом</u>, доносились звуки военного оркестра: должно быть, на дачах был танцевальный вечер.（Анна на шее）

译文：在月台后面的人群中间，有一架手风琴和一把声音刺耳的廉价提琴正奏得热闹，军乐队的声音从高高的桦树和白杨后面，从<u>浸沉在月光中的</u>别墅那边传来。别墅里想必在举行舞会。(《挂在脖子上的安娜》，汝龙)

（2）表示动作意义的形动词短语

后置独立形动词短语往往具有半述谓性意义，能够表示主导名词的动作或状态，在译文中通常被译为分句的谓语，例如：

例5：Аня зазывала покупателей и брала с них деньги, <u>уже глубоко</u>

убежденная, что ее улыбки и взгляды не доставляют этим людям ничего, кроме большого удовольствия.（Анна на шее）

译文：阿尼雅召来买主，收下他们的钱，她已经深深相信：她的笑容和目光一定能给这些人很大的快乐。（《挂在脖子上的安娜》，汝龙）

又如：

例 6： Андрей Ефимыч, *слышавший это*, выглянул из сеней в палату и спросил мягко: — За что?（Палата № 6）

译文：安德烈·叶菲梅奇听见这话，就从前堂探头往病室里看一眼，声音柔和地问道："这是为什么？"（《第六病室》，汝龙）

另外，一些前置独立的半述谓性形动词结构也可译为谓语，表示主导名词的动作或状态，例如：

例 7：После казенной квартиры, *охваченная впечатлениями света, пестроты, музыки, шума*, Аня окинула взглядом залу и подумала: «Ах, как хорошо!»...(Анна на шее)

译文：离开官家的公寓后，安妮亚心里充满了灯光、绚丽的色彩、音乐和热闹的人声构成的印象。她环视大厅，心里想道："啊，多美呀！"（《挂在脖子上的安娜》，沈念驹）

又如：

例 8：*Убаюканный сладкими надеждами*, он час спустя крепко спал. (Ванька)

译文：他抱着美好的希望而定下心来，过了一个钟头，就睡熟了。（《万卡》，汝龙）

在一些情况下，后置独立形动词短语在译文中还可以译为兼语结构：

例 9：Пока она вспомнила эти подробности, послышалась вдруг музыка, ворвавшаяся в окно с шумом голосов.（Анна на шее）

译文：她正在回想这些事，却忽然听见音乐声飘进窗口来，掺杂着嗡嗡说话的声音。（《挂在脖子上的安娜》，汝龙）

（3）表示疏状评定意义的形动词短语

一些从属于主语的前置独立形动词短语可以表达疏状评定意义，如原因或让步意义等。例如：

例10：И, <u>побуждаемый чувством, похожим и на жалость, и на брезгливость</u>, он пошел во флигель вслед за евреем, поглядывая то на его лысину, то на щиколки.（Палата № 6）

译文：<u>于是在一种类似怜悯和厌恶的情感的驱使下</u>，他跟随犹太人进了侧屋，时而望望他的秃顶，时而望望他的脚踝。（《六号病房》，沈念驹）

2）短尾形动词短语的翻译

短尾被动行动词在译文中均被译为谓语，就汉语译文的句子类型而言，主要可以分为两类：一类是汉语的被动句，一类是汉语的普通主谓句。

（1）译为被动句

例11：Дом и вся движимость были **проданы** с молотка, и Иван Дмитрич с матерью остались без всяких средств.（Палата № 6）

译文：那所房子以及所有的动产都<u>被拍卖</u>，伊凡·德米特里奇和他的母亲简直无以为生了。（《第六病室》，汝龙）

又如：

例12：В отчетном году было **обмануто** 12 000 человек; всё больничное дело, как и 20 лет назад, построено на воровстве, дрязгах, сплетнях, кумовстве, на грубом шарлатанстве.（Палата № 6）

译文：每年有一万二千人<u>受着欺骗</u>，医院的全部工作如同二十年前一样，建立在盗窃、争吵、诽谤、裙带关系上，建立在卑劣的庸医骗术上。（《第六病室》，汝龙）

（2）译为普通主谓句

例13：Всё небо усыпано весело мигающими звездами, и Мле-чный Путь вырисовывается так ясно, как будто его перед праздником помыли и потерли снегом…（Ванька）

译文：繁星布满了整个天空，快活地眨着眼。天河那么清楚地显出来，就好像有人在过节以前用雪把它擦洗过似的。……（《万卡》，汝龙）

又如：

例 14：Стены здесь **вымазаны** грязно-голубою краской, потолок закопчен, как в курной избе, — ясно, что здесь зимой дымят печи и бывает угарно.（Палата № 6）

译文：这儿的墙壁刷了一层污浊的浅蓝色涂料，天花板被烟子熏黑，就像不装烟囱的农舍一样。事情很清楚，这儿到了冬天，炉子经常冒烟，煤气很重。（《第六病室》，汝龙）

根据上文的对译形式描写可知，在汉语中并不存在形动词形式的情况下，译文可以通过"的"字定语结构、独立谓语结构、状语结构、从句等方式来表达形动词短语的语法意义。其中，由于长尾形动词结构的语法意义更加丰富，因此其对译形式更多，而短尾形动词因为其句法功能固定，因此对译结构也较为固定。

4.2.2 译文的句子结构特征

通过对语料库中俄语原文中带有形动词语句的整理与统计，我们发现，长、短尾的形动词结构在译文中有着明显的区别，由于用作谓语的短尾形动词结构并非句子的扩展结构，而属于句子的述谓结构，因此，本节仅对译自长尾形动词短语的译文句子进行结构上的梳理和分析，暂不考察译自被动形动词短尾的译文句子结构特征。

根据形动词短语与主导名词之间的结构关系，我们可以将形动词短语分为以下几种情况：

首先，根据是否独立于主导名词，可以分为两种结构：一种是独立结构，即独立于主导名词，与主导名词之间用逗号隔开，一种是非独立结构，即不独立于主导名词，与主导名词之间没有标点间隔。

例如，独立结构：В больничном дворе стоит небольшой флигель,

окруженный целым лесом репейника, крапивы и дикой конопли. （Палата № 6）

非独立结构：И мальчики, приходившие к Ане в гости, обыкновенно в рваных сапогах и в **поношенных брюках**, тоже должны были выслушивать наставления. （Ананашее）

其次，独立结构又可分为前置（位于主导名词之前）和后置（位于主导名词之后）两种结构。

例如：独立结构的前置形式：И, *побуждаемый чувством, похожими на жалость, и на брезгливость*, он пошел во флигель вслед за евреем, поглядывая то на его лысину, то на щиколки. （Палата №6 Чехов）

独立结构的后置形式：На платформе гуляли дачники и горожане, *приезжавшие сюда в хорошую погоду подышать чистым воздухом*. （Анна на шее）

通过在语料库中检索上述几种不同的形动词短语的结构形式，我们获得统计数据如下：

表 4.12　源文本中形动词短语结构特征统计

结构特征	数量	比例	位置特征	数量	比例
独立结构	88	64.2%	前置	2	2.3%
			后置	86	97.7%
非独立结构	49	35.8%	前置	49	100%
			后置	0	0%

由表4.12可知，俄语源文本中长尾形动词短语主要以独立结构为主，占这类结构的64.2%，即具备半述谓性的形动词短语居多，而具有修饰意义的非独立结构相对较少。独立结构绝大部分均为后置，仅有个别的独立结构前置的情况，而所有的非独立结构均为前置结构。在进行翻译转换时，上述结构比例在译文中会发生一定的变化。

下文将具体分析译文中形动词短语的翻译方式。下表中对译文语言的描写数据取自三个译本之和。

表 4.13 源文本与三译本中形动词短语结构对比统计

源文本		三译本	
形动词短语结构	形动词数量		
独立结构	264	独立结构	102
		非独立结构	162
非独立结构	147	独立结构	15
		非独立结构	132

由表 4.13 可知，原文中的非独立结构在翻译时主要保持了原来的形式。这一点并不难理解：原文中的非独立结构往往使用的是修饰意义更强的形动词，翻译时均可根据汉语的表述习惯，将其直接译为定语修饰成分，置于主导名词之前。如下例：

例 14：**_Срубленную елку_** дед тащил в господский дом, а там принимались убирать ее.（Ванька）

译文：祖父把<u>砍倒的</u>云杉拖回老爷的家里，大家就动手装点它。（《万卡》，汝龙）

在 264 个独立形动词短语中，有 102 个在三译本中保留了独立结构，仅占总数的 38.6%，另有 162 个被译为非独立结构，占总数的 61.4%。这说明译者在翻译独立的具有半述谓性特征的形动词短语时，更注重表达形动词短语的修饰意义，倾向于将其译为主导名词前的定语结构，置于主导名词之前。例如：

例 15：Подошел Артынов, богач, с выпуклыми глазами, **_страдающий одышкой_**, но уже не в том странном костюме, в каком видела его Аня летом, а во фраке, как все.（Анна на шее）

译文：那个生着一双暴眼睛、<u>害着气喘病的</u>富翁阿尔狄诺夫也走过来了。他不像夏天阿尼雅在火车站看见的那样穿一身古怪的衣服，而是跟大家一样穿着燕尾服。（《挂在脖子上的安娜》，汝龙）

又如：

例16：译文：Люди, *имеющие служебное, деловое отношение к чужому страданию*, например, судьи, полицейские, врачи, с течением времени, в силу привычки, закаляются до такой степени, что хотели бы, да не могут относиться к своим клиентам иначе как формально. (Палата № 6)

汉语：凡是对别人的痛苦有职务上或业务上的关系的人，例如法官、警察、医师等，时间一长，由于习惯的力量，就会变得麻木不仁，因而即使自己不愿意，也不能不用敷衍了事的态度对待他们的当事人。(《第六病室》，汝龙)

在上两例中，后置的独立形动词短语均被译为了主导名词的前置定语。但这样处理会导致译文句子的定语容量扩张，主导名词可能会带有多项修饰语，构成复合定语（或称多项定语）。

汉语句子中的定语成分主要由显性语法手段——助词"的"进行连接。通过对语料库译自形动词短语的译文进行梳理，我们对译文中定语部分中表示修饰意义的"的"字使用频率进行了统计，具体数据如下：

表 4.14 三译本译自形动词短语句子中"的"字使用频率统计

	用"的"衔接的句子总数	带有1个"的"句子	带有2个"的"句子	带有3个"的"句子
汝译	70	50	15	5
沈译	76	47	24	5
冯译	72	45	21	6
总计	218	142	60	16

由表4.14可知，在三译本译自形动词短语的句子中，共有218句带有"的"字定语，占译本中译自所有形动词短语的句子总数（513句）的42.5%。在这218句中，由于主导名词可能还带有其他定语修饰语，因此有些译句就可能含有2个"的"或3个"的"字，形成了汉语的长定语结构。其中，带有2个"的"字短语的句子为60句，带有3个"的"字短语的句子为16句。

虽然主导名词前其他修饰语和形动词短语的信息量可能有多有少，

但不可否认的是，带有 2 个或 3 个以上"的"字短语的句子，定语容量将会大幅扩张，平均句长也将会显著提升。汉语句子定语容量和结构的变化显然受到了欧洲语言的影响，因定语容量扩张而导致句子的增长也是汉语欧化的主要表现之一。

虽然现代汉语在定语容量和结构发展上总体趋向于更大和更复杂，但同时这也是汉语语法严密化的表现之一，且也有学者（何烨，2004）通过语料库研究提出长定语已逐渐为国人接受，但我们还是应该清醒地意识到，长定语结构并不是汉语的典型结构，至少不是汉语原创文学作品中的典型结构。胡显耀（2006）通过对当代汉语翻译小说的定语容量和结构进行研究后，认为复合和复杂的定语提高了译文的难度，降低了译本的可接受性，指向陌生化翻译期待。

因此，我们认为，翻译文学作品时，应更多地考虑译入语的语言习惯。以形动词短语为例，我们可以根据形动词短语述谓性的强弱，适当地将其翻译为小句或分句的形式。我们看以下几个平行译本的翻译实例：

例 17: Передняя с вешалками, шубы, *снующие лакеи и декольтированные дамы*, *закрывающиеся веерами от сквозного ветра*; пахнет светильным газом и солдатами. (Анна на шее)

译文 1：他们走进前厅，那儿有衣帽架、皮大衣，<u>仆役们往来穿梭，袒胸露背的太太们用扇子遮挡着穿堂风</u>。空气里有煤气灯和士兵的气味。（《挂在脖子上的安娜》，汝龙）

译文 2：有衣架的前厅，毛皮大衣，<u>穿梭往来的仆人和袒胸露背、用扇子挡住穿堂风的女士们</u>；闻得出照明瓦斯燃烧和士兵的气息。（《挂在脖子上的安娜》，沈念驹）

译文 3：进了前厅，只见衣帽架上挂了不少皮大衣，<u>侍者穿来穿去，袒胸露背的仕女们用扇子挡着穿堂风</u>。空气里有煤气灯和军人的气味。（《脖子上的安娜》，冯加）

例 17 中，译文 1 和译文 3 将两个主动形动词短语译为分句的独立谓语，句段短小，更符合汉语的表达习惯。译文 2 将两个主动形动词短语译为主导词的修饰语,句中定语较长,且结构复杂,不利于读者迅速抓住句子的主要信息。

又如:

例 18: И вот, как в тюрьме, люди, ***связанные общим несчастием***, чувствуют себя легче, когда сходятся вместе, так и в жизни не замечаешь ловушки, когда люди, склонные к анализу и обобщениям, сходятся вместе и проводят время в обмене гордых, свободных идей.(Палата № 6)

译文 1:因此,犹如在监狱里人们被共同的不幸联系着,由于聚在一起而感到轻松些一样,在生活里也只有在喜爱分析和归纳的人们凑在一起、交流彼此的骄傲而自由的思想,借此消磨时间的时候,人才能不觉得自己被关在牢笼里。(《第六病室》,汝龙)

译文 2:在监狱里,当因共同的不幸而相互维系的人们聚集在一起时,反而觉得更轻松;同样,在生活中,当喜欢分析和总结的人们聚集在一起,并在交流高傲、自由的思想的过程中打发时光时,你也发现不了陷阱。(《六号病房》,沈念驹)

译文 3:打个比方,正如监狱里的人被共同的不幸联系在一起,当他们聚到一处时心情就轻松些,同样的道理,当热衷分析和概括的人们聚到一处,在交流彼此的引以为豪的自由思想中消磨时光时,你就不会觉得生活在陷阱中。(《第六病室》,冯加)

例 18 中,被动形动词短语是主从复合句中主句的扩展结构,句子语义比较复杂,译文 1 与译文 3 将被动形动词短语译为分句中的独立谓语,不仅结构更简单,而且在语义上也更清晰,译文 2 将被动形动词短语译为定语,定语部分有两个"的"字短语,句子更长,句中主导词的定语结构变得更加复杂。

4.2.3 译文的词汇语法手段

如上文所述,汉语词法中并不存在形动词现象,因此本节讨论的译文词汇语法手段指的是译文中基于形动词语法意义而使用的相关语言手段。这些语法意义指的是长尾形动词的纯修饰意义、动作意义与疏状评定意义,短尾形动词的述谓性意义。

译文中能够表达源语某一语言项语法意义的词汇语法手段可以有两种类型:一是与该语言项语法意义相关的语法手段;二是与该语言项语法意义相关的词汇手段。下文将从这两个方面具体描写译文中的词汇语法手段。

1)译文中的语法手段

(1)汉语动词的体标记

形动词具有与动词相同的时、体、态范畴。相应的,汉语动词有体的范畴,这点上文已经有所论及。但汉语动词是否存在时的范畴,目前学界还有争议。

汉语语法中对动词时、体系统的讨论是从现代汉语开始的,且语言学家们各持己见,目前并无定论。一些语法学家(王力,1954、1982;高名凯,1986;龚千炎,1991)认为,汉语中只有体的范畴,没有时的范畴;而另一些语法学家(龙果夫,1958;王松茂,1981;陈平,1988;竟成,1996)认为,汉语中既有时的范畴,也有体的范畴。尽管关于汉语时和体的范畴争论不止,但大多数学者都认同,汉语动词时和体的范畴常常纠结在一起,很难厘清,时范畴经常蕴含于体范畴中,体范畴也往往带有时间的意义。因此,本书将不对译文中动词的时体范畴进行区分,而以上文对汉语体的划分和界定为基础,讨论译文中动词体标记的分布情况。具体的检索结果如下:

表 4.15 三译本中动词体标记的分布统计

动词体分类		主动形动词体标记数量	被动形动词体标记数量
完整体	现实体("了")	14	30
	经历体("过")	0	5
非完整体	持续体("着")	16	46
	进行体("在")	2	0
	起始体("起来")	0	2
	继续体("下去")	0	0
总计		32	83

由表 4.15 可知，三译本中表达主动形动词短语的体标记为 32 个，占全部主动形动词（240[①]）的 13.3%；被动形动词短语的体标记为 83 个，占全部被动形动词（273）的 30.4%，被动形动词的体标记明显高于主动形动词，尤其是持续体"着"和现实体"了"两种标记比例很高。被动形动词短语在句中经常表示主导词的状态意义，因此，表示状态持续意义的体标记"着"及表示状态获取意义的体标记"了"的比例非常高。如长尾被动形动词短语表达状态获取意义：

例 19：Когда за полчаса до отъезда на бал Модест Алексеич вошел к ней без сюртука, чтобы перед ее трюмо надеть себе на шею орден, то, **очарованный ее красотой и блеском ее свежего**, воздушного наряда, самодовольно расчесал себе бакены и сказал:— Вот ты у меня какая... вот ты какая! Анюта!（Анна на шее）

译文：在动身去参加舞会的半个钟头以前，莫杰斯特·阿历克塞伊奇没穿礼服，走进她的房间，为的是在她的穿衣镜前把勋章挂在自己的脖子上；他一见她的美貌和那身新做的轻飘衣服的灿烂夺目，<u>不由得着了迷</u>，得意地摩挲着他的络腮胡子，说：原来我的太太能够变成这个样子，……原来你能够变成这个样子啊！安纽达！"（《挂在脖子上的安娜》，汝龙）

又如短尾被动形动词表示主语的状态持续意义：

例 20：**Убаюканный сладкими надеждами**, он час спустя крепко спал...（Ванька）

译文：<u>他抱着美好的希望</u>而定下心来，过了一个钟头，就睡熟了。（《万卡》，汝龙）

（2）汉语的"被动式句"

汉语动词并没有主动态与被动态的区别，但汉语简单句中存在句型"被动式句"，指的是："句中主语代表被动者，有时在句中出现，有时不在句中出现。如果主动者出现时，也只能与'被''让''叫'等

[①] 取自三译本之和。

介词一起作为动词的状语。我们把这类句子叫做被动式。被动式句可分为简化被动式与完全被动式。前者指省略表示被动意义的介词的句子，后者指带有表示被动意义介词的句子。"（马竹邨 1960:67）

俄语被动形动词是行动词的被动态形式，在译为汉语时，可译为汉语的被动式句。下文将对两者具体的对应情况进行考察。鉴于本书是基于语料库的研究，因此仅能对带有表示被动意义介词的完全被动式句进行检索，即对带有表达被动意义的"被""叫""让""由""受"的句子进行检索。具体的检索结果如下：

表 4.16　三译本中被动式句的分布统计

被动式标记	汝译	沈译	冯译
被	5	10	7
叫	0	0	0
让	0	0	1
受	2	1	5
由	2	0	0
总计	9	11	13

由表 4.16 可知，译文中完全被动式句共 33 句，仅占全部被动形动词短语（273[①] 个）的 12.1%。由此可见，将被动形动词短语译为汉语完全被动式句的翻译现象并不常见，仅有很少比例的被动形动词短语被译为了汉语的完全被动式句。相比之下，表示句中主导词状态的显性动词体标记更为常见。

（3）汉语中由"的"字短语连接的定语结构

由表 4.14 对"的"字短语的统计分析可知，三译本中共出现"的"字短语 218 个，占译本中译自所有形动词短语的句子总数（513 句）的 42.5%。这可以表明，表示修饰意义的助词"的"是表达形动词修饰意义常见的显性语法手段。

2）译文中的词汇手段

通过梳理译自形动词短语的相关译文，我们发现，译文中用于表达

---

① 取自三译本之和。

长尾形动词的纯修饰意义、动作意义与疏状评定意义及短尾形动词的述谓性意义的词汇手段非常少，一些较为常见的、能够表达动作意义和疏状评定意义的连词、介词和副词的出现频率均非常低，几乎可以忽略不计。但通过对译文中译自形动词的汉语动词短语进行观察，我们发现，译者经常使用述补结构表达源文本中形动词的体意义。

述补结构是汉语短语的一种典型结构，指的是述语带补语的结构。朱德熙曾在《语法讲义》中指出："在'洗干净'里，'干净'是'洗'这个动作导致的结果。"同一种动作可以导致不同的结果。例如："'洗干净了、洗破了、洗白了、洗丢了'。不同的动作也可以导致相同的结果。例如：'洗干净、刷干净、扫干净、擦干净'。我们管这样的格式叫述补结构。述补结构的前一部分叫述语，后一部分叫补语。"（朱德熙，1999:143）

译文中，译者通过使用述补结构，将源文本的形动词译为汉语动词后，在汉语动词后添加表示结果的补语，巧妙表达源语形动词的体意义，通常是完成体意义。如："烧熔"（расплавленное[①]）、"布满"（покрыто）、"钉死"（привинченные）、"砍倒"（срубленную）等。

例21：Лицо суровое, **покрыто синими жилками**, глаза маленькие, нос красный.（Палата № 6）

译文：他的脸粗糙，布满细小的青筋，眼睛小，鼻子发红。（《第六病室》，冯加）

又如：

例22：Андрей Ефимыч знает, что при теперешних взглядах и вкусах такая мерзость, как палата № 6, возможна разве только в двухстах верстах от железной дороги, в городке, где городской голова и все гласные — полуграмотные мещане, видящие во враче жреца, которому нужно верить без всякой критики, хотя бы он вливал в рот **расплавленное олово**; в другом же месте публика и газеты давно бы уже

[①] 此处4个括号中的形动词直接选自译文，并未作还原的处理。

расхватали в клочья эту маленькую Бастилию.（Палата № 6）

译文：安德烈·叶菲梅奇知道，按现代的眼光和风尚来看，像第六病室这样恶劣的机构也许只可能在离铁道二百俄里的小城市中出现，在那种地方，市长和所有的市议员都是半文盲的小市民，把医师看做术士，对医师必须相信，不能加以任何批评，哪怕他把烧熔的锡灌进人的嘴里去也得相信他。换了在别的地方，社会人士和报纸早就把这个小小的巴士底捣得稀烂了。（《第六病室》，汝龙）

除述补结构外，译者还会使用叠词①表达源文本中形动词短语的状态意义，如：

例23：Иногда к хозяйке приходил ночевать любовник, пьяный мужик, ***бушевавший по ночам*** и наводивший на детей и на Дарьюшку ужас.（Палата № 6）

译文：有的时候女房东的情夫来过夜，那是个醉醺醺的农民，夜里吵吵闹闹，吓得达留希卡和孩子们心惊肉跳。（《第六病室》，汝龙）

又如：

例24：Толстый только что пообедал на вокзале, и губы его, ***подернутые маслом***, лоснились, как спелые вишни.（Толстый и тонкий）

译文：胖子刚在车站里吃完饭，嘴唇油光光的，仿佛熟透的樱桃。（《胖子和瘦子》，汝龙）

本书将三个译文中所使用的述补结构及叠词进行了统计，具体如下：

表 4.17 三译本中表达形动词体意义的词汇手段统计

	汝译	沈译	冯译
述补结构	15	8	12
叠词	5	3	4
总计	20	11	16

由表4.17可知，译文中可以通过述补结构、叠词结构等词汇手段

---

① 叠词是汉语中一种特殊构成的复音词，其以相同的字词组成新词，音律和谐、形象生动。在语篇中适当运用叠词能够提高语言表述的确切性，是一种重要的修辞手段。

表达源文本动词的体意义，其出现的频次为49，占9.0%，虽然其比例不大，但使用的是典型的汉语结构，这种翻译方式可以提升译文的可读性，降低译文的陌生化期待。我们可以通过以下平行译本的例子，感受到这种处理方式的魅力。

例24：Когда в лунную ночь видишь широкую сельскую улицу с ее избами, стогами, *уснувшими ивами*, то на душе становится тихо; в этом своем покое, укрывшись в ночных тенях от трудов, забот и горя, она кротка, печальна, прекрасна, и кажется, что и звезды смотрят на нее ласково и с умилением и что зла уже нет на земле и всё благополучно. （Человек в футляре）

译文1：人在月夜见到广阔的村街和村里的茅屋、干草垛、睡熟的杨柳，心里就会变得安静。村子在安心休息，隐藏在朦胧的夜色中，避开了操劳、烦恼、痛苦，显得温和、凄凉、美丽，看上去似乎连天空的繁星也在亲切而动情地瞧着它，似乎人世间已经没有坏人坏事，一切都很好。（《套中人》，汝龙）

译文2：当你在月夜看到宽阔的乡街和两旁的农舍、草垛、沉睡的柳树时，心里也会变得宁静。在摆脱了白日的操劳、忧虑和苦痛而藏进黑夜的阴影里以后，乡街沉浸在这样的一片安宁之中，显得温和、忧郁而美丽，似乎星星也在亲切而动情地望着它，似乎世上再也没有了恶，万物都一帆风顺了。（《套中人》，沈念驹）

译文3：在这月色溶溶的深夜里，望着那宽阔的街道、街道两侧的农舍、草垛和睡去的杨柳，内心会感到分外平静。摆脱了一切辛劳、忧虑和不幸，隐藏在朦胧夜色的庇护下，村子在安然歇息，显得那么温柔、凄清、美丽。似乎天上的繁星都亲切地、深情地望着它，似乎在这片土地上邪恶已不复存在，一切都十分美好。（《套中人》，冯加）

在例24中，原文中的完成体主动形动词"уснувшим"在译文1中被译为述补结构"睡熟"，在译文2中被译为偏正结构"沉睡"，在译文3中被译为述补结构"睡去"。纵观三个译文，述补结构"睡熟"的译法最传神,既表达了源文本中形动词的完成体意义,又符合汉语的传统表达方式。

4.2.4 译文的语义层次特征

形动词短语是句子的扩展结构,它在形式上与主导名词发生联系,在语义上存在两种情况:一是同时与主导名词和句子其他成分产生双向意义联系,既从属于主导名词,又与句中其他成分发生关系;二是与主导名词产生单向意义联系,只与主导名词产生意义联系,而不与句子其他成分发生关系。除用作谓语的被动形动词短尾外,无论形动词短语与主导名词和句中其他成分发生哪一种语义关系,这种语义关系均是修饰性的、非核心的。

通过分析译自形动词的译文句子成分,我们将译文中译自形动词的句子成分统计如下:

表 4.18 三译本中译自形动词的句子成分统计

	译文定语	译文谓语	译文状语
长尾形动词短语	235(45.8%)	229(44.6%)	10(1.9%)
短尾形动词	0(0%)	39(7.6%)	0(0%)
总计	235(45.8%)	268(52.2%)	10(1.9%)

由表 4.18 的统计数据可知,译自长尾形动词短语的译文在句子中主要充当定语、谓语和状语三种成分,其中,45.8% 被译为定语,44.6% 被译为谓语,1.9% 被译为状语。下面,我们将从译文句子的主要成分和次要成分两个方面考察译自形动词短语译文的语义层次。

1)译文句子的次要成分——定语和状语

在译文中,定语和状语的比例共占 47.7%。两者均是句子的次要成分,处于句子语义的非核心区,与源文本中形动词短语与句子述谓核心之间的主次语义关系相符。

通过对比表 4.12 和表 4.13 的数据可知,译者在翻译形动词短语时,不仅仅将前置形动词短语译为定语修饰语,还将更多后置独立形动词短语（61.7%）也译为定语修饰语。然而，后置形动词短语具有半述谓性，既可以表达对主导词的修饰意义，也可以表达主导词的动作意义，在一些情况下，还可以与句中其他结构发生语义关系，即上文论及的双向语义关系。但语料库的统计数据显示，译者在将后置独立形动词短语翻译成汉语时，加强了这类形动词短语的修饰意义，削弱了它们所具备的动作意义。可以说，译者这样的处理方式更好地保留了源文本的语义层次，将源文本中的主次语义关系准确地传递到了译文中。但同时这样的翻译方式也破坏了源文本中的双向语义关系，并且导致了译文定语容量的扩大化与结构的复杂化。

2）译文句子的主要成分——谓语

在译文中，谓语的比例共占 52.2%。谓语是句子的主要成分，对于简单句而言，这些谓语的语义处于其句子语义的核心区，对于复合句而言，这些谓语的语义要视译文的复句类型而定。如译文是并列复合句及表达并列意义的无连接词复合句，则这些谓语处于句子语义的核心区，如译文是表达疏状意义的主从复合句及表达主从意义的无连接词复合句，而这些谓语位于从句或表达从属意义的分句时，它们处于句子语义的非核心区。

处于句子语义非核心区的谓语，与原句的语义层次相符，能够表达形动词短语与句中述谓核心的主次语义关系；处于句子核心区的谓语，与原句的语义层次不相符，导致译文分句之间的主次语义关系模糊，读者无法根据译文了解到源文本句子中不同述谓性结构之间的语义强弱差异。例如：

例 25：Она сунула ему в руки блюдечко и, **подхваченная кем-то**, унеслась далеко и мельком, через плечо своего кавалера, видела, как отец, скользя по паркету, обнял даму и понесся с ней по зале.（Анна на шее）

译文：她把小碟子塞到他手里，立即被人搂住腰，被远远地带走了。她越过舞伴的肩头，匆匆一瞥，看到父亲在镶木地板上轻快地滑行，搂

着一位太太在大厅里满场飞旋。(《脖子上的安娜》，冯加)

例25中，主动形动词短语"подхваченная кем-то"具有半述谓性，修饰主导词"она"，而在译文中，它被译为分句的独立谓语，与主导词所在的分句之间构成了表达连贯意义的并列复句。在这种情况下，读者是无法领会到源文本中的主次语义差别的。

总体而言，译自被动形动词短尾的谓语语义与原句语义层次相符，而译自长尾形动词短语的谓语语义是否与原句相符，需要视译文句子的类型而定。经过对语料库相关复句的梳理统计，我们发现，在译自长尾形动词短语的229句译文中，仅有15句为表达主从意义的复合句，余下的214句均属于并列复句，表达并列、递进、对比、连贯等多种语义关系。因此，译自长尾形动词短语的谓语，在绝大多数情况下，无法表达原句之间的主次语义关系，源文本中形动词短语与述谓核心之间的主次语义关系在译文中被重构。

由此可见，对于文学翻译而言，当源语与译入语在语言类型和体系上差距较大时，译者对再现源文本语义关系的追求是一把双刃剑，因为这样做一方面准确传达了源文本的语义结构，而另一方面则可能与汉语地道的文学语言习惯背道而驰。因此，在形动词短语的翻译上，译者经常处于两难的境地。如果追求源语的主次语义关系，则译文异化程度高，可读性较差；如果追求译文符合汉语表达习惯，则绝大多数情况下无法兼顾源文本的主次语义关系。但也恰恰是在这种情况下，更容易凸显译者不同的翻译风格，同时，这种翻译风格也会受到时代语言背景的影响，带有语言时代的历时特色。所以，译者在大的时代背景、文化背景下的选择本身就是一个值得研究的课题。

综上所述，我们将译自形动词短语的翻译语言特征总结如下：

（1）在分布特征与对译形式上，形动词是文学语篇中较为常见的词法类型，可以根据其语法意义将其译为多种对应的汉语译文形式。

（2）在句子结构特征方面，原文中的形动词短语主要以后置独立结构为主，译文对原文结构和语序的改变较大，更多后置独立结构被译为了前置定语结构，这种翻译方法凸显了形动词短语的修饰意义，但通常会导致译文定语结构的扩张和复杂化，是翻译语言"的的不停"的原因之一。

（3）在词汇语法手段方面，由于汉语动词并不具备形动词的形式特征，因此译文中主要依靠一些显性的词汇语法手段来表达形动词的语法意义。其中，显性动词体标记是表达形动词语法意义的手段之一，尤其对被动形动词而言，动词体标记的覆盖率很高，这是由于被动形动词通常表达主导词的状态意义，而状态意义在汉语中经常带有"着""了"等语法标记。同时，形动词短语的态范畴可以通过汉语的被动式句来表达，但这种对译方式并不典型。此外，汉语中还可以通过一些词汇手段表达形动词的体意义，如述补结构和叠词等。尽管这种词汇手段出现的频次较低，但它们却可以为译文增色不少。

（4）在语义层次特征方面，译自形动词短语的译文在句子成分上存在着两种对立的倾向：修饰定语化与独立谓语化。修饰定语化指的是译文倾向于将形动词短语译为定语修饰语，这样的句子占 45.8%；独立谓语化指的是译文倾向于将形动词短语译为独立谓语，这样的句子占 52.2%。对于读者而言，两种倾向各有利弊。修饰定语化可以完好地传达源文本中形动词短语与主动词之间的主次语义关系，但会使译文失去部分可读性，译文异化程度更明显；独立谓语化更符合汉语的表达习惯，但却破坏了源文本句子的语义层次结构，使译文句中的主次语义关系模糊不清。

4.3 译自无人称句的翻译语言特征

无人称句（безличное предложение）是单部句的一种，指"一种无主语结构，它只含有谓语性的主要成分，该成分的形式中不含有人称意义，也不指示人称"（Галкина-Федорук 1958:123）。在现代俄语句法体系中，无人称句是单部句的主要类型，可以表示自然现象、人的心理感受和生理状态、行为的可能性和必要性及对事物现象的肯定或否定等意义，在俄语句法体系中占有重要的位置，是俄语语篇中常见的句法形式，被称为"最具有俄语思维方式特点的一种形式"（Вежбицкая 1996:56）。

由于无人称句是一种无主语结构，因此它常被拿来与汉语的无主句相比较。但事实上，两者的语法属性存在着本质的不同。首先，在两种语言的语法体系中，对"无主语"这一现象的界定标准不同：汉语的无主句更多是对言语事实的描述，更接近于"省略主语"的句子，这样的无主句通常可以根据上下文对主语进行还原，且汉语的无主句主要出现在现代汉语口语及五四前的文言和白话文中，对现代汉语的书面语而言，已经失去了语法的典型性。正如朱德熙先生（1982）指出的："我们说汉语的句子可以没有主语，是指现代口语以及'五四'前的书面语（包括文言和白话）说的。从五四白话文运动开展以来逐渐形成的现代书面语不断受到印欧语（特别是英语）的直接或间接（通过翻译作品）的影响，产生了一些所谓'欧化'句法。其中最为重要可是又一直没有引起人们注意的一个方面，就是要求句子在形式上有主语的趋势。"相比较而言，俄语无人称句对"无主语"的界定是从语言系统出发的，是一种抽象的语法模式，这样的句子中没有主语，也不可能出现主语。其次，上述两种句式在语法意义上也有所不同。由于汉语无主句中更多是省略主语的句子，因此汉语无主句语法意义的界定一直是个难题，除一些表示自然现象的句子之外，缺乏固定的语法意义，而俄语的无人称句有着较为清晰的语法意义，能够表示自然现象、人的心理感受和生理状态、行为的可能性和必要性及对事物或现象的肯定或否定等意义。

由此可知，汉语的无主句并非严格语法意义上的无主语句。近年来，汉语界也注意到了这个问题，一些学者进一步提出了"非主谓句"的概念。吕叔湘先生在《汉语语法分析问题》（1979）里把所有单句分为"主谓句"与"非主谓句"。主谓句包括完全句与省略句，非主谓句包括体词句、谓词句和叹词句。张会森曾指出："这里说的'主谓句'，相当于俄语语法学中所说的'双部句'，而'非主谓句'则大致相当于俄语语法中的'单部句'。"（张会森，2001:40）而在三种非主谓句中，只有谓词句，即"由动词、形容词，或动词性词组、形容词性词组充当谓语的句子"与俄语的无人称句联系较为紧密。

综上可知，汉语的无主句与俄语的无人称句在语法结构和意义上均有较大差异，而现代汉语的"非主谓句"与俄语的无人称句关系更为密切。随着功能语言学在我国的引进与推广，有学者主张摆脱传统形式语法中主语、谓语划分方式的束缚，从句子功能的角度，以主题、述题的二元对立关系来分析汉语的句子。可以说，从功能角度研究句子结构，在很大程度上拉近了不同语言间尤其是分属不同语系的语言间的距离，也为俄汉语对比研究提供了新的视角，使俄汉语对比研究的成果更具解释力。对此本书将稍后详述。

4.3.1 分布特征与对译形式

无人称句是俄语的重要句型之一，在单部句中使用频率最高的句型。俄罗斯语言学界对其所属分类的意见并不统一，如苏联科学院《54语法》将其归入简单句的单部句类型中，而苏联科学院《70语法》和苏联科学院《80语法》则根据句中述谓核心的形式特点，将其语法意义纳入不同的单要素句模式中进行描写。鉴于《70语法》和《80语法》对单要素句与双要素句的划分标准并不统一，且在由形式到意义、由抽象到具体的总体编写思想的指导下，对无人称句的语法意义描写比较分散，而无人称句已是俄语语法中非常成熟的概念，因此，本书将以《54语法》对无人称句的分类描写为依据，具体探讨译自无人称句的译文翻译语言特征。

本书研究的无人称句述谓核心主要由无人称动词、谓语副词、否定动词及否定结构等构成，具体表达以下语法意义：1）自然现象、天气气候等现象，或自然力作用于周围环境的过程及其后果；2）表示生物的心理感受和生理状态；3）表示行为的必然、应该、能否等情态意义；4）表示某种事物不存在或够与不够（张会森，2006:230）。

4.3.1.1 无人称句的分布特征

无人称句是俄语文学语篇的典型句法现象，广泛地应用于叙述、描写、议论等多种言语类型中。为了对无人称句在文学作品中的分布有更全面的了解，本书选择了同一历史时期、不同体量的俄语小说进行对比研究。根据对多部不同体裁的俄罗斯经典文学作品赋码统计后可知，无人称句是俄语文学作品中的常见句式，具体数据可见下表：

表 4.19　各文学作品中无人称句出现频率统计

	文学作品名称	句子总数	字符总数	无人称句	比例 （无人称句/句子总数）
1	战争与和平	15270	231585	994	6.5%
2	白痴	13999	209804	1088	7.7%
3	父与子	4585	55020	258	5.6%
4	叶甫盖尼·奥涅金	2720	28927	114	4.2%
5	契诃夫小说	2321	29990	278	12.0%

在此需要对表 4.19 的数据进行补充说明：目前，无人称句语法意义的机器自动标注主要依靠 Mystem 赋码软件实现。该赋码软件可以标注含有谓语副词（如 холодно）、情态词（如 можно）、否定动词及否定结构（如 нет, ни...）的句子，具体标记为"прдк（предикат）"，但暂时还无法用机器自动标注由无人称动词充当述谓核心的无人称句。对表 4.19 中前 4 部作品中无人称句的统计是通过 Mystem 赋码软件自动实现的，只包含了该赋码软件支持下的无人称句的述谓形式，而本书研究所依托的俄汉文学翻译语料库中的所有语料均经过人工标注处理，包含了所有无人称句的述谓形式。因此，表 4.19 中前 4 部作品的无人称句比例明显低于契诃夫小说。

虽然表 4.19 未能准确反映出前 4 部文学作品中的无人称句比例，但无论是"被低估"了的数据（平均值为 6.0%），还是契诃夫小说中准确的数据，均能够说明无人称句是俄语文学语篇中的常见句式。在多部契诃夫小说中，无人称句的比例达到了 12%，可见无人称句是俄语文学语篇中的典型句法现象。

4.3.1.2 无人称句的对译形式

根据上文列举的无人称句的语法意义，本书将从以下四个方面描写无人称句在译文中的对译形式：

1）自然现象、天气气候等现象，或自然力作用于周围环境的过程及其后果，译文中可添加"天"等主语。如：

例1：Когда Аню провожали домой, ***то уже светало*** и кухарки шли на рынок.（Анна на шее）

译文：临到阿尼雅由人送回家去，天已经大亮，厨娘们上市场了。（《挂在脖子上的安娜》，汝龙）

例2：Уже ***смеркалось***.（Палата № 6）

译文：天色已经暗下来。（《第六病室》，汝龙）

2）表示生物的感觉、心理感受和生理状态，译文中往往将原文句中的主体译为主语：

例3：Он, ни слова не говоря, перешел к кровати, на которую указал Никита, и сел; видя, что Никита стоит и ждет, он разделся догола, и ***ему стало стыдно***.（Палата № 6）

译文：他一句话没说，走到尼基塔指定的床前，坐下了。他看到尼基塔站在一旁等着，便自己脱光了衣服，他感到很难为情。（《第六病室》，冯加）

例4：Наконец он сообразил, ***что это ему хочется пива и курить.***（Палата № 6）

译文：最后他才想出来这是他想喝啤酒，想吸烟。（《第六病室》，汝龙）

3）表示行为的必然、应该、能否等情态意义，译文经常将情态意义对译为"应该""必须""要""可能"等能愿动词，否定结构中也可以用其他词语代替：

例 5：Евгений Федорович хотя и моветон, между нами говоря, но сведущий, *на него вполне можно положиться*.（Палата № 6）

译文：叶甫根尼·费多雷奇，我们背地里说一句，虽然是个粗俗的人，不过精通医道，对他倒是可以充分信赖的。（《第六病室》，汝龙）

例 6：原文：*Не нужно мне ни дружбы, ни твоих лекарств, тупой человек*!（Палата № 6）

译文：我不稀罕这种友谊，不稀罕你的药品，蠢材！（《第六病室》，汝龙）

4）表示某种事物不存在或够与不够，译文中将其直接译为"没有……"的非主谓句，或将否定的对象译为主语（或也可称其为主题或话题）：

例 7：У Достоевского или у Вольтера кто-то говорит, *что если бы не было бога*, то его выдумали бы люди.（Палата № 6）

译文：不知是陀思妥耶夫斯基的书里还是伏尔泰的书里，有个人物说：要是没有上帝，人们就应当造出一个来。（《第六病室》，汝龙）

例 8：*После венчания не было даже легкой закуски*; молодые выпили по бокалу, переоделись и поехали на вокзал.（Анна на шее）

译文：结婚仪式结束后，连简单的小吃也没有。新婚夫妇干了高脚杯里的酒，换了装就去了火车站。（《挂在脖子上的安娜》，沈念驹）

例 9：Андрей Ефимыч чрезвычайно любит ум и честность, но чтобы устроить около себя жизнь умную и честную, *у него не хватает характера и веры в свое право*.（Палата № 6）

译文：安德烈·叶菲梅奇非常喜爱智慧和正直；然而他缺乏坚强的性格，不相信他有权利在自己四周建立合理而正直的生活。（《第六病室》，汝龙）

4.3.2 译文的句子结构特征

通过上文的论述可知，俄语的无人称句与汉语的无主句有着很大的不同,与汉语"主谓句"和"非主谓句"的分类形式联系更为紧密。因此,本书从译文是否为主谓句的角度,按照无人称句的四种语法意义,对译文的句子结构进行了统计,具体如下:

表 4.20　三译本中译自无人称句的主谓句与非主谓句统计

无人称句的语法意义	源文本	主谓句		非主谓句
		完整句	省略句	
自然现象	18	14	0	4
心理感受生理状态	396	308	26	62
必然/应该/能否的情态意义	204	99	7	101
某种事物不存在或够与不够	174	130	6	38
总计	792	551	39	205

由表 4.20 可知,在源文本的 792 个无人称句中,有 590 句被译为了汉语的主谓句,占全部句子的 74.5%,其中以完整型主谓句为主,即同时具备主语和谓语的句子,它们占全部主谓句的 93.4%。另外,仅有 205 句被译为了汉语的非主谓句,占全部句子的 25.5%。这说明,俄语的无人称句更多被对译为汉语的主谓句,而不是非主谓句。

在大量的俄语无人称句被译为汉语主谓句的情况下,两者之间的句子结构转换规律应是重点分析考察的对象。我们尝试从以下几个方面对表 4.20 中的数据进行解读:

1)俄语无人称句的主体可译为汉语主谓句的主语。

俄语的无人称句中可出现第三格主体或疏状主体①,表达动作或状态的发出者或承受者。除表达自然现象的无人称句外,另外三种意义的无人称句中均可出现第三格主体或疏状主体,在绝大多数情况下,这些主体都可以被译为汉语主谓句中的主语。如:

例 10:Мягкие движения его пухлого тела пугали ее, *ей было и страшно, и гадко*.(Анна на шее)

---

① 无人称句中的疏状主体指的是表示范围、所属、地点等意义的主体形式,其语义与全句发生联系。

译文：他那胖身子只要微微一动，就会吓她一跳，她觉得又可怕又恶心。（《挂在脖子上的安娜》，汝龙）

又如：

例 11：Ко мне ходят какие-то люди, я слышу голоса, музыку, и *кажется мне*, что я гуляю по каким-то лесам, по берегу моря, и *мне так страстно хочется суеты, заботы...*（Палата № 6）

译文：似乎有些人走到我跟前来了，我听见说话声和音乐声，我觉得自己好像在一个树林里或者海岸上散步，我那么热切地渴望纷扰，渴望忙碌……（《第六病室》，汝龙）

本书进一步对源文本中无人称句的所有显性主体进行了统计，发现源文本中共有 324 个无人称句带有显性主体。参照对比表 4.20 的数据可知，共有 590 句无人称句被译为了汉语的主谓句。即使上述 324 句中所有显性主体均被译为主语，仍有 266 句无显性主体的无人称句被译为了汉语的主谓句。在对这些句中无显性主体却被译为汉语主谓句的无人称句进行梳理时，我们发现，在这种情况下用形式语法很难解释两种语言之间的结构转换规律，我们可以尝试从汉语"话题句"的角度来分析这个问题。

"话题（topic）"与"陈述（comment）"这一对概念最初由霍凯特在 1958 年版的《现代语言学教程》（*A Course in Modern Linguistics*）中提出，他认为话题就是说话所要论述和谈论的对象，陈述就是对话题所做的具体说明。将"话题"概念与汉语语法联系起来的是汤姆逊（Thompson S. A.）和李讷（Li Charles N.），他们在 1976 年的《主语和话题》一文中提出汉语是话题突出型（topic-prominence）语言，英语则是主语突出型（subject-prominence）语言。陆俭明曾指出："他们（汤姆逊和李讷）所以会想到这样做，在很大程度上是受了汉语事实的影响。汉语中有相当多的所谓的'主语句'，其句首名词语（一般所谓的主语）跟后面谓语里的核心动词不存在直接的、严格的选择和配置关系。所谓不存在直接的、严格的选择和配置关系，是说按论元结构理论，那句首名词不是动词所要求的、应该在动词前出现的那个论元。"（陆俭明，

2005:252）

话题句是汉语语法的重要概念，是从功能角度对汉语句子的分析。话题句的提出解决了汉语句子结构分析的难题，从功能的角度拉近了汉语句法与欧洲语言句法之间的距离，即汉语与"主语突出型语言"之间的关系。话题的功能是为整句的陈述指出事例，确定范围，或提供时间或空间框架。在语调上，话题后可以有停顿，可以用"啊""么""呢""吧""嘛"等表达语气的词，书写上可用逗号。（赵陵生等，2006:48）。

很多汉语学家对话题句展开了深入的研究，一般认为，汉语话题句大致可分为六类（石定栩，1999）：

（1）话题与句子谓语动词以某种特殊的副词相联系。例如：
那座房子幸亏去年没有下大雪。

（2）两个句首名词语都可以理解为施动者。这两个句首名词语之间隐含着领属或包含关系。例如：
他肚子饿了。

（3）句首两个名词语之间或是类属关系，或是群体与个体的关系。例如：
他们经常大鱼吃小鱼。

（4）一般所说的名词谓语句。例如：
她头发黄。

（5）句首名词是后面主谓句的关涉对象。例如：
生物学我可是门外汉。

（6）句首两个名词之间是换位的稀松的领属关系。例如：
房子我们单位最紧张。

根据对上文提及的句中无显性主体却被译为汉语主谓句的无人称句的梳理，我们发现，在汉语译文中，除一些句子将俄语原句中隐藏的主体依据上下文语境补充译出外，绝大多数的这类主谓句均为"汉语话题句"。具体数据如下：

表 4.21　三译本中译自无人称句的汉语话题句统计

无人称句的语法意义	源文本	话题句
自然现象	18	3
心理感受生理状态	396	115
必然/应该/能否的情态意义	204	43
某种事物不存在或够与不够	174	89
总计	792	250

由表 4.21 可知，共有 250 个俄语无人称句被译为了汉语话题句，占全部句子的 31.6%。尤其多用于表示生物的心理感受和生理状态、表示某种事物不存在或够与不够的无人称句中，在后者中的比例高达 51.1%。具体的例句如下：

例 12：Он не знал за собой никакой вины и мог поручиться, что и в будущем никогда не убьет, не подожжет и не украдет; *но разве трудно совершить преступление нечаянно, невольно*, и разве не возможна клевета, наконец, судебная ошибка？（Палата № 6）

译文：他不知道自己有什么过失，而且可以担保他今后也绝不会去杀人、放火、偷盗。可是，无意中偶然犯下罪行难道不容易吗？难道不会有人诬陷吗？最后，难道法院不可能出错吗？（《第六病室》，冯加）

又如：

例 13：*Но тайну его угадать не трудно*．（Палата № 6）

译文：不过要猜破他的秘密，却也不难。（《第六病室》，汝龙）

由此可见，汉语话题句是翻译俄语无人称句的有效手段，在翻译表示某种事物不存在或够与不够的无人称句中最为常见，译者通常将否定的对象译为话题句中的"话题"，如：

例 14：Петр Леонтьич запивал сильнее прежнего, *денег не было*, и фисгармонию давно уже продали за долг．（Анна на шее）

译文：彼得·列昂契奇酒瘾比以前更大，钱却没有，小风琴早已卖掉抵了债。（《挂在脖子上的安娜》，汝龙）

又如：

例 15：Дома всё господские и **лошадей много, а овец нету** и собаки не злые.（Ванька）

译文：房子很多，全是老爷们的，马也很多，羊却没有，狗都不凶。（《万卡》，冯加）

以上例子的翻译方式，符合汉语传统的语言表达习惯，使译文更贴近汉语表达习惯，更具可读性，能够提升译文的归化度。

2) 俄语表达必然、应该、能否等情态意义的无人称句经常被译为汉语的非主谓句。

由表 4.20 可知，在 209 个表达必然、应该、能否等情态意义的无人称句中，有 101 句被译为为了汉语的非主谓句，占 48.3%。例如：

例 16：М-да... **Нужно назначить вам премию за красоту**... как в Америке... М-да... Американцы... Моя жена ждет вас с нетерпением.（Анна на шее）

译文：嗯，对了。……应当照美国人的办法……发给您一份美女奖金才对。……嗯，对了。……美国人。……我的妻子等得您心焦了。(《挂在脖子上的安娜》，汝龙）

又如：

例 17：Доктор Андрей Ефимыч, о котором речь впереди, прописал холодные примочки на голову и лавровишневые капли, грустно покачал головой и ушел, сказав хозяйке, что уж больше он не придет, потому что **не следует мешать людям сходить с ума**.（Палата № 6）

译文：医生安德烈·叶非梅奇（关于他以后我们还会说到）的处方是头部冷敷和桂樱叶滴剂，他对女房东说他不会再来了，因为不该去打扰一个人发疯，说完忧郁地摇摇头走了。（《第六病室》，冯加）

由上两例可知，译者在翻译表达必然、应该、能否等情态意义的无人称句时，很少将隐藏的主语译出[①]，直接将其译为汉语对应的非主谓句形式。

4.3.3 译文的词汇语法手段

无人称句的语法意义主要包括自然现象、人的心理感受和生理状态、行为的可能性和必要性及对事物的现象的肯定或否定等意义，这些意义主要是由无人称动词、谓语副词、情态词否定动词或否定结构来完成的。由于汉语缺乏语法形态的变化，既没有无人称动词，也不存在动词的变位和非变位形式，名词也没有格的范畴，能够表达俄语无人称句语法意义的，只有汉语动词的体标记，和某些译文中的词汇手段。

1）译文的语法手段——汉语动词的体标记

当俄语无人称句的述谓核心由无人称动词或表达否定、够不够等意义的动词构成时，译文中可能出现相应汉语动词的体标记。但由于无人称动词和否定动词均主要表达状态意义，极少表达动作意义，译文中汉语动词的体标记非常少，几乎可以忽略不计。在绝大多数情况下，无人称句中动词的时范畴和体范畴在译文中不需要通过显性语法手段表示，例如：

例 19：Вот он просидел уже полчаса, час, *и ему надоело до тоски*; неужели здесь можно прожить день, неделю и даже годы, как эти люди? （Палата № 6）

译文：在这儿他已经坐了半个钟头，一个钟头了，<u>厌烦得要命</u>。难道能在这种地方住一天，一个星期，甚至像这些人那样住上几年？（《第六病室》，汝龙）

[①] 译者有时会将此类无人称句中的主语补充译出，如例17的沈念驹译文为："医生安德烈·叶菲梅奇（这人以后还要提起）开了在头上冷敷的药液和桂樱叶滴剂的药方，愁眉苦脸地直摇头。临走前他对女房东说，以后他不会再来了，因为他不该妨碍人们发疯。" 但从整体数据而言，这种情况并不多，因此，我们认为，译者在翻译此类无人称句时，更倾向于将其直接译为非主谓句。

又如：

例 20：***Пахло от него ветчиной и кофейной гущей.***（Толстый и тонкий）

译文：他身上有一股火腿肠和咖啡渣的气味。（《胖子和瘦子》，冯加）

在例 19 和例 20 中，原句中无人称动词均表示主体的状态意义，在译文中以词汇意义表达即可，不需要附加动词的显性体标记。

2）译文的词汇手段

译文中能够表达无人称句语法意义的词汇手段很少，根据我们对相关译文的梳理，较为典型的词汇手段主要有两类：

（1）通过补译主语"天"，表达无人称句的自然现象。例如：

例 20：***Уже смеркалось.***（Палата № 6）

译文：天色已经暗下来。（《第六病室》，汝龙）

（2）通过补译感知动词"觉得""感到"或"感觉"，表达无人称句中主体的心理感受。例如：

例 21：Я уехал тогда от брата рано утром, ***и с тех пор для меня стало невыносимо бывать в городе.***（Крыжовник）

译文：我一清早就离开弟弟的庄园。从此以后，我就感到城市的生活难以忍受。（《醋栗》，冯加）

通过对语料库相关语料的检索可知，译文中补译主语"天"（16 次）的现象非常普遍，覆盖了绝大多数表达自然现象的无人称句；补译感知动词"觉得""感到"或"感觉"的情况并不多（66 次），仅覆盖了少部分表示心理感受或生理状态的无人称句。

通过上述研究可知，无人称句的语法意义在译文中的词汇语法表达手段非常有限，几乎没有相应的语法手段，词汇手段也较少，且出现频次不高。

4.3.4 译文的语义层次特征

在语言文化学中,民族个性和语言个性息息相关。在语言文化学的大系统中"语言—民族(民族个性)—文化"形成处于中心位置的金三角。近些年不少俄罗斯、东欧、奥地利的学者把研究重点较多地侧重在民族个性、民族意识等问题上(褚敏,2001:27)。俄罗斯语言学界对无人称句语义的研究也经历了从形式到语义、由语义到语言民族性的过程。

在俄语的语法体系中,无人称句具备很多区分性的形式特征,如无主语、主体第三格、动词变化不指向人称形式等。在这些特殊语言形式的基础上,一些学者(Гвоздев, 1965; Вежбицкая, 1996; Арутюнова, 1999; Валгина, 2000; Апресян, 2006)将无人称句的语义内涵描述为:表达由自然的或某种无法言说的力量控制;动作或状态的主体或承受者是被动的、消极的、没有选择权的;句子情景是不确定的、不可知的。

通过对无人称句语义内涵的具体描写,有学者进一步提出无人称句与俄罗斯民族性密切相关。阿鲁玖诺娃(Н. Д. Арутюнова)认为无人称句及无人称性的产生、存在与发展是人屈从于自然力的结果,人处于自然力与人自身的意志力之间,无人称句表达的正是人的意志力屈从于自然力的现象。同时,她认为这种句子结构的语义特点是俄罗斯民族思想、地理环境等因素共同作用的结果,是这种民族个性造就了这种形式的语言。对这种民族个性,韦日比茨卡娅(А. Вежбицкая)也有类似的描写,她在《语言、文化和认知》一书中(«Язык. Культура. Познание» 1996)提出了建立在语言结构语义特色基础上的四种俄罗斯民族性:感性(эмоциональность)、非理性(иррациональность)、不可控性(неатентивность)与对绝对道德的偏爱(любовь к морали)。

虽然目前俄罗斯语言学界对于俄罗斯民族性格与无人称句之间是否存在强因果联系仍有争议,但不可否认的是,无人称句的语义内涵既建立在其独特的语法形式的基础上,又与句中词汇意义密切相关,是其语法意义抽象的结果,这一点得到了学界的普遍认可。

根据上文对汉语无主句、非主谓句与无人称句的语法形式与语义内涵的对比分析，我们可以从形式与语义相结合的角度梳理俄语无人称句语义在译文中的表达与再现情况：

第一，形式上对应，语义上也对应的情况。这主要包括对自然力量进行描述的句子。在这个意义上，汉语的无主句或非主谓句与俄语的无人称句可以完全对应，例如：

例 22：***Что-то ветром подуло...***（Хамельон）

译文：……<u>好像起风了。</u>（《变色龙》，汝龙）

例 22 中，俄语原句是无人称句，句中无主语，汉语也是无主语的非主谓句，两个句子均表示"起风"这一自然现象。

第二，形式上不对应，语义上对应。这主要包括带有否定动词及否定结构的句子，且译文中否定的对象也会经常译为句中的主语和话题。例如：

例 23：Что я и сестра катаемся на велосипеде, ***никому нет до этого дела!***（Человек в футляре）

译文：讲到我和我的姐姐骑自行车，<u>这不关别人的事！</u>（《套中人》，汝龙）

例 23 中，俄语原文是无人称句，句中无主语，汉语译文是主谓句，句中有主语，两者在语法形式上不对应。但它们在语义上是对应的，均表示否定意义。

第三，形式可能对应，语义上部分对应的情况。这主要包括表达必然、应该、能否等情态意义的句子。汉语中也存在情态动词，也可表达必然、应该、能否等情态意义。当译文中不译出原句主体时，两者在形式上存在对应关系，句中均没有主语；当译文中译出原句主体时，两者在形式不对应。

无论两者在形式上是否对应，汉语情态句的主语都没有任何形态上的变化，它与情态词构成主谓关系，无法表达出俄语无人称句中主体相对于情态词的消极性和顺从性[①]。例如：

---

① 阿鲁玖诺娃认为，这种结构语义里包含的主体（人）的被动性、不由自主性、完全屈从外力的特点，即"顺从"（принцип по течению）的原则。

例 24：***С такою верой можно жить припеваючи даже заму-равленному в стене.***（Палата № 6）

译文：人有了这样的信心，哪怕幽禁在四堵墙当中，也能生活得很快乐。（《第六病室》，汝龙）

例 24 中，俄语原文是无人称句，句中无主语，汉语译文是主谓句，句中有主语，两者在形式上不对应。它们在语义上均表示应该的意义，但汉语中由于缺乏形态变化，无法表达俄语原句中主体的消极性和顺从性。

第四，形式上不对应，语义上也不对应的情况。这主要包括表示人的心理感受、生理状态的句子，表示不可控的、不由自主的行为。当俄语原文中无人称句表达上述意义时，译文中既找不到与其对应的形式，也无法准确表达原句的语义内涵，只能通过一些词汇手段在一定程度上表现句中主语非主动的心理状态及不由自主的行为。例如：

例 25：Мазурку она танцевала с тем же громадным офицером; он важно и тяжело, словно туша в мундире, ходил, поводил плечами и грудью, притоптывал ногами еле-еле — ***ему страшно не хотелось танцевать***.（Анна на шее）

译文：她跟原先那个魁伟的军官跳玛祖卡舞，他庄严而笨重，像一具穿着军服的兽尸，一面走动，一面微微扭动肩膀和胸部，十分勉强地踏着拍子，仿佛他非常不想跳舞。（《挂在脖子上的安娜》，汝龙）

例 25 中，俄语原文是无人称句，句中无主语，汉语译文是主谓句，句中有主语，两者在形式上不对应。同时，两者在语义上也不对应，译文无法表达出原句主体不可控的、不由自主的行为特征。另外，通过例25，我们发现，译者意识到了译文中这种语义上的缺失，补充了"仿佛"一词，努力向读者传达原句的语义内涵。但这种情况并不多见，也不典型，且手段单一，主要依靠"仿佛""好像""似乎"等表示模糊意义的副词，且译者只是偶尔为之，出现频率很低。

综上所述，汉语中缺乏能够准确传达俄语无人称句语义内涵的语言形式，无论是语法形式还是词汇手段，均只能表达无人称句的部分语义。

韦日比茨卡娅提出的与俄罗斯民族性相关的无人称句语义，如主体的被动性、消极性、行为的不由自主性、自发性、动作不可控制性、情景的不确定性、不可知性，均无法在译文中得到完整的再现与还原。译文能够传达基本的词汇意义，但深层的语义信息流失严重。

本节讨论了译自无人称句的译文的语言特征。无人称句作为一种典型的俄语句式，在文学作品中使用的频率很高，常用于描写自然现象、人物心理状态，表达情态意义及一些否定意义。由于俄语无人称句的语法意义首先建立在其形式的基础之上，而汉语又是一门缺乏形态变化的语言，因此，译文对无人称句的转换能力受到了很大的限制，很难准确表达无人称句的语法意义及语义内涵。首先，译文中能够体现无人称句语法意义的显性词汇语法手段很少，几乎可以忽略不计；其次，译文非常缺乏有效的语言手段来表达无人称句复杂的语义内涵。更多情况下，译文仅能传达无人称句的基本词汇意义，或依靠一些有限的词汇手段来诠释其语义，但转换效果也十分有限，读者很难根据译文的表达领悟到俄语无人称句真正的语义内涵。

4.4 译自"который"定语从句的翻译语言特征

限定从句是俄语主从复合句的主要类型之一。其中，"который"是最常用、最典型的关联词。它具有中性的修辞色彩，不具有任何附加的语义。在汉语的复句系统中，没有表达限定意义的复句，具有述谓核心的修饰成分可以直接在句中做定语，或者以分句或其他结构形式出现。

根据表达限定意义的从句与主句中被修饰名词的语义关联度，带有"который"的限定从句可以分为扩展句和限制句两种。扩展句指的是主句和从句之间不存在必然的扩展联系，被修饰的名词不要求加强自己的意义，从句修饰这个名词仅仅以占据这个名词的修饰语位置为限。限制句指的是从句与被修饰的名词之间具备限制或限制—强调联系，这种联系是必然的，其必然性由名词在上下文中的语义不足性决定。因此，扩展句中从句与被修饰词之间是一种弱语义联系，与并列联系相近，或可进行各种语义繁化（осложнение распространительной связи），其中最为常见的是原因意义和对别—让步意义（РГ 1980:522-

524）。而限制句中从句与被修饰词之间是一种强语义联系，缺少了从句的修饰意义，主句的语义就是模糊和不完整的。由于强语义联系的存在，主句中被修饰的词可以带有表示加强意义的指示代词，如"тот""такой""самый""именно"等。

虽然《80语法》已对который定语从句的两种类型（扩展型与限定型）加以明确的定义与描述，但在实践中，还是会遇到一些难以界定的句子。我国俄语界一些学者提出的который定语从句划分标准可以很好地解决这一问题，如宁琦（1996:17-20）从主句中被说明词的语义、主句中被说明词所表示的事物与从句который所替代的事物之间的关系、被说明词前的指示词、主从句之间的结构—语义关系四个方面对который定语从句类型的划分进行了详细的说明与界定。

4.4.1 分布特征与对译形式

4.4.1.1 带"который"的定语从句的分布特征

带"который"的定语从句（以下简称который定语从句）是能够表达限定意义的、出现频率最高的主从复合句，可应用于叙述、描写、议论等言语类型中。根据对多部不同体裁的俄罗斯经典文学作品赋码统计后可知，который定语从句在文学作品中虽然分布广泛，但不同体裁、不同作者之间的差异性较大，具体数据可见下表：

表 4.22　各文学作品中 который 定语从句的使用频率统计

	文学作品	句子总数	字符总数	который 定语从句	比例（который 从句/句子总数）
1	战争与和平	15270	231585	1782	11.7%
2	白痴	13999	209804	611	4.4%
3	父与子	4585	55020	229	5.0%
4	叶甫盖尼·奥涅金	2720	28927	28	1.0%
5	契诃夫小说	2321	29990	106	4.6%

由表4.22可知,《战争与和平》中который定语从句的使用频率最高,比例高达11.7%,但同为长篇小说,《白痴》中который定语从句的使用频率要低得多,仅是《战争与和平》的一半不到,同时,中篇小说《父与子》、契诃夫的中篇小说及短篇小说中,который定语从句的比例平均为5%,与《白痴》较为接近。《叶甫盖尼·奥涅金》中который定语从句使用频率最低,比例仅为1%,这并不难理解,主从复合句由于其篇幅较大和结构复杂,并不适合诗歌类体裁的文学作品,相似的修饰意义可借助形动词短语完成,上文表4.10统计了《叶甫盖尼·奥涅金》中形动词的频次,其使用频率较高,与其他体裁的小说作品非常接近。

总体而言,契诃夫小说中который定语从句的使用频率与其他中、长篇小说接近,但《战争与和平》除外。

4.4.1.2 который定语从句的对译形式描写

который定语从句主要表达的是修饰限定意义,据上文所述,本书将根据表达限定意义的从句与主句中被修饰名词的语义关联度,从扩展句与限制句两个类别,描写语料库中который定语从句的对译形式。

1)扩展句

在这类который定语从句中,从句与修饰词之间不构成必要的扩展联系,可译为汉语联合复句中的分句、主从复句中的从句[1]、定语或其他结构。例如:

(1)将который定语从句译为联合复句中的分句:

例1:Самое характерное в его лице было отсутствие усов, это

---

[1] 汉语复合句的划分及界定并不统一,王力(2015:69)将汉语的复句分为等立句(coordinate clauses)和主从句(subordinate clauses)两种;吕叔湘(1982:101)将汉语复句中按照逻辑关系意义组织起来的句子称为分句,具体讨论分句之间的语义逻辑联系;朱德熙(1985:215)与吕叔湘对复句的划分和界定基本相同;马竹邨(1960:81-85)将汉语复句分为联合复句和偏正复句;陈学忠(2006:91)将汉语复句分为联合、顺承、选择等10种逻辑关系。根据本书的研究需要,结合上述学者的划分及界定方式,我们将汉语复句划分为联合复句与主从复句,其中联合复句表达并列、递进、对比、选择、连贯关系;主从复句表达因果、条件、转折、让步、比较关系。

свежевыбритое, голое место, **которое постепенно переходило в жирные, дрожащие, как желе, щеки.**（Анна на шее）

译文：他脸上最有特色的一点是没有唇髭，只有光秃秃的、新近剃光的一块地方，那块地方渐渐过渡到像果冻一样颤抖的肥脸颊。（《挂在脖子上的安娜》，汝龙）

（2）将 который 定语从句译为主从复句中的从句：

例2：В городе он имеет громадную практику, носит белый галстук и считает себя более сведущим, чем доктор, **который совсем не имеет практики.**（Палата № 6）

译文：他在城里私人行医，生意兴旺，他系着白领结，自认为比医师精通医道，因为医师根本不私人行医。（《第六病室》，汝龙）

（3）将 который 定语从句译为所修饰名词的定语结构：

例3：Отец, Петр Леонтьич, в помятом фраке, **от которого пахло бензином**, подошел к ней, протягивая блюдечко с красным мороженым.（Анна на шее）

译文：她父亲彼得·列昂契奇穿一件有汽油味的、揉皱的礼服，走到她面前，递给她一小碟红色冰淇淋。（《挂在脖子上的安娜》，汝龙）

（4）将 который 定语从句译为其他结构：

例4：Андрей Ефимыч лег на диван, лицом к спинке и, стиснув зубы, слушал своего друга, **который горячо уверял его**, что Франция рано или поздно непременно разобьет Германию, что в Москве очень много мошенников и что по наружному виду лошади нельзя судить о ее достоинствах.（Палата № 6）

译文：安德烈·叶菲梅奇在长沙发上躺着，脸对着沙发背，咬紧牙关，听他的朋友热烈地向他断言，法国迟早一定会把德国打得落花流水，说莫斯科有很多骗子，说凭马的外貌不能判断它的优点等等。（《第六病室》，汝龙）

本例中，который 定语从句被译为了汉语的兼语句。

2）限制句

在这种句子中，从句与修饰词之间存在必然的语义联系，可译为联合复句中的分句、主从复句中的从句、定语或其他结构。例如：

（1）将 который 定语从句译为联合复句中的分句：

例5：Будучи уже студентом четвертого курса, Сергей заболел скоротечною чахоткой и умер, и эта смерть как бы послужила началом целого ряда несчастий, *которые вдруг посыпались на семью Громовых*.（Палата № 6）

译文：谢尔盖在大学里读到四年级，得了急性结核病，死了。这次死亡似乎是开了个头，<u>此后就有一连串的灾难忽然降到格罗莫夫的家庭里</u>。（《第六病室》，汝龙）

（2）将 который 定语从句译为主从复句中的从句：

例6：Я служу вредному делу и получаю жалованье от людей, *которых обманываю*; я не честен.（Палата № 6）

译文：我在做有害的工作。我从人们手里领了薪金，<u>却欺骗他们</u>。我不正直。（《第六病室》，汝龙）

（3）将 который 定语从句译为所修饰名词的定语结构：

例7：Бригадный генерал предложил выпить за силу, *перед которой пасует даже артиллерия*, и все потянулись чокаться с дамами.（Анна на шее）

译文：陆军准将提议"为那种就连<u>大炮也要向之屈服的力量</u>干杯"，大家就纷纷举起酒杯跟太太们碰杯。（《挂在脖子上的安娜》，汝龙）

（4）将 который 定语从句译为其他结构：

例8：Только время на соблюдение кое-каких формальностей, *за которые судье платят жалованье*, а затем — всё кончено.（Палата № 6）

译文：只要有时间去完成某些法定程序，然后就万事大吉——<u>法官就是凭这个领取薪水的</u>。（《第六病室》，冯加）

本例中，译者使用添加解释性破折号的方法，将原句中的主句和从句连接在一起，表达原因、结果等疏状意义。

由以上例证可知，无论是扩展型который定语从句，还是限定型который定语从句，均可译为汉语的多种句型和结构，两者在对译形式的普遍性上差异不大，但在真实翻译实践中，还是能够观察到两者翻译方式的规律性差异，这一点将在下文继续讨论。

4.4.2 译文的句子结构特征

从以上例证可知，虽然在俄语中который定语从句按照结构语义可分为两种类型，但在汉语译文中，这两种类型与译文句子结构的联系并不是绝对的。扩展句既可译为汉语的复句，也可译为定语结构，反之，限制句既可译为定语，也可译为汉语的复句。根据语料库的统计数据，原文中共有64句限定句（占60.4%），42句扩展句（占39.6%）。在对语料库中三个译本共318句译文进行统计分析后，我们得到以下数据：

表 4.23　三译本中译自 который 定语从句的句子结构特征统计

译本	定语	复句	分成两句	其他
汝译	43	49	4	10
沈译	51	47	2	6
冯译	46	41	7	12
总计	140	137	13	28
比例	44.0%	43.1%	4.1%	8.8%

由表4.23可知，译文中который定语从句被译为定语结构和复句的比例非常接近，前者占44.0%，后者占43.1%。通常认为，限定型的который定语从句更多被译为定语结构，而扩展型的который定语从句更多被译为复句。然而，原文中限定句比扩展句的数量多近20%，这可以表明，上述观点未必是正确的。为了进一步考察который定语从句的两个类型与汉语译文结构的关系，我们对扩展句、限定句和定语成分、复句的对译情况进行了统计，数据如下：

表 4.24　限定句、扩展句与三译本中定语成分与复句的对译情况统计

源文本	三译本	汝译	沈译	冯译	总计	比例
限定句	定语	33	45	34	112	58.3%
	复句	23	15	19	57	29.7%
	其他	8	4	11	23	12%
扩展句	定语	10	6	12	28	22.2%
	复句	26	32	22	80	63.5%
	其他	6	4	8	18	14.3%

由表4.24可知，在所有的限定句中，有58.3%被译为了定语成分，29.7%被译为了复句；在所有的扩展句中，有63.5%被译为了复句，22.2%被译为了定语成分。我们尝试从以下几个方面来解读表4.24的数据：

第一，这组数据可以表明，在文学语篇中，从句与被修饰词之间的语义关联度并不是译文对应结构的绝对影响因素，语义联系弱的，不一定都翻译成复句，而语义联系强的，也不一定都翻译成定语，两者之间并不存在具有绝对优势的联系。

蔡毅等在《俄译汉翻译教程（修订本）》中曾指出："译带который的定语从属句和形动词短语时，首先碰到的问题是：在什么情况下，必须译成修饰语，在什么情况下，不宜译为修饰语而要译成其他分句或句构。这里取决于原文中带который的定语从属句和形动词短语与被说明词之间有无严格的限制关系。如果有严格的限制关系，一般译成修饰语，即译为'……的'。有时带который的定语从属句和形动词短语与被说明词之间没有严格的限制关系，它有相对的独立性，这时一般译为其他成分或句构。"同时，他也指出："但在不少场合，他们既能被译为修饰语，也能被译为其他分句或句构。"

本书的数据，在一定程度上可对上述观点进行一定的修正与补充。首先，即便是在成熟的文学作品译文中，который定语从句的翻译方式也不完全取决于其与被说明词之间有无严格的限制关系，从数据上来看，

相关度基本上在60%左右。其次，上文表述中提到的"但在不少场合，他们既能被译为修饰语，也能被译为其他分句或句构"，这里的"不少场合"比例较大，要占到30%—40%。整体而言，который定语从句的翻译策略趋于多元化。

第二，影响译语句子结构选择的因素很多，译者最后的选择是多种因素共同作用的结果，而并非简单地依照从句与被修饰词之间的语义强弱关系。能够对译者翻译策略选择产生影响的因素还包括：

（1）主句中被修饰词原有的定语容量。如果被修饰词在主句中已有较为复杂的定语，或还有其他的后置扩展定语，这种情况下译者往往倾向于将который定语从句译为复句模式，例如：

例9：После казенной квартиры, охваченная впечатлениями света, пестроты, музыки, шума, Аня окинула взглядом залу и подумала: «Ах, как хорошо!» и сразу отличила в толпе всех своих знакомых, всех, кого она раньше встречала на вечерах или на гуляньях, всех этих офицеров, учителей, адвокатов, чиновников, помещиков, его сиятельство, Артынова и дам высшего общества, разодетых, сильно декольтированных, красивых и безобразных, **которые уже занимали свои позиции в избушках и павильонах благотворительного базара**, чтобы начать торговлю в пользу бедных.（Анна на шее）

译文：经历过公家房子里的那段生活以后，此刻处在亮光、彩色、音乐、闹声的包围之中的阿尼雅向大厅里扫了一眼，暗自想道："啊，多么好啊！"她立刻在人群里认出了她所有的熟人：所有以前在晚会上或者游园会上见过的人，所有那些军官、教师、律师、文官、地主、大官、阿尔狄诺夫和上流社会的太太们。这些太太有的浓妆艳抹，有的袒胸露背，有的漂亮，有的难看，<u>她们已经在慈善市场的小木房和售货亭里占好位子</u>，开始卖东西，替穷人募捐了。（《挂在脖子上的安娜》，汝龙）

（2）从句的信息含量。如果который定语从句的信息含量大，句子结构复杂，则译者往往将其译为复句模式，例如：

例10：Когда-то в детстве самой внушительной и страшной силой, надвигающейся как туча или локомотив, готовый задавить, ей всегда представлялся директор гимназии; другой такою же силой, *о которой в семье всегда говорили и которую почему-то боялись, был его сиятельство.*（Анна на шее）

译文：从前她小时候总是觉得中学校长是世界上顶威严可怕的一种力量，好比乌云似的压下来，或者像火车头似的开过来，要把她压死似的，另一个同样的力量是那位大官，这是全家常常谈起而且不知因为什么缘故大家都害怕的一个人。（《挂在脖子上的安娜》，汝龙）

（3）语篇的叙述模式，即具体的上下文。为了保持语篇叙述视角的连贯性，译者有时会调整分句的前后关系，保障上下文中主题、述题转换的连贯性。例如：

例11：Сидельцы из мясной лавки, *которых он расспрашивал накануне*, сказали ему, что письма опускаются в почтовые ящики, а из ящиков развозятся по всей земле на почтовых тройках с пьяными ямщиками и звонкими колокольцами.（Ванька）

译文：昨天晚上他问过肉铺的伙计，伙计告诉他说，信件丢进邮筒以后，就由醉醺醺的车夫驾着邮车，把信从邮筒里收走，响起铃铛，分送到世界各地去。（《万卡》，汝龙）

本例中，который 定语从句被置于句首，这样可以更好地与上文进行衔接，上文谈到："他写完信而没有人来打扰，心里感到满意，就戴上帽子，顾不上披皮袄，只穿着衬衫就跑到街上去了……"译文的调整更符合语篇叙事视角的衔接。

（4）译者所处时代的语言整体特征。在现代汉语欧化的大背景下，译本出现的时代越晚，往往欧化的现象就越多。述谓结构做定语、定语容量大、句子结构复杂、句长偏长等特点都是汉语欧化的表现形式。以本书的三个译本为例，汝龙译本的上述特征要明显弱于其他两个译本。

汝龙译本中的句子更加短小精炼，例如：

例12：Оба они знали, что это берег реки, там луга, зелёные ивы, усадьбы, и если стать на один из холмов, то оттуда видно такое же громадное поле, телеграф и поезд, который <u>издали похож на ползущую гусеницу</u>, а в ясную погоду оттуда бывает виден даже город.（Крыжовник）

译文1：他们俩都知道那是河岸，那儿有草场、绿油油的柳树、庄园，要是站在一个高岗的顶上望出去，就可以看见同样辽阔的田野，看见电报线，看见远处一列火车，<u>像是毛毛虫在爬</u>，遇到晴朗天气在那儿甚至看得见城市。（《醋栗》，汝龙）

译文2：他们俩都清楚，这是一条河岸，那里有牧场、碧绿的柳树、庄园，假如站在其中的一座小山上，从那里望得见广袤的田野、电报局和火车，站在远处，<u>火车看上去像一条爬行的毛毛虫</u>；要是在晴朗的日子，往往连城市也能看到。（《醋栗》，沈念驹）

译文3：他们都知道那是河岸，那边有草场、绿色的柳树和不少庄园。如果登上小山头，放眼望去，那么可以看到同样开阔的一片田野，电线杆，以及远方像条毛毛虫一样爬着的火车。遇上晴朗的天气，从那里甚至可以看到城市的远景。（《醋栗》，冯加）

（5）译者自身的翻译风格与翻译策略倾向。虽然译者的选择是在大的语言时代背景下进行的，不可避免地带有时代的印记，但译者自身的言语表达习惯和倾向也不容忽视。本书考察的沈念驹和冯加译本，其翻译时间较为接近，但两者的翻译策略选择存在着较大的差别。沈念驹译本欧化的特征更为明显，其各项欧化指数明显高于冯加译本，且冯加译本中存在着不少较为独特和自由的处理方式，例如：

例13：К вечеру обыкновенно приходит почтмейстер, Михаил Аверьяныч, единственный во всем городе человек, <u>общество которого для Андрея Ефимыча не тягостно.</u>（Палата № 6）

译文：邮政局长米哈伊尔·阿韦良内奇通常在傍晚来访。<u>在全城居民中只有跟他的交往还没有让安德烈·叶菲梅奇感到厌烦。</u>（《第六病室》，

冯加）

本例中，冯加将который定语从句译为了独立的句子，与主句之间用句号隔开，而其他两个译本均未作这样的处理。

综上，在考虑который定语从句与汉语译文之间结构的转换规则时，需要具体问题具体分析，不能大而化之，更不能一刀切。需要考虑上下文语境、词汇语义结构等多方面因素。

另外，译自который定语从句的不同结构内部也具备一些可观察到的规律性特征，下面将从定语结构、复句模式、其他句子结构三个方面来进行具体分析：

1）定语结构

который从句具备完整的述谓核心，当这样的句子被译为定语时，其定语本身也通常为主谓结构，如本书上述的很多例句（如例3、例7、例12的译文3等），都是这种形式。但主谓结构做定语并非汉语的传统定语形式，尤其在很多情况下，主句中被修饰词已有其他修饰语，再将который定语从句译为"的"字短语，会导致主句被修饰词带有多个"的"字短语的修饰成分，句子定语容量增大，句子变长。根据统计数据，在所有译自который定语从句的句子中，带有多个（2个及2个以上）"的"字短语的共有164句，占全部译句的51.6%，其中带有两个"的"字短语的句子为101句，带有3个"的"字短语的句子为63句。也就是说，相关译文中有一半以上的句子都带有两个或两个以上的"的"字短语，这正是汉语语法欧化的表现。

2）复句模式

根据复句中分句之间的逻辑联系，汉语复句可分为联合复句和主从复句两种形式，联合复句里各个分句的地位都是平等的，没有主次的差别，具体包括并列复句、递进复句、对比复句、选择复句和连贯复句。主从复句里各个分句的地位是不平等的，他们有主要次要的差别。表示主要意义的句子称为主句，表示次要意义的句子称为从句，具体包括因果关系、转折关系、条件关系、让步关系和比较关系。

本书考察的译自который定语从句的译文中主要包含以下几种复句

类型①，现将这些复句类型统计如下：

表 4.25　三译本中译自 который 定语从句的复句类型统计

汉语复句类型		句子数量	比例
联合复句	并列	126	92.0%
	递进	2	1.5%
主从复句	因果	3	2.2%
	让步	2	2.2%
	目的	3	2.2%
	转折	1	0.8%

由表 4.25 可知，译文的复句类型主要以联合复句为主，占 93.5%，其中绝大多数都是表示并列意义的复句。译文中表示递进意义、因果意义、让步意义、目的意义和转折意义的复句都非常少，且有时不同译者对同一句原文的逻辑解读也并不一致。

由于 который 定语从句本身并不包含任何显性的逻辑关系标志，因此译文复句的关系类型主要依靠译者对原文逻辑的判断和解读。通过表中的数据不难看出，译者对这种逻辑关系的显性表达是十分小心谨慎的，他们更倾向于通过再现原句的词汇语义关系，以隐性的语义手段表达原文中蕴含的逻辑意义。

3）其他句子结构

除定语结构和复句外，译文中还有一些结构可以表达 который 定语从句的修饰意义，其中主要包括兼语句和连锁复句。

兼语句指的是使用了兼语短语的单句，兼语短语由三个部分组成，中间部分既是前面部分的宾语，又是后面部分的主语。这样的例子主要有：

例 14：Он досадовал на себя за то, что поехал, и на друга, который *с каждым днем становился всё болтливее и развязнее*; настроить свои

---

① 这里对复句类型的判断以句中的显性逻辑标记为准。

мысли на серьезный, возвышенный лад ему никак не удавалось.(Палата № 6)

译文：他埋怨自己不该出门旅行，埋怨朋友变得越来越唠叨、放肆。他有心去思考一些严肃而高尚的课题，但却无论如何做不到。（《第六病室》，冯加）

译文中兼语句的使用，使两个分句被合译为了一个句子。这种译文出现的频率很低，在全部语料中，仅有4处使用了兼语句。

连锁复句最早是由邢公畹（1984）提出的，他指出："连锁复句好像是汉语特有的一种句子结构形式，可用公示描述为：$NP_1+VP+NP_2$，$Ø+VP+NP（NP_2）$，这里 VP 是动词组，第一分句里的 NP 是它的宾语，第二分句里的 Ø 代表一个空位，它的实质意义就是第一分句的 NP。"（邢公畹，1984:23）从连锁复句的公式来看，这种句子结构的提出是基于句子的结构语义模式。后有学者（徐丹，1989）研究指出，连锁复句成立需要包括两个条件：第一，第二个分句里省略的主语必须是第一个分句中的宾语，第二，两个分句之间要用标点隔开，这是区别汉语兼语句的主要形态标志。

虽然连锁复句在汉语句法中并未得到广泛承认，较为边缘化，但这种句子结构可与 который 定语从句存在一定程度上的对应关系，在全部译自 который 定语从句的语料中，共有 10 处使用了连锁复句，例如：

例 15：У него на шее небольшая опухоль, *которая мешает ему носить жесткие крахмальные воротнички*, и потому он всегда ходит в мягкой полотняной или ситцевой сорочке.（ Палата № 6 ）

译文：他的脖子上生着一个不大的肿瘤，妨碍他穿领子浆硬的衣服，因此他老是穿着亚麻布或者棉布衬衫。（《第六病室》，汝龙）

除上述情况外，译文中还存在将带 который 的定语从句译为独立两句的情况，这种情况并不多见，共有 13 处。如上文的例 13。

综上所述，带 который 的定语从句在转换为汉语句子结构时，受到多种因素的影响，整体上体现了一些规律性的特征，同时也存在不少个性化的处理方式。

4.4.3　译文的词汇语法手段

который 定语从句主要表达修饰性的语法意义，同时可能具备一些语义繁化意义，如原因、对别—让步意义等。который 定语从句在译文中可被译为定语结构、复句和其他句子结构。下文将从两个方面分别讨论译文中能够表达 который 定语从句语法意义的词汇语法手段。

1）译文中的语法手段

译文中定语结构的显性语法手段是助词"的"。根据统计数据，译文中每一个定语结构与被修饰词之间都是通过"的"来连接。如上文所述，"的"字短语在译文中出现的频率较高，具体如下：

表 4.26　译自 который 定语从句译文"的"字短语统计

译本	用"的"衔接的句子总数	带有1个"的"句子	带有2个"的"句子	带有3个"的"句子
汝译	45	30	15	0
沈译	49	41	5	3
冯译	46	38	7	1
总计	140	109	27	4

由表4.26可知，在译自 который 定语从句的定语结构中，以1个"的"字短语的情况居多，比例为77.8%，2个"的"字短语的比例较低，为19.3%，3个"的"字短语的情况最少，仅有2.9%。这说明译者在翻译 который 定语从句时，为了提升译文的可读性，在尽量少用较长较复杂的定语结构。

本书在4.2"译自形动词短语的翻译语言特征"和本节中讨论了具有修饰意义的"的"字短语分布情况。由于两者均具备修饰限定意义，因此都会对译文中的定语容量产生影响。现将两组数据进行对比，尝试分析两种译文结构的异同之处。

表 4.27 三译本中源自形动词短语与 который 定语从句的译文定语结构统计

源语类型	源文本	1 个 "的"	2 个 "的"	3 个 "的"	总计	比例
形动词短语	513	142	60	16	218	42.5%
который 定语从句	318	109	27	4	140	44.0%

由表 4.27 可知，源文本中形动词短语与 который 定语从句的总数虽然不同，但在译为汉语时，均有超过 40% 的结构被译为 "的" 字短语。这可以说明译者在翻译这类结构和句式时，将其译为 "的" 字短语的总体趋势和比例是相似的。与此同时，译文在定语容量上存在一些细微的差别。译自形动词短语的译文定语容量更大，结构更复杂，带有 2 个 "的" 字短语的句子占用 "的" 衔接句子总数的 27.5%，带有 3 个 "的" 字短语的句子占 7.3%。相比较而言，译自 который 定语从句的译文定语容量略小，2 个及 2 个以上 "的" 字短语的总体比例更低。这种现象可能与两种语法结构在源语中的体现形式有关。首先，根据上文表 4.12（源文本中形动词短语结构特征统计）的数据，37.2% 的形动词短语系前置结构，符合现代汉语定语前置的习惯，因此更易与其他修饰成分一起叠加，译为前置的 "的" 字短语。而在 который 定语从句中，所有从句均置于被修饰名词之后，其结构的独立性可能会影响翻译策略的选择；其次，形动词短语作为简单句的扩展成分，仅具有半述谓性，其信息容量往往小于由 который 引导的、具有独立述谓核心的从句，因此，形动词短语更容易被译为前置的 "的" 字短语。

结合上文表 3.5（三译本及各参照语料库词表前十列表）的数据可知，"的" 是译文中出现频率最高的词，三个译本中沈念驹译本中 "的" 字频率最高，这与表 4.26 的数据是吻合的。同时，三个译本中 "的" 字的平均频率为 5.52%，高于汉语原创小说中 "的" 字的频率 5.0%，这也说明定语容量大、结构复杂是翻译小说的语言特征之一。

2）译文中的词汇手段

我们知道，который 定语从句除表达修饰性的语法意义外，还可能具备一些语义繁化意义，如原因、对别—让步意义。通过梳理译自

который 定语从句的相关译文，我们发现，译文中用于表达 который 定语从句语义繁化意义的词汇手段非常少，一些较为常见的、能够表达不同语义关系的连词、介词和副词的出现频率均非常低，几乎可以忽略不计。我们可以看以下两个例子：

例 16：Во-первых, говорят, что страдания ведут человека к совершенству, и, во-вторых, если человечество в самом деле научится облегчать свои страдания пилюлями и каплями, то оно совершенно забросит религию и философию, ***в которых до сих пор находило не только защиту от всяких бед***, но даже счастие.（Палата № 6）

译文：第一，据说，痛苦足以使人达到精神完美的境界；第二，人类要是真的学会用药丸和药水来减轻痛苦，那就会完全抛弃宗教和哲学，可是到现在为止，人类在宗教和哲学里不但找到了避免一切烦恼的保障，甚至找到了幸福。（《第六病室》，汝龙）

又如：

例 17：Тут он не выходил из номера, лежал на диване и злился на себя, на друга и на лакеев, ***которые упорно отказывались понимать по-русски***, а Михаил Аверьяныч, по обыкновению, здоровый, бодрый и веселый, с утра до вечера гулял по городу и разыскивал своих старых знакомых.（Палата № 6）

译文：在这里他没走出过客房，躺在沙发上，既生自己的气，又生朋友的气，还生仆人的气，因为后者顽固地不愿听俄语，而米哈伊尔·阿维里扬内奇则和平时一样，身体健康，神清气爽，心情愉快，从早到晚满城游荡，寻找自己的老相识。（《六号病房》，沈念驹）

上两例中，译者分别在译文中以显性的词汇手段表达了源文本中可能隐藏的语义关系。正如上文所述，由于 который 定语从句自身并不具备任何显性逻辑标志，因此在很多情况下，这种逻辑关系是译者自己解读的结果，且常常因为译者不同，解读结果也完全不同。例 16 和例 17 的另外两个译本，就没有将这种可能的逻辑关系显化出来。如例 17 的另外两段译文：

汝龙译本：到了那儿，他不走出旅馆房间，躺在长沙发上，生自己的气，生朋友的气，<u>生那些怎么也听不懂俄国话的仆役们的气</u>；而米哈依尔·阿威良内奇却照例健康，高兴，精神饱满，从早到晚在城里闲逛，寻访他的老相识。

冯加译本：到了那里，他照样不出旅馆，躺在沙发上，生自己的气，生朋友的气，<u>生那些怎么也听不懂俄语的仆役的气</u>。米哈伊尔·阿韦良内奇却照样健壮，精神，快活，从早到晚在城里游览，寻访故友。

由此可见，在译自 который 定语从句的复句中，用于表达分句间逻辑意义的显性词汇语法非常少，绝大多数情况下，什么显性语言手段都不用。总体而言，由于原文中 который 定语从句的语义关系需要译者解读，而译者在这方面又非常谨慎，因此译文更多是以一种"意合"的形式出现。

4.4.4　译文的语义层次特征

который 定语从句主要表达修饰限定意义，在句中常被译为修饰语，用于描述被修饰词的某种属性。就句子整体语义层次而言，处于语义的非核心区，从属于主句述谓核心的语义。但在翻译实践中，который 定语从句的语义层次也可能会发生变化。下面，我们将从两个角度考察相关译文的语义层次特征：

1）修饰意义在译文中的再现与重构。就句子整体的语义层次而言，表达修饰意义的 который 定语从句语义是非核心的、次要的。当它被译为汉语时，其修饰意义可能得到再现或重构。具体如下：

（1）被译为定语结构的译文与原文的语义主次关系相匹配，能够表达次要的修饰意义；

（2）被译为复句的译文失去了能够表达次要修饰意义的语言形式，这时原文中主、从句之间的语义关系在译文中可能会得到重构。当原文中 который 定语从句被译为并列复句时，原文主、从句之间的主次语义关系消失，主句和从句的述谓核心语义以并列的形式出现；当原文中 который 定语从句被译为主从复句时，原文主、从句之间的主次语义关系以逻辑关系的形式出现，这时 который 定语从句通常被译为主从复句中的从句。

2）修饰意义在译文中的显化。

尽管译者在翻译 который 定语从句的过程中不可避免地需要对其修饰限定语义进行重构，但这并不妨碍译者在翻译实践中通过各种语法手段来凸显原文中蕴含的修饰性语义。这种翻译现象被称为显化。显化（explicitness/explicitation），又可称为外显化、明朗化、明晰化、明示等，指的是"目标文本以更明显的形式表述源文本的信息，是译者通过在翻译过程中增添解释性短语或添加连接词等来提高译本的逻辑性和易解性"（Shuttleworth&Cowie, 1997：55）。在译自 который 定语从句的译文中，主要可以使用以下几个手段使原文的修饰意义得到显化：

（1）通过在被修饰词前添加指示代词强调修饰意义的事实本身（加强修饰意义）。

译者经常在被修饰词前添加"这（个，样）"或"那（个，样）"来加强 который 定语从句的修饰意义。经过对全部语料的统计可知，在318句译文中，共有41句的被修饰词前带有"这"或"那"的指示代词，其中带有"这"的20句，带有"那"的21句。同时，三位译者的相关数据也并不相同，具体如下：

表 4.28　三译本中用于加强修饰意义的指示词频率统计

三译本	这（个，样）	那（个，样）
汝译	3	13
沈译	7	3
冯译	10	5
总计	20	21

从表4.28的数据不难看出，汝龙和冯加更倾向于在被修饰词前添加指示代词；同时，汝龙更常用"那"，而冯加更常用"这"。有趣的

是,"这"与"那"的比例非常均衡。经过对上述例句的梳理和分析,我们发现,译句中"这"和"那"的近指与远指意义被弱化,让步于修饰意义,此时"这"与"那"的差别不大。例如:

例 18: Он привел ее в избушку, к пожилой даме, *у которой нижняя часть лица была несоразмерно велика*, так что казалось, будто она во рту держала большой камень。(Анна на шее)

译文 1:他带她走到小木房那儿,去见一位上了岁数的太太,那太太的脸的下半部分很大,与上半部分不成比例,因此,看上去好像她嘴里含着一块大石头似的。(《挂在脖子上的安娜》,汝龙)

译文 2:他带她走进售货小屋,去见一位上了年纪的太太,这位女士脸的下部不成比例的大,所以给人的印象是她仿佛在嘴里含了一颗大石头。(《挂在脖子上的安娜》,沈念驹)

译文 3:他把她领到小木屋里,去见一位上了年纪的太太。这位太太的下半截脸大得不成比例,就好像她的嘴里含着一块大石头。(《脖子上的安娜》,冯加)

在例 18 的三段译文中,分别添加了"这""那"等指示词强化修饰意义,两者在近指、远指上的差异不大,主要用来表达修饰意义。

需要指出的是,俄语原文中也存在着一些显化修饰意义的手段,只是这种显化手段并不出现在从句,而是出现在主句,如:"тот""такой""самый""этот""такой""именно"等。通过我们对原文的统计可知,原文主句中共出现上述强化词 8 次,频率远低于译文中的 41 次,可见译文中添加指示代词与原文的强化词之间并不存在明显的因果关系,而是译者显化修饰性语义的手段。

(2)通过助词"的"明示修饰意义。

"的"字短语是译者表达修饰意义最有效的手段,也使原文语义与译文语义得到了完全对应。上文已详细分析了"的"字短语的对译及频率分布情况,此处不再重述。

(3)在分句中译出"который"的指代对象,使句子的修饰性特征与被修饰对象之间的语义联系明晰化。

将 который 定语从句译为复句时，是否在分句中译出由 который 所指代的主语，是译者需要考虑的问题。对于原文而言，который 指代主句中被修饰的词，在从句中充当主语，构成从句的述谓核心，是从句中不可缺少的成分。但对于汉语而言，省略主语的句子非常典型，尤其是在复句中，第二分句的主语经常会承前省略。因此，译者在翻译这类句子时，可以选择将分句中的主语译出或省略，并且省略分句主语更符合汉语传统的、非欧化的表达习惯。在译者具有选择权的情况下，在分句中将 который 指代的主语译出，可以被理解为是一种明确分句中被修饰词与修饰意义之间语义关系的手段。在对语料进行统计后，我们发现，在137句复句型译文中，共有112句将主语译出，比例高达81.8%。可见，在分句中译出主语是一种常见的语义显化手段。例如：

例19：Утром больные, кроме паралитика и толстого мужика, умываются в сенях из большого ушата и утираются фалдами халатов; после этого пьют из оловянных кружек чай, ***который приносит из главного корпуса Никита***.（Палата № 6）

译文：早晨，病人们除了瘫子和胖农民以外，都到前堂里去凑着一个大木桶洗脸，用长袍的底襟擦干。这以后他们用锡杯子喝茶，<u>茶是尼基达从主楼取来的</u>。（《第六病室》，汝龙）

综上所述，译自 который 定语从句的翻译语言具备以下几点规律性的特征：

（1）在分布特征与对译形式上，который 定语从句是文学语篇中较为常见的句法现象，诗体小说除外。译者可以根据其语法意义将其译为对应的多种汉语译文形式。

（2）在译文结构特征方面，译文的结构并不完全取决于原文中从句与主句之间的语义强弱关系，从语料库的统计数据来看，译文结构受到很多其他因素的制约。

（3）在译文词汇语法手段方面，"的"字短语是译文定语结构的标志性特征，使用频率很高，其中2个"的"字短语或3个"的"字短语的情况也占有一定的比例，但总体而言略少于译自形动词短语的相关译文。译文中用于表达复句逻辑关系的显性连接词非常少，译者更倾向于用隐性手段表达分句之间的语义关系。

（4）在译文的语义层次特征方面，原文的修饰意义在译为汉语时可能出现重构的情况，主次语义关系消失，取而代之的是主要是并列语义关系。尽管如此，译者还是会通过各种语法手段来显化源文本中的修饰关系，这些手段主要包括在被修饰词前添加指示代词、使用"的"字短语、译出分句中的主语等。

4.5　译自"чтобы"主从复合句的翻译语言特征

"чтобы"是俄语常用的连接词之一，它可以连接表示目的、方式、程度、条件等不同意义的主从复合句。

《80语法》依据从句与主句的关系性质（характер соотнесенности），将主从复合句分为结构不可切分句与结构可切分句，чтобы既可连接结构不切分句中的说明句与修饰句，也可连接结构可切分句中的表达时间意义的句子和制约句。除此之外，чтобы还可以连接一些有固定语法意义的熟语结构，如"достаточно...чтобы""стоит... чтобы"等。

本书将根据《80语法》的划分标准，从结构可切分句和结构不可切分句两个方面来考察用"чтобы"连接的主从复合句（下文简称чтобы从句）的翻译语言特征。在结构不可切分句中，"чтобы"主要连接的从句类型有：修饰句中表达意愿的从句，表达度量和程度意义的从句；在结构可切分句中，"чтобы"主要连接的从句类型有：表达时间意义的从句，制约句中表达条件意义和目的意义的从句。选择《80语法》对主从复合句的分类标准作为本节分类的依据，主要原因在于其分类标准更适合翻译转换方式及翻译语言特征的研究。正如《80语法》指出的，构成结构不可切分句的基础是展词性原则（принцип присловности），从句不是直接地依附于主句，而是扩展或替代主句中的某个词或词的组合，其句法位首先是为词而设立的。在结构可切分句中，从句不占据展词位，它与整个主句发生联系，主句与从句在信息价值方面具有等值性，两部分都包含潜在的独立报道（РГ 1980:467, 541）。从上述描述中不难看出，从句是否具有展词性的特征是《80 语法》划分主从复合句的主要依据，而从句的展词性特征又是翻译结构转换中非常重要的影响因素。展词性从句可以扩展主句中的动词、形容词、副词、名词、比较级，在从句信息结构容量不大的情况下，该类从句既可以被译为汉语的简单句，也可以被译为复句，同时，汉语中兼语句与连动句句式的存在又提高了将之译为简单句的可能性。对于从句不具备展词性的可切分主从复合句而言，由于主句与从句的信息相对独立，因此被译为复句的可能性更大，但却也不能一概论之。

4.5.1　分布特征与对译形式

4.5.1.1　чтобы 主从复合句的整体分布特征

чтобы 主从复合句能够表达目的、意愿、方式、程度、条件等不同意义，可应用于叙述、描写、议论等言语类型中。根据对多部不同体裁的俄罗斯经典文学作品赋码统计后我们可得到表 4.29 中的数据。

表 4.29　各文学作品中 чтобы 从句的使用频率统计

	文学作品	句子总数	字符总数	чтобы 主从复合句	比例（чтобы 从句/句子总数）
1	战争与和平	15270	231585	400	2.6%
2	白痴	13999	209804	283	2.0%
3	父与子	4585	55020	47	1.0%
4	叶甫盖尼·奥涅金	2720	28927	5	0.1%
5	契诃夫小说	2321	29990	58	2.5%

从表 4.29 的数据可知，由 чтобы 连接的主从复句在俄语文学作品中的出现频率并不高，尤其是在诗体小说《叶甫盖尼·奥涅金》中仅有 5 句，

仅占全部句子的0.1%。相比较起来，其他中长篇小说中由чтобы连接的主从复句的比例比较接近，《父与子》中略少。总体而言，чтобы主从复合句并不是文学作品中的常见句型，但它在契诃夫中短篇小说中频率接近于长篇小说，占2.5%。

4.5.1.2　чтобы 主从复句的对译形式描写

本小节将从结构不可切分句与结构可切分句两个方面，以语料库中的语料为基础，具体从修饰句中表达意愿的从句、表达行为方式方法的从句、制约句中表达条件意义和目的意义的从句等几个方面描写译文中чтобы主从复合句的对译形式。

1）结构不可切分句

（1）表达意愿的从句

在表达意愿的从句中，чтобы主从复合句可译为带有"要""让（好让，想让）""叫""想"等能愿动词的句子，例如：

例1：Из кухни выходит Дарьюшка и с выражением тупой скорби, подперев кулачком лицо, останавливается в дверях, ***чтобы послушать***.（Палата № 6）

译文：达留希卡走出厨房，带着茫茫然的悲痛神情，在门口站住，用拳头支住脸，想听一听。（《第六病室》，汝龙）

例2：Он не спал все ночи напролет, ожидая ареста, но громко храпел и вздыхал, как сонный, ***чтобы хозяйке казалось, что он спит***; ведь если не спит, то, значит, его мучают угрызения совести — какая улика!（Палата № 6）

译文：他一连几夜睡不着觉，等着被捕，可是他又像睡着的人那样大声打鼾和吐气，好让女房东以为他睡熟了。要知道，如果他睡不着觉，那就意味着他的负疚的良心在折磨他，而这是了不起的罪证啊！（《第六病室》，汝龙）

（2）表达行为方式方法的从句

在表达行为方式方法的从句中，чтобы从句可译为"好让……"，例如：

例3：Она вышла на площадку, под лунный свет, и стала так, **чтобы видели ее всю в новом великолепном платье и в шляпке.**（Анна на шее）

译文：她走出去，站在两个车厢中间的小平台上，让月光照着她，好让大家都看见她穿着漂亮的新衣服，戴着帽子。（《挂在脖子上的安娜》，汝龙）

2）结构可切分句

（1）表达目的意义的从句

在表达目的意义的从句中，чтобы的主从复合句可译为"为了""免得""以免""以便""目的是"等。例如：

例4：**Чтобы не проводить времени в праздности**, он сос-тавлял подробный каталог своим книгам и приклеивал к их корешкам билетики, и эта механическая, кропотливая работа казалась ему интереснее, чем чтение.（Палата № 6）

译文：为了不致在无所事事中消磨时间，他给他的书开列了一个详细的书目，在书脊上粘贴小小的签条，他觉得这种机械而烦琐的工作倒比读书有趣。（《第六病室》，汝龙）

例5：Нет, женитьба — шаг серьезный, надо сначала взвесить предстоящие обязанности, ответственность... **чтобы потом чего не вышло.**（Человек в футляре）

译文：不成，婚姻是终身大事，应当先估量一下马上要承担的义务和责任，……免得以后闹出什么乱子来。（《套中人》，汝龙）

又如：

例6：И он не делал предложения, всё откладывал, к великой досаде директорши и всех наших дам; всё взвешивал предстоящие обязанности и ответственность, и между тем почти каждый день гулял с Варенькой, быть может, думал, что это так нужно в его положении, и приходил ко мне, ***чтобы поговорить о семейной жизни.***（Человек в футляре）

译文：所以他没有求婚，而且一拖再拖，这可叫校长太太和我们所有的女士懊丧万分。他依然不断地权衡着未来的义务和责任，与此同时却又几乎天天跟瓦连卡一起散步，也许是认为这是处在他的境地需要做的事儿吧。他也常来我这儿串门，以便聊聊有关家庭生活的话题。(《套中人》，沈念驹）

（2）表达条件意义的熟语结构。本书共检索到两种带有 чтобы 的熟语结构，分别是："не стоит..., чтобы" 和 "достаточно..., чтобы"。其中，结构 "не стоит..., чтобы" 并没有固定的译文形式与之对应，需要结合上下文具体分析。结构 "достаточно..., чтобы" 通常译为 "只要……就……"。例如：

例 7：Это человек с правилами и на хорошем счету у его сиятельства; ему ничего не ***стоит***, как говорили Ане, взять у его сиятельства записочку к директору гимназии и даже к попечителю, ***чтобы*** Петра Леонтьича не увольняли...（Анна на шее）

译文：这个人循规蹈矩，很得上司的赏识。人家对阿尼雅说，要他请求大人写封信给中学校长，甚至给督学，以免彼得·列昂契奇被辞掉，那在他是毫不费力的事。……(《挂在脖子上的安娜》，汝龙）

又如：

例 8：***Достаточно*** малейшего шороха в сенях или крика на дворе, ***чтобы*** он поднял голову и стал прислушиваться: не за ним ли это идут?（Палата № 6）

译文：只要前堂里有一点点声，或者院子里有人叫一声，他就会抬起头来倾听：莫非这是有人来抓他？(《第六病室》，汝龙）

虽然 чтобы 可以连接不同意义的主从复合句，但它们出现的频率有着较大的差别，我们将语料库中不同意义的 чтобы 主从复合句出现频率统计如下：

表 4.30 源文本中各种意义的 чтобы 主从复合句统计

	从句类型	从句数量	占百分比
чтобы 从句	目的	44	75.9%
	说明	11	19.0%
	条件	2	3.4%
	方式方法	1	1.7%

从表 4.30 可知，表达目的意义的 чтобы 从句在语料库中出现的频率最高，占 75.9%，其次是说明从句，占 19.0%，最后是条件和行为方式方法从句，各自仅占 3.4% 和 1.7%。

4.5.2 译文的句子结构特征

чтобы 从句在句中的位置灵活，可出现在句首、句中和句末。现将 чтобы 从句在原文中的位置及其翻译后的位置统计如下：

表 4.31 源文本与译文中 чтобы 从句的位置对比统计

语言项	文本来源	句首	句中	句末	总计
чтобы 从句的位置	源文本	8	8	42	58
	译文	9	8	41	58

由表 4.31 可知，чтобы 从句在句中主要位于主句之后，共占 72.4%，在句首与在句中的比例相近，各占 13.8% 与 15.5%。чтобы 从句主要位于句末的现象可能受以下两个因素的影响，第一，чтобы 从句在不可切分句中表达说明或修饰意义，这样的从句需要紧跟主句中被说明或被修饰的词，因此不可能出现在句首，只能出现在句中或句末；第二，表目的意义的 чтобы 从句的位置也主要以句末为主，结合表 4.30 的数据来看，在考虑 чтобы 从句的说明意义（11 句）与修饰意义（3 句）均为后置结构的情况下，在所有的后置结构中，目的从句也占大部分的比例。чтобы 从句的位置在译文中几乎没有变化，仅有 1 处译者将后置结构译为了前置的形式。

虽然译文与原文 чтобы 从句位置的变化不大，但译文在简单句和复句的处理上，存在着较大的差异。经过统计分析，我们发现，чтобы 从句在译文中既可被译为复句，也可被译为简单句，还可以被译为紧缩句[①]。其中复句包括有连接词或无连接词的并列复句、连贯复句，主从复句中表目的意义的从句、表原因意义的从句等。简单句结构主要包括连动句和兼语句。现将具体的数据统计如下：

表 4.32　三译本中 чтобы 从句的对译形式

三译本	简单句			复句					紧缩句
				联合复句		主从复句			
	兼语句	联动句	其他	并列	连贯	目的	原因	条件	
汝译	5	4	4	3	5	26	1	1	9
沈译	8	9	2	6	0	29	1	1	2
冯译	4	7	1	9	3	27	3	1	3
合计	17	20	7	18	8	82	5	3	14
	44			116					14

由表 4.32 可知，共有 44 句 чтобы 从句被译为汉语的简单句，占总数的 25.2%，共有 116 句被译为复句，占总数的 66.6%。在简单句中，连动句最多，占 45.4%，其次是兼语句，占 38.6%。在复句中，以表达目的意义的主从复句为主，占 70.6%，另外还有并列、连贯、原因、条件、转折等的复句形式。除此之外，共有 14 句被译为了汉语的紧缩句，占 8%。下面，我们将逐一考察每种译文句子结构的主要特征。

[①] 汉语的紧缩句语音上没有停顿，从表达内容上看，往往包含复句的逻辑关系，但从结构上看，它们又像简单句的特殊句子类型。关于紧缩句与简单句及复句之间的归属及独立关系一直是汉语学界争论的问题之一。存在单句说（张志公 1956，丁勉哉 1957，葛清林 1995 等）、复句说（胡裕树 1981，邢福义，汪国胜 2003 等）、三足鼎立说（邢向东 1988，刘天堂 2002，梁蕴华 2002 等）。本书作者认为，从英语、俄语等欧洲语言句法来看，紧缩句在形式上和语义上属两者的矛盾结合体，无论是依据形式划分至简单句，还是依据语义划分为复句，均存在一定的不合理性，尤其是对带有逻辑关系标志的紧缩句而言，而本书中大部分的紧缩句均带有逻辑关系标志。另外，紧缩句是汉语中的特殊句式，对汉外对比研究的意义尤为重要。因此，本书选择三足鼎立说，将紧缩句列为与简单句、复句同级的句子类型。

1）译为简单句

（1）连动句。汉语的连动句指句中两个动作连续发生，互不作成分，而是共同作谓语，但在语义上有目的和方式、原因和结果、先和后的关系。对于被译为连动句的 чтобы 从句而言，主句和从句通常具备以下特征：第一，两者的谓语部分信息量较小，译为简单句后不会导致句子过长，语义不会过于复杂；第二，两个动作之间具有目的、方式、原因或结果等意义联系，例如：

例 9：И зонтик у него был в чехле, и часы в чехле из серой замши, и когда вынимал перочинный нож, *чтобы очинить карандаш*, то и нож у него был в чехольчике; и лицо, казалось, тоже было в чехле, так как он всё время прятал его в поднятый воротник.（Человек в футляре）

译文：他的雨伞总是装在套子里，怀表也总是装在灰色的麂皮套子里，等到他取出小折刀来削铅笔，他那把小折刀也是装在一个小小的套子里的。就连他的脸也好像装在套子里似的，因为他总是把脸藏在竖起的衣领里。（《套中人》，汝龙）

又如：

例 10：Девочка Маша, дочь смотрителя, которую он любил встречать в больничном саду, теперь, когда он с улыбкой подходил к ней, *чтобы погладить ее по головке*, почему-то убегала от него.（Палата № 6）

译文：往日他喜欢在医院的花园里遇见总务长的女儿小姑娘玛莎，现在每当他微笑着走到她跟前想摸摸她的小脑袋时，不知为什么她总跑开了。（《第六病室》，冯加）

（2）兼语句。汉语的兼语句指的是句中谓语是由动宾短语套接主谓短语构成的，动宾短语的宾语兼做主谓短语的主语。被译为连动句的 чтобы 从句通常是结构不切分句，且从句主要表达对主句中某个词的说明意义：

例 11：Я даю вечеринку, и дамы требуют, *чтобы я непреме-нно пригласил и Беликова и Вареньку*.（Человек в футляре）

译文：我在家里办晚会，<u>太太们就要求我务必把别里科夫和瓦连卡请来</u>。（《套中人》，汝龙）

又如：

例 12：Несём мы его в приёмный покой, кровь льёт — страшное дело, а он всё просит, ***чтобы ногу его отыскали***, и всё беспокоится; в сапоге на отрезанной ноге двадцать рублей, как бы не пропали. （Крыжовник）

译文：我们把他抬到急诊室里，血流如注——真吓人。<u>他却不住地求我们把他的断腿找回来</u>，老是不放心，因为那条腿的靴子里有二十五卢布，千万别弄丢了。（《醋栗》，冯加）

2）译为紧缩句

汉语的紧缩句是指：从表达内容上看，这类句子往往包含复句的逻辑关系，但从结构上看，它们是简单句，句子间没有语音停顿。紧缩句是汉语句法中的特殊句式，从其双谓语结构的语义叠加与无语音停顿的角度上来看，紧缩句具有非常鲜明的"意合语言"特征，与俄语句法依据述谓核心的数量和是否具备连接词划分单句和复句的标准有着很大的差别。在汉语欧化的大背景下，除一些已经固定下来的句式，如"一 A 就 B""再 A 也 B""越 A 越 B"等外，紧缩句在书面语中的使用范围逐渐缩小，主要用于口语中。本书的三译本中，共有译自 чтобы 从句的紧缩句 14 句，其中汝龙译 9 句，沈念驹译 2 句，冯加译 3 句。三位译者所翻译的紧缩句在数量上的差别也能够说明现代汉语在紧缩句使用上的变化。例如：

例 13：Иван Дмитрич, ***чтобы не подумали***, что это он убил, ходил по улицам и улыбался, а при встрече со знакомыми бледнел, краснел и начинал уверять, что нет подлее преступления, как убийство слабых и беззащитных.（Палата № 6）

译文：<u>伊凡·德米特里奇怕人家以为这是他杀死的</u>，就在街上走来走去，面带笑容，可是遇到了熟人，却脸色红一阵，白一阵，口口声声

说再也没有比杀害弱小和无力自卫的人更卑鄙的罪行了。(《第六病室》,汝龙)

又如:

例 14:Андрей Ефимыч чрезвычайно любит ум и честность, **но чтобы устроить около себя жизнь умную и честную**, у него не хватает характера и веры в свое право.(Палата № 6)

译文 1:安德烈·叶菲梅奇非常喜爱智慧和正直;然而他缺乏坚强的性格,不相信他有权利在自己四周建立合理而正直的生活。(《第六病室》,汝龙)

译文 2:安德烈·叶非梅奇非常喜欢智慧和诚实,然而要在自己身边建立起智慧和诚实的生活,他还缺乏坚定的性格和对自己权力的信心。(《六号病房》,沈念驹)

译文 3:安德烈·叶菲梅奇极其喜爱智慧和正直,然而要在自己身边建立明智和正直的生活对他来说却缺乏坚强的性格,缺乏这方面的信心。(《第六病室》,冯加)

在例 13 中,只有汝龙将 чтобы 从句译为了紧缩句,其他两位译者均译为了复句。

3)译为复句

对比表 4.30 和表 4.32 的 чтобы 从句在源文本与在三译本中的复句对应类别,我们可以发现 чтобы 从句及其译文在俄语和汉语中的划分并不完全一致,这一方面是俄语与汉语复句划分的标准不同导致的,另一方面,译者对原文的个性解读也是造成这种差异的原因之一。虽然俄语中 чтобы 从句可以表达各种不同的逻辑关系,但在主句中没有明示逻辑关系的指示词(如 "так" "такой" "достаточно" 等)的情况下,译者对从句的语义和逻辑的判断难免带有一定的主观性,而且有时俄语原句的语义也是多种意义复合的结果。以 чтобы 说明句中表达愿望意义的从句为例,《80 语法》曾指出:"这种愿望意义必然附有目的的意味,也就是说,具有积极的(目的性)性质。"(РГ,1980:477)。除愿

望意义外,还有一些逻辑意义也是译者根据上下文对原句意义的解读和诠释,例如:

例14:Для того, чтобы охладеть и потом носиться, совсем не нужно извлекать из небытия человека с его высоким, почти божеским умом, и потом, словно в насмешку, превращать его в глину. (Палата № 6)

译文1:<u>为了冷却,然后旋转</u>,大可不必把人以及人的高尚的、近乎神的智慧从虚无中引出来,然后仿佛开玩笑似的再把它化为泥土。(《第六病室》,汝龙)

译文2:<u>为了冷却并然后旋转</u>,完全不必使人连同他高级的、几乎神圣的智慧从虚无状态摆脱出来,然后又仿佛嘲弄似的,使它化作泥土。(《六号病房》,沈念驹)

译文3:<u>既然要冷却,既然要随着地球旋转</u>,那就完全没有必要从虚无中孕育出人和他高度的近乎神的智慧,尔后仿佛开玩笑似的又把人化作尘土。(《第六病室》,冯加)

例14中,三位译者对原句的逻辑解读不完全一致,汝龙和沈念驹将原句译为目的从句,而冯加则译为原因从句。

上文曾提到,чтобы 从句在结构上的可切分或不可切分性可能会影响到翻译过程中的句式转换,结构不可切分句有译为简单句的倾向,结构可切分句有译为复句的倾向。下面我们就将结合具体的数据,来验证这一假设。

表 4.33　三译本中译自 чтобы 从句的译文句子类型统计

чтобы 的句子结构	源文本	三译本		
		简单句	复句	紧缩句
结构不可切分句	39	18	19	2
结构可切分句	135	24	99	12
总计	174	42	118	14

从表4.33的数据来看,结构可切分句有译为复句的倾向,其比例高达83.8%,这应与其主、从句中信息的独立性有关;对于结构不可切

分句而言，并无法观察到其译为简单句的倾向，简单句与复句的比例非常接近，而且将结构可切分句译为紧缩句的比例（85.7%）高于结构不可切分句（14.3%）。

综上所述，当 чтобы 从句被译为汉语时，从句与主句在语义结构上的依附关系并不完全是译文句子结构选择的决定性因素，具体的上下文语境、译者的风格习惯、不同时代的译入语特征均是译文结构的影响因素。

4.5.3 译文的词汇语法手段

чтобы 从句可以表达条件、目的、意愿、度量和程度等语法意义。这些语法意义的表达，在源文本中主要依靠从句谓语的时间形式与连接词"чтобы"的语法意义。

由于 чтобы 从句中的时间范畴并不表达现实中的时间，而是在句子语义影响下的一种语法表征手段，因此本书对译文中谓语的时间标记及与时间标记相关的体标记暂不做讨论。

"чтобы"一词具备自身的语法意义，表示它所连接的句子或句子成分之间的关系。《80 语法》指出，每个连接词都是一定的品评意义（квалифицирующее значение）的载体。连接词本身能说明句法结构中各个被连接部分之间所确定的关系，而在某些情况下（在主从联系的情况下）还能说明从属部分的内容（РГ, 1980:714）。连接词 чтобы 可形成以下几种关系：说明关系、条件关系、目的关系、限制关系等。对译文而言，不同关系在译文中的表达手段并不相同，有些可以借助汉语的虚词（如连词、介词等）表达，而有些则只能借助具体的实词（动词等）手段。下面，我们将从语法手段和词汇手段两个方面，结合 чтобы 从句的具体意义，考察 чтобы 从句在译文中可观察到的显性词汇语法手段。需要说明的是，由于译者对某些 чтобы 从句意义的解读不同，因此译文中可能会出现与原句语法意义并不匹配的连接词，但它们都是基于原文意义翻译而来。

1）译文中的语法手段

根据 чтобы 从句的语法意义，我们对语料库中译自 чтобы 从句的译文进行梳理，将其中能够代表其语法意义的虚词标记统计如下：

表 4.34 三译本中译自 чтобы 从句译文的虚词统计

源文本中 чтобы 从句的意义	三译本中虚词标记	汝译	沈译	冯译	总计
目的意义	为，为了，为的是，	17	17	11	45
	以免，免得	3	2	2	7
	以便	0	4	0	4
	叫	0	1	2	3
	因为	2	1	0	3
	既然	0	0	1	1
条件意义	只要……就	1	1	1	3
	以免	1	0	0	1
	叫	0	0	1	1
方式方法	好（让）	1	0	1	2
说明	为了	0	1	0	1
合计		25	27	19	71

同时，我们进一步对上述数据进行了整合：

表 4.35 三译本中不同意义的 чтобы 从句虚词使用统计

	从句意义	译文数量	虚词数量	比例
чтобы 从句	目的	132	63	47.7%
	说明	33	1	3.0%
	条件	6	5	83.3%
	方式方法	3	2	66.7%

上述两个表（表 4.34 和表 4.35）的数据可以说明以下问题：第一，表达目的意义的 чтобы 从句在译文中的语法手段主要是虚词"为、为了、为的是"，占全部比例的 70.3%，除这三个介词外，还可以使用以免、

免得、以便、好（让）等介词；第二，原文中表目的意义的 чтобы 从句并非都被译为了汉语的目的从句，有些被译为了原因从句，这一点上文也有论及；第三，译者对介词的选择有着一定的喜爱和倾向，三位译者各有不同；第四，在 174 句译自 чтобы 从句的译文中，用虚词作为语法手段的句子共有 71 句，占 40.8%；第五，表达说明意义的 чтобы 从句在译文中的虚词标记最少，仅占 12%，大多数表说明意义的 чтобы 从句在译文中均没有虚词标记。

2）译文中的词汇手段

根据 чтобы 从句的语法意义，我们对语料库中译自 чтобы 从句的译文进行梳理，将译文中补充的一些能够代表其语法意义的动词统计如下：

表 4.36　三译本中译自 чтобы 从句译文中的补充动词统计

чтобы 从句的意义	实词	汝译	沈译	冯译	总计
目的意义	想	4	3	6	13
	让	3	0	0	3
	要	1	3	2	6
	怕（生怕）	2	1	3	6
	叫	0	0	1	1
方式方法意义	让	1	1	1	3
说明意义	让	1	1	1	3
	要	3	0	1	4
总计		15	9	14	38

同时，我们进一步将上述数据进行了整合：

表 4.37　三译本中不同意义的 чтобы 从句补充动词统计

	从句类型	译文数量	实词数量	比例
чтобы 从句	目的	132	29	21.2%
	说明	33	7	5.3%
	方式方法	6	3	50%

对表 4.36 与表 4.37 的数据可以从以下两个方面理解：第一，译文可以通过补充实词的方式来表达 чтобы 从句的多种语法意义，这些实词均为表达目的或愿望的动词，分别是："要""让""想""怕""叫"等，其中"想"的频率最高；第二，三位译者翻译 чтобы 从句所用的翻译策略不同，汝龙和冯加更倾向于用补充实词的办法来表达 чтобы 从句的意义，而沈念驹则更多使用虚词。

综合上文的全部表格数据，我们发现，译自 чтобы 从句的译文中存在较多的显性词汇语法手段，其中虚词标记共占 40.8%，补充动词占 22.4%，两者共占 63.2%。对于剩下的 32.8% 的译文来说，并没有使用相关的词汇语法手段来表达 чтобы 从句的语法意义，主要是以隐性的方法表达相关的语法意义。整体而言，对于汉语这样重"意合"的语言，这个比例已不算低，这可以表明，чтобы 从句与汉语相关结构具备一定的显性对应关系。

4.5.4 译文的语义层次特征

чтобы 从句可以表达条件、目的、意愿、度量和程度等语法意义。这些意义可以通过一定的词汇语法手段在译文中表现出来。本小节将从主从复合句整体语义的表达和主从复合句中主次语义关系的表达两个方面来探讨译自 чтобы 从句译文的语义层次特征。

1）主从复合句的整体语义层次

从上文词汇语法手段的统计与分析来看，在大量词汇语法手段的支持下，чтобы 从句在译为汉语时，语义转换能力较强，可与汉语相应的结构进行对译。但这种情况也要视 чтобы 从句具体的意义而定。

对于表达目的意义的 чтобы 从句而言，俄语原句与汉语译文的语义匹配度高，译文可以使用"为了""以免""以便"等虚词，及"要""想""让""叫"等实词来表达相应的语法意义。需要指出的是，通过补充"要""想""让""叫"等实词来表达目的意义，是译文中目的意义的显化表现。同时，由于 чтобы 从句所表达的意义经常是多个语义综合的结果，因此在译文中，译者对这类句子的解读有时也有不同，它们有时可能会被翻译为原因意义或条件意义的复句。

对于表达说明意义的 чтобы 从句而言，虽然汉语中缺乏相应的词汇语法手段表达其语义内涵，但这几乎不影响其语义的转换与表达。译文可以通过上下文语义，或某些具有目的、祈使意义的词或词组来表达原句中的愿望或目的意义。例如：

例 15：Спички лежали перед ним на столе, и он их видел, но кричал человеку, *чтобы тот подал ему спички*；при горничной он не стеснялся ходить в одном нижнем белье.（Палата № 6）

译文：火柴放在他面前的桌子上，他也看见了，但他还是向仆役嚷嚷，要他拿火柴来。在女仆面前他穿着内衣裤走来走去也不觉得难为情。（《第六病室》，冯加）

又如：

例 16：И скажи, чтобы *ее не выпускали на улицу...*（Хамельон）

译文：再告诉他们别把它放到外面来……（《变色龙》，沈念驹）

在例 15 中，译文中通过补译能愿动词"要"来表达原句中的愿望意义；在例 16 中，译文中通过兼语句式来表达原句中的祈使意义。

表达条件意义与程度意义的 чтобы 从句在语料库中出现的频率很低，就目前掌握的语料来看，译文中既可以用显性词汇语法手段来表达相关意义，也可以通过其他语言手段来表达，例如：

例 17：Это человек с правилами и на хорошем счету у его сия-тельства; ему ничего не *стоит*, как говорили Ане, взять у его сиятельства записочку к директору гимназии и даже к попечителю, *чтобы Петра Леонтьича не увольняли...*（Анна на шее）

译文 1：这个人循规蹈矩，很得上司的赏识。人家对阿尼雅说，要他请求大人写封信给中学校长，甚至给督学，以免彼得•列昂契奇被辞掉，那在他是毫不费力的事。（《挂在脖子上的安娜》，汝龙）

译文 2：这是个循规蹈矩的人，公爵大人对他印象很好，就如别人对安妮亚说的，他<u>不费吹灰之力就可以取得公爵大人写给校长甚至督学的手条，使彼得·列昂季依奇不致被辞退</u>……（《挂在脖子上的安娜》，沈念驹）

译文3：这人循规蹈矩，颇得大人的好评。别人告诉安尼娅：要他<u>帮忙不费吹灰之力，他只消请大人给中学校长，甚至给督学写封便函，叫校方不得辞退彼得·列翁季伊奇就行了</u>……（《脖子上的安娜》，冯加）

从例17中不难看出，对于原文的熟语化结构而言，译文可以通过多种方法来表达该熟语化从句的制约条件意义，译文1中没有将主句前置的"ничего не стоит"译为后置分句"那在他是毫不费力的事"，将从句前置，并在从句中使用介词"以免"表达希望达到的结果意义；译文2中将主句的"ничего не стоит"译为"不费吹灰之力"，在从句中用"使……不致"的结构表达希望达到的结果意义；在译文3中，主句的"ничего не стоит"译为"只消"，在从句中使用动词"叫"表达希望达到的结果意义。从上述三例译文中不难看出，译者在翻译чтобы从句时，经常会存在着理解、用词和风格上的差异。

2）主从复合句中的主次语义关系

（1）在结构不可切分的чтобы主从复合句中，由чтобы引导的从句表达意愿、程度等梳状意义，对主句而言，是一种附加的从属语义。这种语义关系只有在чтобы从句被译为主从复句中的从句时才能完整表达，例如：

例18：Скажу, чтобы *сюда огня дали...*（Палата № 6）

译文：我去说，<u>让他们弄灯来</u>……（第六病室，冯加）

（2）在结构可切分的чтобы主从复合句中，大部分表达目的意义的句子，汉语译文可通过将其译为主从复句来表达主、从句的语义主次关系，例如：

例19：Потом, чтобы *не так было страшно*, он пошел к постели Ивана Дмитрича и сел.（Палата № 6）

译文：后来，<u>为了摆脱恐惧</u>，他走到伊凡·德米特里奇的床边，坐了下来。（《第六病室》，冯加）

当汉语译文将 чтобы 从句译为带有兼语或连动结构的简单句时，这种主次语义关系便无法得到完整的表达，例如兼语句：

例 20：Умно ли, справедливо ли было то, что только что говорил Иван Иваныч, он не вникал; гости говорили не о крупе, не о сене, не о дёгте, а о чём-то, что не имело прямого отношения к его жизни, и он был рад и хотел, ***чтобы они продолжали...***（Крыжовник）

译文：他并没细想伊万·伊万内奇刚才所讲的是不是有道理，正确，反正他的客人没谈起麦粒，也没谈起干草，也没谈起煤焦油，所谈的都是跟他的生活没有什么直接关系的事，他不由得暗自高兴，<u>盼望他们接着谈下去才好</u>……（《醋栗》，汝龙）

又如连动句的例子：

例 21：Когда Андрей Ефимыч приехал в город, ***чтобы принять должность***, «богоугодное заведение» находилось в ужасном состоянии.（Палата № 6）

译文：<u>安德烈·叶菲梅奇当初到这个城里来上任的时候</u>，这个"慈善机构"的情形糟极了。（《第六病室》，汝龙）

当汉语译文将 чтобы 从句译为紧缩句时，其主次语义关系的表达以紧缩句是否带有表达逻辑关系的连接词为准。带连接词的紧缩句的功能与主从复句相同，能够表达原句语义的主次关系，而不带连接词的紧缩句则无法表达相关的语义差异。例如带有连接词的紧缩句：

例 22：Иван Дмитрич хорошо знал, что они пришли затем, ***чтобы перекладывать в кухне печь***, но страх подсказал ему, что это полицейские, переодетые печниками.（Палата № 6）

译文：伊凡·德米特里奇清楚地知道他们是<u>为翻修厨房里的炉灶而来的</u>，可是恐惧却告诉他说，这些人是警察，假扮成砌炉工人。（《第六病室》，汝龙）

例 22 中，чтобы 从句尽管被译为了紧缩句，但该句带有逻辑连接词"为"，能够表达原句中的主次语义关系。

第四章　多重复合对比模式下的译文语言微观特征

又如不带连接词的紧缩句：

例 23：Постное есть вредно, а скоромное нельзя, так как, пожалуй, скажут, что Беликов не исполняет постов, и он ел судака на коровьем масле, — пища не постная, но и нельзя сказать, чтобы *скоромная*.（Человек в футляре）

译文：吃素对健康有害，可是又不能吃荤，担心人家会说别里科夫在斋期里不吃斋；于是他就吃用牛油煎的鲈鱼，这固然不能说是素食，<u>然而也不能说是斋期禁忌的菜</u>。（《套中人》，汝龙）

例 23 中，чтобы 从句被译为了无标记的紧缩句，是无法表达原句中的主次语义关系的。

还需要注意的是，在结构可切分的 чтобы 主从复合句中，主句与从句的语义关系并不完全取决于其语法地位。《80 语法》指出，在可切分句中，"主句—从句"语法位的分配并不总是反映他们相互间的情态关系。从句可能承担着对于整个结构来说至关重要的特征：主句的情态特征可能从属于从句的情态特征。这里的"情态特征"承载了主从复合句的主要语义内涵。以条件制约意义为例，从句指出主句所属内容的必然结果，是句子核心的语义所在。因此，汉语译文中对原句语义的理解与把握是转达原句语义主次差异的关键所在。我们来看一个例子：

例 24：Достаточно малейшего шороха в сенях или крика на дворе, чтобы *он поднял голову и стал прислушиваться: не за ним ли это идут*?（Палата № 6）

译文：只要前堂里有一点点声，或者院子里有人叫一声，<u>他就会抬起头来倾听：莫非这是有人来抓他？</u>（《第六病室》，汝龙）

从例 24 中可以看出，译文是主从复句的结构，其主句是原句中的从句，而其从句则是原句中的主句。这种翻译方式恰恰合适地表达了原文主、从句之间的语义关系。

综上所述，无论是整体语义内涵，还是主次语义关系，чтобы 主从复合句的语义在汉语译文中都可以得到较好的再现，它对汉语的转换能力强，语义再现完整度高。

本节考察了译自 чтобы 从句的翻译语言的规律性特征。通过对相关数据的整理和分析，我们可以得到以下结论：

（1）在分布特征与对译形式描写方面，尽管连词 чтобы 能够表达多种意义关系，但它在文学语篇中的出现频率不高，不是最典型的俄语主从复合句之一。根据 чтобы 从句所表达的不同意义，可以将其译为汉语的相应结构。

（2）在译文句子结构方面，чтобы 从句可译为简单句、复句和紧缩句。通过对不同意义从句的对译形式考察发现，从句与主句在结构上的依附关系并不完全是译文句子结构选择的决定性因素，具体的上下文语境、译者的风格习惯、不同时代的汉语特征均是译文结构的影响因素。

（3）在译文词汇语法手段方面，译文可以通过补译虚词和实词来表达 чтобы 从句的语法意义，这些显性语言手段在句中出现的频率较高，共占 63.2%。

（4）在译文语义层次方面，чтобы 得益于其词汇语法表达手段的丰富，无论是在语义内涵上，还是语义主次关系上，译文均能较好地再现原句的语义。从本节中的多项数据和例证能够发现，译者在翻译 чтобы 从句时，在用词习惯和句式风格上均有着一些显著的不同，关于具体的风格差异，我们将在第五章进行探讨。

本章小结

本章基于多重复合对比研究模式，主要以双语平行对比模式为主，同时兼顾时间、译者等多个参数变量，探讨了翻译语言的微观特征。鉴于本章每小节结尾处均对该小节的研究内容进行了总结，我们在此便不再赘述。下面我们从三个方面总结和探讨基于语料库的翻译语言微观特征的研究模式。

1）双语平行模式是翻译语言微观特征的有效研究模式

本章在双语平行模式下，通过对比源文本与译文，详细分析了译文表现出的各个层面的规律性特征。通过双语对比研究，我们对翻译语言的整体面貌和形成机制有了更深入的了解。通过对比源文本与译本的对译形式、句子结构、词汇语法手段与语义层次，我们对翻译语言的微观特征有了立体化的多维认知。我们通过研究证明，对翻译语言规律性特征的研究离不开对源文本相关属性的考察。只有在兼顾源语的情况下，我们才能更加客观有效地解释翻译语言呈现出的总体特征。

2）四个分析层面是翻译语言微观特征研究的有效描写维度

我们从"分布特征与对译形式""句子结构特征""词汇语法手段""语义层次特征"四个层面，逐一对"副动词短语""形动词短语""无人称句""который定语从句"和"чтобы从句"的源语和译文进行了描写。通过本章上文的具体论述可知，这四个描写层面遵循了由宏观到微观、由结构到内容、由形式到语义的方法，能够在语言学与翻译学知识的基础上，全面深入地描写和解释翻译语言表现出的规律性特征。

3）对五个具体语言项的多维描写在一定程度上揭示了俄汉语的转换规律，可在此基础上进一步考察翻译活动的共性规律。

本章选择的五个具体描写项，看似彼此之间相互独立，关联性不强，但实际上它们之间存在很高的相关度。

第一，它们均是俄语相对于汉语而言最有特色的语言项之一，在俄语源语中使用广泛，却无法在汉语中找到完全对应的语言形式。对这种翻译"真空项"的研究，能够更好地揭示两种语言转换的规律，凸显翻译语言的规律性特征。

第二，它们在语言形式与结构语义上与汉语的差异程度各不相同。无人称句在表达句中主体的消极性、不由自主性方面与汉语的差距最大，汉语中几乎无法找到相应的语言表达手段完全地表达这种语义内涵，原句的语义信息损失严重；чтобы从句在表示目的意义上与汉语的差异最小，汉语中有丰富的语法和词汇手段能够表达чтобы从句的此类意义；副动词、形动词及который定语从句介于上述两者之间，汉语译文可以使用语法或词汇手段表达它们相应的意义，但在主次语义的传递上有时非常模糊，原句的语义信息有一定的流失。

因此，本章对这五项微观语言项的描写能够在一定程度上反映出俄汉语言的差异，揭示两者的转换规则与翻译规律。

综上所述，对翻译微观语言特征的研究是语料库翻译研究发展的趋势，也是一个亟待丰富与拓展的研究领域。本章描写所使用的四个分析层面、五个具体语言考察项是对翻译语言微观特征的有益探索。

第五章 多重复合对比模式下的译者风格考察

译者风格（translator's style, индивидуальный стиль переводчика）研究是语料库翻译学研究的重要内容之一。长期以来，翻译活动被视为一种模仿式的语言转换实践，这种实践以传达信息为全部目的，并不关注信息转换的过程和译者在其中发挥的作用。20世纪50年代，当翻译活动成为科学研究的对象后，译者作为这一活动最重要的参与者，仍然没有得到足够的重视，译者的声音淹没在对译文质量的追求、对翻译转换规则的研究当中。

20世纪70年代，早期翻译研究学派的创始人霍姆斯开始关注翻译过程，他认为，翻译过程是个做决定的过程，翻译结果的好与不好决定于翻译者本身的素养、最初的选择，以及语言修养。同时，他也指出，译者在翻译过程所作出的抉择和决定都是主观的，有时则出于意外（Holems, 1988:59-60）。霍姆斯对翻译过程的关注将译者纳入了翻译研究的范畴。但当时对译者选择的研究还主要集中在对其主观性和偶然性的研究。随着"多元系统理论"被翻译学界普遍接受，翻译研究的重点发生了转变，由传统的源语导向发展为了译语导向。在译语导向的模式下，译者的选择不再是主观的和偶然的。应该怎样去翻译，什么应该保留，什么应该删除，是由译入语文化中的某些规范（norms）决定的（Gentzler, 1993:107）。至此，译者如何在译语文化的影响下做出自己的选择，成为描写翻译学派和文化翻译学派研究的主要内容。

对译者选择的研究应基于对可观察到的"译者痕迹"的描写，主要是对译文的描写。然而若以发现规律性语言特征为研究目标，对译文的描写就必须是全方位的、大批量的，单一的经验推导型研究方法很难揭示译者选择的本质规律。在这方面，语料库实证方法为译者选择研究提供了新的考察视角和有力的方法论支撑。

2000年，语料库翻译研究的代表学者贝克首先提出利用语料库开展译者风格研究，她发表了《文学作品译者风格考察方法论探索》(*Towards a Methodology for Investigating the Style of a Literary Translator*)一文，将译者风格作为语料库翻译研究的重要课题正式提出。贝克认为，译者风格指的是"留在文本中的一系列语言及非语言的个性特征"，即一位译者在翻译不同作品时，其所有译文表现出的规律性语言模式，这些语言模式并非一次性的，而是译者偏爱、反复出现、习惯性的语言模式，而这些特征是完全不受源文本或原作家语言风格影响的结果(Baker, 2000:245)。继这一课题被提出之后，很多学者(Saldanba, 2008；Winters, 2007；刘泽权, 2011；黄立波等, 2012)相继开展了一系列基于语料库的译者风格实证研究。

译者风格，从广义上来讲，指的是译者在语言应用方面所表现出来的个性特征以及包括译本选择、翻译策略应用、序跋和译注等在内的非语言特征；从狭义上讲，译者风格指的是译者语言应用或语言表达的偏好，或在译本中反复出现的语言表达方式(胡开宝, 2011:109)。

对译者风格的研究同样存在着类比与平行两种对比模式。其中类比模式是由贝克提出的、最早出现的研究模式。这种模式不考虑源文本的影响，关注的是不同译者各自所有译文表现出的整体翻译风格差异，且这种差异的产生和解读是建立在译文与目标语原创文本对比的基础上的。贝克进一步提出类比模式下译者风格的描写参数，主要包括词语丰富度性、句子复杂程度、叙事方式等。这种研究模式以"多元系统论"为理据，以译入语习惯和规范为比照标准，考察译文与译入语之间的异同。

平行模式与类比模式最大的不同，在于它将源文本纳入译者风格的考察范畴，通过描写原文与译文的对应模式，考察在源文本影响下译者展现出来的翻译风格。平行模式下的译者风格研究内容包括研究译者风格存在与否、不同译者对源文本中特定语言现象的规律性处理方式等。这种模式可以用于研究同一译者翻译的不同作品，也可以研究不同译者对同一源文本的翻译。平行模式将源语特点作为译者风格研究变量，无疑能够弥补类比模式脱离原文、仅从形式上对译文进行统计的不足，正如瓦莱尔特（Wallaert I.）曾提出的对类比模式的两点疑问："第一，译者的印记/指纹不仅仅是通过语言行为的方式来表达，而且这种语言行为的很多重要方面并不一定都存在于反复出现的语言模式上，或许也能从（源文本）一次性的干涉中得到更好审视；第二，如果不对原文和译文做深入的阅读，我们所希望达到的文体或更高层面的描写，只能是'大象的耳朵'，而且也不可能以此为基础推断出大象的全貌。"（转引自：黄立波，2014:62）

无论是类比模式，还是平行模式，从本质上说，都是在用语料库统计的方法、通过对特定考察参数的描写来揭示译者的翻译风格。类比模式考察译文与译入语之间的差异，平行模式考察源文本影响下的译者语言的规律性特征。虽然两种模式产生的背景不同，研究方法不同，但两者之间本身不存在对立否定关系，因为它们面向的是翻译活动的不同环节，均能够揭示译者翻译实践的某些本质性特征。因此，本章的论述将采用类比模式与平行模式相结合的方法，从译者语言的宏观特征和微观特征两个层面，探讨汝龙、沈念驹、冯加三位译者的翻译风格。

5.1 三译本语言的宏观特征

译者风格的宏观特征可依据语料库检索软件，从词汇和句子两个层面进行描写。其中词汇层面的考察参数包括基于语料库统计软件输出的词语变化度（STTR）、词汇密度、高频词，基于语料库人工属性标注的四字格和叠词；句子层面的考察参数主要包括平均句长、句子连接成分显性标记等。

在进行词汇层面和句法层面的宏观数据分析时，我们将契诃夫小说原文进行了词形还原处理，原文中所有的词形变化均被还原为词典形式[①]，大大提高了语料库软件统计数据的准确性。同时，我们选择如下几个语料库作为分析所用的类比语料库或数据比照语料库，具体包括：1）契诃夫文学作品语言的语法—语义词频语料库；2）当代汉语翻译小说语料库（CCTFC）；3）兰卡斯特汉语语料库（LCMC）。

5.1.1 词语层面的综合对比

在词语层面，我们将从词语变化度、词汇密度、高频词、四字格和叠词的使用四个方面考察三位译者的翻译风格。其中词语变化度、词汇密度、高频词是基于语料库检索软件的考察参数，而四字格和叠词的使用是基于俄汉文学翻译语料库人工标注属性的参数。

1）基于语料库检索软件的考察参数

（1）词语变化度（标准类符/形符比 TTR/STTR）

词语的变化度，也称类符/形符比（TTR）和标准化类符/形符比（STTR）。其具体计算形式和参数意义在第三章已有论述。下文将三个译本的标准类符/形符比值与三个参照语料库的相关数据进行对比分析。

表 5.1　三译本、源文本及各语料库的类符/形符比（同表 3.2）

	汝译	沈译	冯译	源文本	LCMC	LCMC-N	CCTFC
形符	42799	48613	45524	30006	760324	171670	978968
类符	6008	7078	6265	4886	27231	12945	24400
TTR(%)	14.04	14.56	13.76	16.28	3.58	7.54	2.49
STTR(%)	47.73	48.75	49.73	47.49	43.35	44.02	42.11

由表 5.1 可知，三译本的 STTR 值较为接近，其中以冯加译文最高，

---

① 词典形式指的是词汇的词典默认形式，如名词的第一格形式、形容词的阳性形式、代词的第一格形式、动词不定式形式等。需要指出的是，原文中的副动词、形动词、形容词短尾等一些词形变化形式被还原为词汇的原始形式，失去了词形原有的语法意义。但由于汉语中并没有相应的语法形式与之对应，在译文中无法通过词形变化体现其语法语义，因此我们将按照上述词形的原词汇形式进行统计。

汝龙译文最低。这在一定程度上可以说明冯加译本用词更为丰富，而汝龙译本词汇变化相对较少。对这组数据，我们可以从历时与共时两个方面来解读。从历时的角度来看，汝龙译本与另外两个译本的翻译时间相差半个世纪左右，汝龙版译文翻译于普通话确定和推广之初，而现代汉语经历数十年的积淀和发展，词汇量不断增加，以《现代汉语词典》为例，1978年第一版共收录词条5.6万条，到2012年第六版已收录词条6.9万条。较之另外两个成书较晚的版本，汝龙译本与沈、冯译本STTR值的差异，很可能是因为受到了现代汉语词汇量发展变化的影响。从共时的角度来看，沈念驹和冯加译本翻译时间接近，两者在STTR值方面的差异，可以在一定程度上反映两位译者在词语丰富程度上的不同驾驭能力。

（2）词汇密度

表 5.2　三译本、源文本及参照语料库的词汇密度（同表 3.3）

	汝译	沈译	冯译	源文本	LCMC	LCMC-N	CCTFC
名词	18.46%	19.11%	18.98%	16.86%	27.00%	23.26%	18.88%
动词	26.04%	25.47%	25.92%	25.43%	24.77%	24.52%	23.57%
形容词	6.42%	6.70%	6.44%	6.86%	5.14%	4.99%	5.07%
数量词	3.01%	3.01%	3.07%	0.83%	6.42%	6.36%	5.96%
词汇密度	56.50%	56.46%	55.94%	49.98%	63.33%	59.13%	53.48%

由表5.2可知，三译本的词汇密度整体上比较接近，就具体词类而言，三译本在动词比例上最为接近，在名词与形容词比例上略有差异。其中沈念驹译本在名词和形容词比例上均高于另外两个译本。沈念驹译本中名词比例的增高，可以在一定程度上说明沈念驹译本更倾向于使用名词回指链接语篇，代词回指较少。此外，根据前章3.1.2的研究可知，沈念驹译文更倾向于在译文中将省略或隐藏的主语译出，这种"显化"的翻译方法，会提高译文中名词的数量。沈念驹译本中形容词的比例最高，接近源文本中的比例，这也可以说明在形容词对译方面，沈念驹译本的对译方式相对单一，主要译为对应的形容词定语形式，而另两个译

本翻译的形式则更为多样。我们可以从以下这组例子略窥一二。

例1：Это называлось у него «поддерживать добрые отношения с товарищами», и, очевидно, ходить к нам и сидеть было для него тяжело, и ходил он к нам только потому, что считал своею <u>товарищескою</u> обязанностью.（Человек в футляре）

译本1：他把这叫作"和同事们保持良好关系"。显而易见，到我们家里来闷坐，在他是不好受的，他所以到我们家里来，只是因为他觉得这是他<u>作为同事</u>所应尽的义务。(《套中人》，汝龙)

译本2：他称此为"维持和同事的良好关系"，显然到我们这儿串门和默坐对他来说是个沉重的负担，而且他来我们这儿走动只不过是因为他认为这是在尽一个<u>同事</u>的责任。(《套中人》，沈念驹)

译本3：他把这叫作"和同事保持良好关系"。显然，他上同事家闷坐并不轻松，可他照样挨家挨户串门，只因为他认为这是尽到<u>同事应尽</u>的义务。(《套中人》，冯加)

如上文例1中，原句中的形容词"товарищескою"在沈念驹译文中仍被译为形容词"同事的"，而在汝龙和冯加译本中均译为了名词，使用介宾短语或主谓结构做定语。

（3）高频词表

词表是指语料库中词汇的频次，即词频表。通过高频词的统计和分析，可以观察到译文中高频词使用的典型特征。三个译本经NLPIR系统分词后，借助WordSmith 6.0词表功能检索的结果如下：

表5.3　三译本及各参照语料库词表前十列表（同表3.5）

	汝译	%	沈译	%	冯译	%	LCMC	%	LCMC-N	%	CCTFC	%
1	的	5.41	的	5.65	的	5.50	的	6.75	的	5.0	的	7.06
2	他	2.98	他	2.76	他	3.08	了	1.73	了	2.41	他	2.56
3	了	1.79	了	2.00	了	1.82	是	1.66	是	1.46	了	2.55
4	是	1.59	在	1.61	是	1.48	在	1.38	一	1.43	是	2.05
5	在	1.54	是	1.50	我	1.47	一	1.33	我	1.36	我	2.05

续表

	汝译	%	沈译	%	冯译	%	LCMC	%	LCMC-N	%	CCTFC	%
6	我	1.46	不	1.32	不	1.42	不	1.02	他	1.33	在	1.78
7	不	1.42	我	1.21	在	1.39	和	0.97	在	1.19	一	1.73
8	一	1.14	一	1.13	一	1.31	他	0.78	不	0.94	不	1.67
9	着	1.02	和	1.13	着	1.10	我	0.75	她	0.89	她	1.40
10	说	0.94	着	1.04	说	0.90	有	0.74	你	0.89	着	1.01

通过观察表 5.3 可知，三个译本的前 10 个高频词几乎完全相同。由于前十位的高频词多以助词、介词为主，因此我们可以通过虚词的比例考察三译本语法手段的显化情况。在综合了三个译本的数据后，我们发现，沈念驹译本的语法虚词比例最高，其中包括助词"的"、动词体标记"了""着"、介词"在"。虚词比例高被看做是现代汉语欧化的主要表现之一。这与本书第四章中对沈念驹译本的相关统计数据一致。这可以说明沈念驹译本较之另外两个译本欧化更明显，异化程度更高。

同时，通过 3.1.3 的检索可知，当我们在语料库中检索《第六病室》中主人公的名字"Андрей Ефимыч"（安德烈·叶菲梅奇①）时，源文本中共出现"Андрей Ефимыч"136 次，相应的，汝龙译本出现 136 次，沈念驹译本出现 154 次，冯加译本出现 136 次。从上述数据可以看出，沈念驹译本更倾向于在译文中将省略的或隐藏的主语译出。

另外，当我们在语料库中检索动词"сказать""говорить"及汉语译本中的动词"说"时，我们发现，汝龙译本中"说"的频次为 403 次，沈念驹译本中 436 次，冯加译本中 363 次，而源文本中的"сказать"和"говорить"共出现 259 次。通过对比观察源文本与译文，我们发现，译文倾向于在源文本中与"说"相关的动词后增补"说"字，这些动词往往在上下文中与"说"的动作密切相关，如动词"отвечать""улы-

---

① "Андрей Ефимыч"一词在汝龙译本中被译为：安德烈·叶菲梅奇；在沈念驹译本中被译为：安德烈·叶菲梅奇；在冯加译本中被译为：安德烈·叶菲梅奇。我们分别根据上述三个汉语译名进行检索。

баться""продолжать"等。在三译本中，沈念驹译本增补的频次最高。这种增补的翻译方式一方面可以使译文更加清晰易懂，但一方面也可能会因为高频动词的反复出现而增加译文的异化程度，降低译本的可读性。

结合对上述两个检索案例，我们发现，沈念驹的译本在整体上欧化程度更高，译文异化的程度更加明显。

2）基于俄汉文学翻译语料库人工标注属性的参数

目前，基于语料库的翻译语言特征研究主要依据语料库软件进行批量检索分析。然而，受当前计算机语言识别技术的限制，一些汉语特有的语言项还无法通过软件自动标注和识别。鉴于此，我们在创建俄语文学翻译语料库时对译文进行了一些人工属性的标注，用以辅助相关翻译语言特征的研究。虽然标注的文本总量不大，但能够为相关研究提供一些直观的数据支撑。

基于语料库的人工标注属性，我们将从以下两个方面进行译文语言特征研究：

其一是四字格[①]。四字格是汉语特殊的词汇现象，结构精练，言简意赅，富有形象性，生动有力。译者对四字格的准确使用，是译文归化度高的重要参数之一。在信息传递准确的前提下，四字格使用得越多，译文越归化，越符合汉语的表达习惯。当前的词汇赋码软件能够自动标注一些常见的四字格成语，用 nl（名词性惯用语）和 vl（动词性惯用语）表示。但汉语的四字格组合方式多，个性化强，词汇赋码系统仅能标注出一部分四字格。以汝龙译本为例，词汇赋码中的 nl 和 vl 之和为 194，而在语料库中选择"四字格"属性进行查询，结果输出为 294 句，且不排除一句中有多个四字格的现象[②]。所以，现阶段四字格的准确识别尚需借助人工标注。

[①] 四字格是指修辞上的一种辞格，也称四字词组或成语。
[②] 语料库中四字格和叠词的属性标注以句子为单位，只标注一次，不统计每句中四字格和叠词的具体出现次数。采用这种标注方式的原因在于四字格和叠词是译者的一种翻译习惯和翻译技巧，对翻译习惯和技巧出现频次的标注更能揭示译者的翻译风格。

根据检索结果,三个译本中的四字格使用频率如下(以句子为单位):

表 5.4　三译本中四字格的使用频率

	汝译	沈译	冯译
四字格	294	352	421
句子总数	2624	2541	2291
比例	11.20%	13.85%	18.38%

其二是叠词①。叠词也是汉语独特的词汇现象,具有浓厚的感情色彩,形象、鲜明、生动,可起到增强或缓和语气的作用。叠词的使用频率,也是考查译文归化度的参数之一。

根据检索结果,三译本中的叠词使用频率如下(以句子为单位):

表 5.5　三译本中叠词在句中的使用频率

	汝译	沈译	冯译
叠词	189	285	258
句子总数	2624	2541	2291
比例	7.20%	11.22%	11.26%

如表 5.4 和表 5.5 所示,四字格和叠词在译文中使用的频率均较高,其中四字格频率平均值为 14.48%,叠词为 9.89%。可见,两者都是汉语翻译小说语言的显著特征。三位译者在使用叠词和四字格上存在较大的差异。整体而言,汝龙译本在这两个参数上均是最低的,正如上文分析中所指出的,译本在历时方面的差异可能是主要的影响因素。沈念驹与冯加的译本在叠词的使用上差异不大,但在四字格的使用上差异较大。冯加译本高出沈 4.5 个百分点。这说明冯加译本的归化程度较高,更贴近汉语的表达习惯。以下我们尝试举例说明这种差别。

例 2:Это был чиновник среднего роста, довольно **_полный_**, пухлый, очень сытый, с длинными бакенами и без усов, и его бритый, круглый, **_резко очерченный_** подбородок походил на пятку。(Анна на

---

① 叠词是汉语中一种特殊构成的复音词,其以相同的字词组成新词,音律和谐、形象生动。在语篇中适当运用叠词能够提高语言表述的确切性,是一种重要的修辞手段。

шее）

译文1：他是个中等身材的官吏，长得相当丰满，挺胖，保养得很好，留着长长的络腮胡子，却没留上髭。他那剃得光光、轮廓分明的圆下巴看上去像是脚后跟。（《挂在脖子上的安娜》，汝龙）

译文2：这是个中等身材的官吏，非常胖而且浮肿，吃得很饱，留着长长的鬓须，没有唇须；他那刮得干干净净、线条分明的下巴仿佛一只脚后跟。（《挂在脖子上的安娜》，沈念驹）

译文3：这是一名中等身材的文官，相当胖，大腹便便，保养得极好，脸上留着长长的络腮胡子，嘴上却不留唇髭。他那个刮得干干净净、轮廓分明的圆下巴，看上去倒像脚后跟。（《脖子上的安娜》，冯加）

从例2中可以看出，冯加译本中使用了更多四字格与叠词，她将原文中的"пухлый"译为了"大腹便便"，而另外两个译本译为了"挺胖"和"浮肿"。

但需要指出的是，在将原文的一些形容词、动词、副词或词组译为四字格时，四字格特有的词汇组合方式，会在译文添加一些原文中并不存在或没有明确指出的语义。这种对原文语义的扩展，是译者趋于归化的翻译选择。虽然关于译文究竟应倾向归化还是异化一直是翻译界争论的话题，但不可否认的是，对译入语读者而言，归化的译文更具可读性，可以拉近原作与读者的距离，有利于译本的普及，而译本的普及性和可接受性也是文学译者必须考虑的因素。

5.1.2　句子层面的综合对比

1）平均句长

平均句长是语料库检索软件可直接输出的句子平均长度值，可在一定程度上反映文本的句法复杂程度。通过Wordsmith6.0，我们将三译本的平均句长计算如下：

表 5.6　三译本、源文本及各参照语料库平均句长表（同表 3.7）

	汝译	沈译	冯译	源文本	LCMC	LCMC-N	CCTFC
字符数	42659	48616	45552	29990	46564	12086	49607
句子数	2898	2541	2727	2321	2792	850	2514
平均句长（词数）	14.77	19.13	16.70	12.92	16.68	14.22	19.73

三译本中，在源语文本句子总数（2321）不变的情况下，汝龙译本的句子最多（2898）；汝龙译本的平均句长值也最低，仅有14.77，接近汉语原创小说的平均句长值，且与源文本的平均句长差异也不大。这可以说明：第一，汝龙倾向于将源文本中的长句拆为单句翻译；第二，汝龙译本更接近于汉语的表达习惯，译文归化程度高。沈念驹译本平均句长值最高，已接近汉语翻译小说的平均句长。在源文本的干预下，沈念驹译本的平均句长仍然较高，这可以说明其译本异化程度较高，倾向于使用结构更为复杂的长句。三个译本中，冯加译本的句子总数和平均句长更接近于汝龙译本。结合前文词汇层面的分析数据来看，冯加译本的可读性较高，译文处理方式灵活多样。下面我们来看几个例句：

例 3：Женской прислуги он не держал из страха, чтобы о нем не думали дурно, а держал повара Афанасия, старика лет шестидесяти, нетрезвого и полоумного, который когда-то служил в денщиках и умел кое-как стряпать.（Человек в футляре）

译文 1：女仆他是不用的，因为担心别人会对她有不好的想法。他就雇了个六十岁上下的老头儿做厨师，名叫阿法纳西，傻头傻脑，总是喝得醉醺醺的，从前做过勤务兵，好歹会做一点菜。（《套中人》，汝龙）

译文 2：他不雇用女仆，因为害怕别人把他往坏处想，于是他雇了一个叫阿方纳西的厨子，一个六十岁上下的老头，这个人脑子不清，半疯半癫，曾经当过勤务兵，会马马虎虎凑合着做点饭菜。（《套中人》，沈念驹）

译文 3：他不用女仆，害怕别人背后说他的坏话。他雇了个厨子阿法纳西，老头子六十岁上下，成天醉醺醺的，还有点痴呆。他当过勤务

兵，好歹能弄几个菜。（《套中人》，冯加）

在例 3 中，冯加和汝龙译本将原文分为了两句，降低了平均句长，提升了译本的易读性。沈念驹译本虽然没有分成两句，但句中大多数句段都比较短小，也不会为读者带来太大的理解困难，但从平均句长的统计来看，沈念驹这句译文的平均句长值，远远超过了另两位译者。

还需要指出的是，上述数据只反映出汉语翻译语言的句子长度，而仅计算以句号、问号、感叹号和省略号为切分点的句子长度还无法反映句子内部组织特征（王克非，2012:60）。如长句被切分为不同的句段，则其阅读难度会相应降低。因此，在统计平均句长的基础上，还应进一步结合句段进行研究。但由于三个译本均译自同一源文本，在源文本变量保持不变的情况下，不同译本之间的平均句长值能够在一定程度上反映译本的难易程度及可读性。

2）俄汉翻译中连接成分转换的考察

连接成分起着连接句内分句、表达分句间逻辑关系的作用。根据前章 3.2.2 的论述，我们已经对汉语和俄语两种语言的显性连接成分有了一定的了解，且上文论述了三译本与源文本、三译本与汉语文本在连接成分上的差异性。本节我们将结合三位译者的具体数据，来探讨三位译者在连接成分使用上的具体差异。

（1）三个译本归化与异化的程度差异

句子显性连接成分的比例经常被看做是汉语句法欧化的表现。传统汉语句子内部、句与句之间的连接经常是隐性的、不需要显性连接成分的，但现代汉语在欧洲语言的影响下，尤其是翻译文本的影响下，表现出了句法逻辑严密化的倾向，其中的表现之一就是连接成分的显化。在源文本不变的情况下，我们考察三个译本在连接成分上的比例差异，能够在一定程度上说明译本的归化与异化程度。结合 3.2.2 的表 3.16、表 3.17 和表 3.18 的统计数据，我们将三个译本中表达条件意义、原因意义、转折意义的显性连接成分的频次和比例汇总如下：

表 5.7 三译本连接成分（条件、原因、转折）使用情况统计（整体）

连接成分	汝译	沈译	冯译
条件意义	124	148	111
原因意义	185	248	176
转折意义	279	286	258
总计	588	682	545

由表 5.7 的数据可知，在三个译本中，沈念驹译本的连接成分比例最高，这可以表明沈念驹在翻译时更倾向于明示句中已有的或隐含的逻辑意义，译本的显化和异化程度高。冯加译本的连接成分比例最低，这在一定程度上可以说明冯加译本的归化度更高，这一数据也与前文对冯加译本的其他语言特征分析相一致。汝龙译本的数据介于二者之间，但我们发现，汝龙在转折意义的连接词使用上明显高于其他两个译本，这表明汝龙更倾向于明示句中的转折意义，是汝龙个人翻译风格的体现。

（2）三位译者的选择习惯差异

汉语中表达条件、原因、转折的连接成分比较多样，且同一种逻辑意义可以通过不同的连接成分表达。在这种情况下，译者对连接成分的使用更多是出于个人的偏好与选择。我们通过检索语料库中三位译者的连接成分使用情况，获得以下数据（表 5.8 按照 3.2.2 所列出的汉语连接成分进行逐一统计，但仅对语料库中出现的连接词进行统计，语料库中没有出现的连接成分不在统计范围）：

表 5.8 三译本中连接成分使用情况统计（具体）

逻辑意义	连接成分	汝译	沈译	冯译
条件意义	只有	42	38	37
	只要	13	19	14
	除非	0	1	0
	不管	19	10	11
	无论	3	22	2

续表

逻辑意义	连接成分	汝译	沈译	冯译
条件意义	否则	0	4	4
	不然	11	1	5
	假如	0	5	1
	假设	0	1	0
	假定	2	0	3
	倘若	1	0	3
	若是	1	0	1
	万一	1	1	1
	……的话	4	4	8
	如果	27	58	32
因果意义	因为	70	82	60
	由于	15	26	6
	所以	6	33	20
	既（然）	8	12	18
	于是	15	36	15
	因此	6	7	6
	因而	7	3	3
	以致	0	0	1
	从而	0	1	0
	那么	53	49	38
	可见	5	0	9
转折意义	但（是）	7	105	73
	然而	44	50	17

续表

逻辑意义	连接成分	汝译	沈译	冯译
转折意义	不过	44	40	24
	尽管	4	4	9
	固然	4	0	0
	哪怕	9	1	14
	可是	159	63	105
	反而	3	1	0
	相反	4	4	5
	反之	1	0	0
	反过来	0	1	0
总计		588	682	545

由表 5.8 可知，三位译者在连接成分的选择上表现出了较大的偏好差异。其中最明显的是三位译者对转折连词"但（是）""可（是）"的使用。汝龙译本只用了 4 个"但（但是）"，却用了 159 个"可（可是）"，而沈念驹译本用了 105 个"但（但是）"，却用了 63 个"可（可是）"；冯加用了 73 个"但（但是）"，及 105 个"可（可是）"。由此可见，汝龙的对转折连词的偏好最为明显，沈念驹与冯加的选择偏好略弱。例如：

例 4：Когда проходили мимо буфета, Ане очень хотелось чего-нибудь сладкого; она любила шоколад и яблочное пирожное, **_но_** денег у нее не было, а спросить у мужа она стеснялась.（Анна на шее）

译文 1：他们走过小吃部的时候，阿尼雅很想吃点甜食，她喜欢吃巧克力糖和苹果糕，<u>可是</u>她没有钱，又不好意思向丈夫要。（《挂在脖子上的安娜》，汝龙）

译文 2：在路过小吃部时，安妮亚很想吃点甜食；她喜欢巧克力和苹果酱甜饼，<u>但是</u>没有钱，向丈夫要又不好意思。（《挂在脖子上的安

娜》，沈念驹）

译文3：当他们经过小卖部时，安尼娅很想买点甜食，她喜欢吃巧克力和苹果馅小蛋糕，但她身上没有钱，向丈夫讨又不好意思。(《脖子上的安娜》，冯加）

例4的三组译文中，清晰地反映了三位译者在转折关联词上的选择差异。这种译者对语言同义手段的自由选择，是其翻译"指纹"中非常重要的一部分，它能够突出译本的用语特色，具有一定的区分性。近十几年来兴起的作家"指纹"识别，甚至利用刑侦领域的个体语言风格鉴定，正是基于这种对个体创作文本中区分性标志的考察。除此之外，通过表5.8的统计数据，我们还能够发现译者对某些连词的使用偏好，如在条件连接成分中，汝龙更多使用"不管""不然"，而沈念驹更多使用"假如""无论""否则"，冯加则偏好"不然""倘若"及"……的话"。

可以说，通过考察三位译者的连接成分使用偏好，能够追踪到译者独特的翻译"指纹"，这种指纹较之其他宏观数据，更加细致且有说服力。

综上所述，基于本节对三译本语言宏观特征的描写与分析，我们可以得出以下结论：就词语层面而言，汝龙译本词汇最不丰富、四字格和叠词使用最少、词汇密度最大；沈念驹译本字数最多、虚词使用率最高、四字格和叠词使用率略少；冯加译本语言最简练、词汇最丰富、四字格和叠词使用频率最高、虚词使用率最低、词汇密度与其他译本基本持平。汝龙译本较之当代两个译本在部分数据上的差异，在一定程度上是由于受到其所处时代的汉语特征的影响。在句子层面，汝龙译本的平均句长最短，用相对简短的语句承载相同的信息，更符合中文表达习惯，故而多年来汝龙译本一直是契诃夫小说评价最高、最经典的译本之一；冯加译本的归化程度最高，更符合现代汉语的表达习惯，可读性最强；沈念驹译本的异化程度最高，对原文较为忠实，但相应的损失了部分可读性。

5.2 三译本语言的微观特征

对译者风格的考察，除上文中所论及的宏观层面语言特征外，微观层面的具体语言项特征也非常重要。虽然宏观数据是对译文的整体描写，可利用当前的语言学理论及翻译理论来解释宏观数据背后的决定因素，但如果我们希望这些阐释能够更加科学和全面，就不能离开对微观语言特征的统计与分析。所有对语言宏观数据的解释与说明均离不开语言微观层面的数据支撑。正如本书对翻译语言特征的讨论一样，离开对具体语言项的统计分析，就无法探知翻译语言特征的全貌。

本书第四章从副动词短语、形动词短语、无人称句、который 从句和 чтобы 从句五个具体语言项出发，探讨了翻译语言的规律性特征。本章将在这些具体语言特征的基础上，进一步统计和梳理三位译者在译文中表现出的翻译习惯与翻译风格。鉴于译者的语言风格并不仅局限于某一个具体语言项，而是体现为一种整体的语言使用趋势和特征：在源文本固定不变的情况下，译者如何在句子结构上对原文进行重组，倾向使用哪些译入语语言手段表达源语语言项的语法意义，能够集中反映译者的翻译选择习惯与翻译风格。由此，本节将从译文的句子结构特征与词汇语法手段两个角度综合探讨三位译者的翻译风格。

5.2.1 译文句子结构特征的综合对比

本小节中，我们将以副动词短语、形动词短语、无人称句、который 从句和 чтобы 从句为微观切入点，逐一梳理三位译者在翻译上述具体语言项时在句子结构方面的翻译选择和翻译风格。

1）译自副动词短语的三译本句子结构特征

由第四章的论述可知，根据副动词短语在源文本中是否独立于主动词，可将其分为两种结构：一种是独立结构，即独立于主动词，与主动词之间用逗号隔开；一种是非独立结构，即不独立于主动词，与主动词之间没有标点间隔。根据上文的统计，99.6% 的副动词短语在源文本中以独立结构的形式出现[①]。因此，我们着重对独立结构的副动词短语进

---

① 具体数据可参见表 3.11。

行研究。

在源文本 741 个独立副动词短语中，有 563 个被译为相应的独立结构，占总数的 76%。另外 175 个则被译为了非独立结构，占总数的 23.6%。在对译文中 175 个非独立结构进行梳理的过程中，我们发现，不同译者对副动词结构的处理方式存在着一定的差异。具体的统计数据如下：

表 5.9 三译本中译自副动词短语的句子结构统计

副动词短语结构	汝译	比例	沈译	比例	冯译	比例
独立结构（565）	214	85.6%	167	67.9%	184	74.2%
非独立结构（171）	36	14.4%	79	32.1%	64	25.8%

由表 5.9 可知，在汝龙译本中，85.6% 的副动词短语保持了原有的独立结构，仅有 14.4% 的副动词短语被译为了非独立结构，用于修饰或说明句中的主动词。这表明，在汝龙译本中，大多数译自副动词短语的译文以独立的分句形式出现。这种翻译方式能够更好地处理复杂的信息，缩短句段的长度，提升译本的可读性。在沈念驹译本中，仅有 67.9% 的副动词短语保留了原来的独立结构，有 31.5% 的副动词短语被译为了非独立结构，与主动词之间没有标点间隔，两者共同构成一个相对较长的句子。这种翻译方式繁化了译文的句子结构，增加了平均句长，降低了译本的可读性。冯加译本的数据介于上述两个译本之间。

通过进一步考察表 5.9 中的 171 个例句，我们发现，当独立的副动词短语被译为非独立结构时，副动词短语可以被译为状语、定语、连动结构或紧缩句。但无论将其译为上述哪种非独立结构，相比起分句形式的处理，都会造成译文分句篇幅的增加或句子整体长度的增加。

鉴于在沈念驹译本中，副动词短语与主动词合译的比例最高，本节单独梳理了沈念驹译本中所有的合译处理方式。我们发现，在沈念驹译本中，共有 13 处完全不同于另外两个译本的结构处理方式，即在相同俄语原文的情况下，另两个译本均译为独立结构，只有沈念驹译本译为非独立结构。经统计，这 13 处中有 2 处译为连动结构，有 1 处译为紧缩句，剩下 10 处均译为句中主动词的状语。这在一定程度上会导致读者理解困难。例如：

例 5：Почтмейстер Михаил Аверьяныч, *слушая его*, уже не говорил:Совершенно верно, а в непонятном смущении бормотал:да, да, да... и глядел на него задумчиво и печально; почему-то он стал советовать своему другу оставить водку и пиво, но при этом, как человек деликатный, говорил не прямо, а намеками, рассказывая то про одного батальонного командира, отличного человека, то про полкового священника, славного малого, которые пили и заболели, но, *бросив пить*, совершенно выздоровели.（Палата № 6）

译文 1：邮政局长米哈依尔·阿威良内奇听他讲话，也不再说："完全对"，却带着莫名其妙的慌张神情支吾道："是啊，是啊，是啊……"同时若有所思而忧伤地瞧着他。不知什么缘故，他开始劝他的朋友戒掉白酒和啤酒；然而他是个感情细腻的人，没有直截了当地说出来，而是用种种暗示，时而讲起一个营长，那是个极好的人，时而讲起军团里的神甫，也是个挺不错的人，说是他们都常喝酒，得了病，<u>不过后来戒了酒，病就完全好了</u>。（《第六病室》，汝龙）

译文 2：邮政支局局长米哈伊尔·阿维里扬内奇在听他说话时已经<u>不说"安全正确"了</u>，而是露出难以捉摸的尴尬表情，嚅嚅说道："是的，是的，是的……"而且若有所思、神情凄楚地望着他。他不知什么缘故开始劝说自己的朋友戒绝伏特加和啤酒，不过作为态度委婉的人，这些话他没有直说，而用暗示，有时讲述一个营长，是个挺不错的人，有时讲述一个团的神甫，是个可爱的年轻人，他们两人都喝酒而且害了病，<u>但是戒酒以后就完全康复了</u>。（《六号病房》，沈念驹）

译文 3：邮政局长米哈伊尔·阿韦良内奇听他说话，不再总是"完全正确"，却令人不解地惶惶不安地嘟哝："是的，是的，是的……"同时若有所思地忧伤地看着他。不知为什么他开始劝自己的朋友戒掉伏特加和啤酒，但他是一个讲究礼貌的人，不便直说，总是旁敲侧击暗示他，时而讲到一个营长，一个出色的人，时而讲到团里的神父，一个可爱的年轻人，说他们经常喝酒，经常生病，<u>可是戒酒之后，什么病都好了</u>。（《第六病室》，冯加）

例5中，沈念驹译本将原句中的两个副动词短语均译为了主动词的状语成分，使句子的结构变得复杂，句子的篇幅也更大。汝龙和冯加的译本均将这两个副动词短语译为了独立结构，译文更清晰易懂。

2）译自形动词短语的三译本句子结构特征

本书中对译自形动词短语译文的句子结构考察，主要从两个方面进行：一是形动词短语是否独立，二是形动词短语相对于主导词的位置关系。

源文本中的形动词短语可分为主动形动词短语与被动形动词短语。其中被动形动词短语有长尾和短尾两种形式。由于被动形动词短尾在句中用作谓语，对其而言，句中不存在主导词，也就不涉及结构是否独立及与主导词位置关系的问题。因此，本节将重点讨论译自长尾形动词短语的句子结构特征。

根据形动词短语在源文本中是否独立于主导名词，可将其分为两种结构：一种是独立结构，即独立于主导名词，与主导名词之间用逗号隔开；一种是非独立结构，即不独立于主导名词，与主导名词之间没有标点间隔。汉语译文对形动词短语的结构转换，与副动词短语不同。副动词短语的转换主要是单向的，即由独立结构转换为非独立结构，但形动词短语的转换是双向的，既可能会将独立结构译为非独立结构，也可能将非独立结构译为独立结构。下面我们将三译本对形动词短语的结构转换频次进行了统计，具体如下（表中阴影部分表示译者对原文结构的改变）：

表5.10 三译本中译自主动形动词短语的句子结构统计（独/非独）

源文本	三译本	汝译	沈译	冯译
独立结构	独立结构	17	16	13
	非独立结构	30	31	34
非独立结构	独立结构	6	3	5
	非独立结构	27	30	28

表 5.11　三译本中译自被动形动词短语的句子结构统计（独/非独）

源文本	三译本	汝译	沈译	冯译
独立结构	独立结构	20	22	18
	非独立结构	19	17	21
非独立结构	独立结构	0	0	1
	非独立结构	14	14	13

由表 5.10 和表 5.11 的数据可知，独立结构的主动形动词短语更多被译为非独立结构，非独立结构的主动形动词短语更多保留了原有的结构；而被动形动词短语与主动行动词短语不同，它们更多保留了原来的结构。三位译者在结构处理方式上非常接近，并无哪一个译本存在明显不同于其他译本的处理方式。这说明三位译者对形动词短语语法功能的认识和再现模式相似，且翻译习惯相近。

由于形动词短语在句中相对于主导名词的位置是形动词短语述谓性强弱的重要参考，通常后置形动词短语的述谓性更强，其译为独立结构的可能性也就越大。我们对三译本中形动词短语相对于主导名词的位置进行了统计，具体数据如下：

表 5.12　三译本中译自主动形动词短语的句子结构统计（前/后置）

源文本	三译本	汝译	沈译	冯译
前置结构	前置结构	25	26	26
	后置结构	6	5	5
后置结构	前置结构	26	28	30
	后置结构	21	19	17

表 5.13　三译本中译自被动形动词短语的句子结构统计（前/后置）

源文本	三译本	汝译	沈译	冯译
前置结构	前置结构	14	14	13
	后置结构	2	2	3
后置结构	前置结构	15	15	16
	后置结构	22	22	21

由表 5.12 和表 5.13 的数据可知，前置的形动词结构主要保持了原有的位置，但也有一些个别的被译为了后置结构；后置的行动词结构则更多被译为了前置定语结构。三位译者对形动词短语在句中位置的选择，无论是在结构的独立性方面，还是在前置和后置方面，均表现出了高度的一致性。

3）译自无人称句的三译本句子结构特征

由前章 4.3.2 的论述可知，无人称句可对译为汉语的主谓句和非主谓句，其中主谓句中包括完整句和省略句两种形式。我们就此对三译本的对译形式进行了统计，获得具体数据如下：

表 5.14　三译本中译自无人称句的主谓句统计

无人称句的语法意义	主谓句						非主谓句		
	完整句			省略句					
	汝译	沈译	冯译	汝译	沈译	冯译	汝译	沈译	冯译
自然现象	5	4	5	0	0	0	1	2	1
心理感受生理状态	105	99	104	13	7	6	14	26	22
必然/应该/能否的情态意义	33	28	33	3	2	2	31	37	33
某种事物不存在或够与不够	44	43	43	2	2	2	12	13	13
总计	187	174	185	18	11	10	58	78	69

由表 5.14 可知，在译自无人称句的主谓句中，三个译本在完整句的数据上差距不大，但在省略句的数据上差距较大。汝龙译本使用了更多省略句，而沈念驹和冯加译本则相对较少。我们知道，省略主语的无主句是汉语的常见句式，但随着现代汉语的欧化，汉语有"要求句子在形式上有主语的趋势"（朱德熙，1982）。汝龙译本与另外两个译本在省略句上的数据差异，可能受到了汉语历时发展变化的影响。看一组例子：

例 6：Громадный офицер в эполетах — она познакомилась с ним на Старо-Киевской улице, когда была гимназисткой, а теперь не помнила его фамилии — точно из-под земли вырос и пригласил на вальс, и она отлетела от мужа, и ***ей уж казалось***, будто она плыла на парусной лодке, в сильную бурю, а муж остался далеко на берегу... (Анна на шее)

译文1：有个身材魁伟、戴着肩章的军官（她还是当初做中学生的时候在旧基辅街跟他认识的，现在想不起他的姓名了）好像从地底下钻出来似的，请她跳华尔兹舞。她就离开丈夫，翩翩起舞，Ø<u>马上觉得自己好像在大风暴中坐着一条小帆船随波起伏</u>，丈夫已经远远地留在岸上似的。……（《挂在脖子上的安娜》，汝龙）

译文2：一位身佩戴穗肩章的高大军官仿佛从地下冒出来似的，邀请她跳华尔兹舞，这个人是她念中学时在老基辅街认识的，如今却记不起叫什么了；她立刻飞也似的离开了丈夫，<u>她仿佛感到自己驾着一只小帆船</u>，迎着风暴在漂流，而丈夫则远远地留在了岸上……（《挂在脖子上的安娜》，沈念驹）

译文3：一个佩戴带穗肩章的魁梧的军官（她是在上中学时在老基辅街上跟他相识的，现在已不记得他的名字）像从地底下钻出来似的，邀请她跳华尔兹舞。她从丈夫身边翩翩飞走，<u>她觉得此刻她像坐在一条小帆船上在暴风雨中随波漂荡</u>，而丈夫已远远地留在岸上了……（《脖子上的安娜》，冯加）

在例6中，汝龙译本承前省略了主语，而另两个译本则将主语译出。

4）译自"который"定语从句的三译本句子结构特征

俄语中 который 定语从句按照语义可分为两种类型：扩展句与限定句。但在汉语译文中，这两种类型与译文句子结构的联系并不是绝对的。扩展句既可译为汉语的复句，也可译为定语结构，反之，限制句既可译为定语，也可译为汉语的复句。在对语料库中三个译本共318句译文进行统计分析后，我们得到以下数据：

表 5.15　三译本中译自 который 定语从句的句子结构特征统计（同表 4.23）

译本	定语	复句	分成两句	其他
汝译	43	49	4	10
沈译	51	47	2	6
冯译	46	41	7	12
总计	140	137	13	28
比例	44.0%	43.1%	4.1%	8.8%

由表 5.15 可知，汝龙更倾向于将 который 从句译为复句，而沈念驹和冯加则更倾向于将其译为定语结构。同时，我们还可以观察到，冯加译本处理的灵活度最高，她将其中 7 处分别译为了 2 个句子，且她将 который 从句译为其他句子结构的频率更高，如定语、连动句、兼语句等。

我们进一步对扩展句、限定句与定语成分、复句的对译情况进行统计，数据如下：

表 5.16　限定句、扩展句与三译本中定语成分与复句的对译情况统计（同表 4.24）

源文本	三译本	汝译	沈译	冯译	总计	比例
限定句	定语	33	45	34	112	58.3%
	复句	23	15	19	57	29.7%
	其他	8	4	11	23	11.8%
扩展句	定语	10	6	12	28	22.2%
	复句	26	32	22	80	63.5%
	其他	6	4	8	18	14.3%

由表 5.16 可知，不同译者的翻译风格之间有着较明显的差异，汝龙更倾向于将带 который 的定语从句译为复句或其他句子结构，他的译本中复句的比例要高于定语结构的比例，译文句子结构短小精练；沈念驹译本与本书 4.4.2 中蔡毅谈及的翻译策略符合度较高，他倾向于将强语义联系翻译为定语，将弱语义联系翻译为复句，译文句子偏长，定语容量大。冯加译本介于二者之间，整体上更接近于汝龙译本，同时冯加译本也是灵活处理方式最多的译本，其中非定语结构、非复句模式的翻

译方式最多。

例 7：К вечеру обыкновенно приходит почтмейстер, Михаил Аверьяныч, единственный во всем городе человек, ***общество которого для Андрея Ефимыча не тягостно***.（Палата № 6）

译文 1：通常，将近傍晚，邮政局长米哈依尔·阿威良内奇来了，安德烈叶菲梅奇在全城居民当中只有跟这个人交往还没觉得厌烦。(《第六病室》，汝龙)

译文 2：傍晚时，一般是邮政支局局长米哈伊尔·阿维里扬内奇来访，他是城中唯一对安德烈·叶非梅奇来说与之交往不会觉得难受的人。(《六号病房》，沈念驹)

译文 3：邮政局长米哈伊尔·阿韦良内奇通常在傍晚来访。在全城居民中只有跟他的交往还没有让安德烈·叶菲梅奇感到厌烦。(《第六病室》，冯加)

例 7 中，沈念驹译本将 который 定语从句译为了长定语结构，导致译文的定语高达 26 个字，降低了译本的可读性，异化倾向明显。相比较而言，汝龙和冯加的译本处理比较灵活，译句虽然也很长，但主谓结构清晰。

5）译自 чтобы 从句的三译本句子结构特征

由前章 4.5.2 的论述可知，чтобы 从句在译文中既可被译为简单句，也可被译为复句，还以被译为紧缩句。其中简单句主要包括连动句与兼语句等；复句包括联合复句与主从复句，联合复句又包括有连接词或无连接词的并列复句、连贯复句，主从复句可以表示目的、原因、条件等意义。通过对相关语料的检索与统计，得到数据如下：

表 5.17　三译本中 чтобы 从句的对译形式（同表 4.32）

三译本	简单句			复句					紧缩句
	兼语句	连动句	其他	联合复句		主从复句			
				并列	连贯	目的	原因	条件	
汝译	5	4	4	3	5	26	1	1	9
沈译	8	9	2	6	0	29	1	1	2
冯译	4	7	1	9	3	27	3	1	3
合计	17	20	7	18	8	82	5	3	14
	44			116					14

由表 5.17 可知，在译为简单句的译文中，沈念驹更倾向将 чтобы 从句译为连动句和兼语句；冯加更多使用连动句；而汝龙的处理形式则比较均衡，且更加灵活。值得一提的是，三位译者对复合句中的逻辑解读有所不同。冯加更多使用联合复句中的并列复句，及主从复句中的原因复句；在紧缩句方面，汝龙译本中紧缩句使用的频率远远高于另外两个译本。紧缩句是汉语的典型句式，既能够表达句内复杂的逻辑关系，又能控制句子篇幅，符合汉语的表述习惯。从紧缩句的比例来看，汝龙译本的归化程度更高。我们来看一个例子：

例 8：Андрей Ефимыч чрезвычайно любит ум и честность, *но чтобы устроить около себя жизнь умную и честную*, у него не хватает характера и веры в свое право.（Палата № 6）

译文 1：安德烈·叶菲梅奇非常喜爱智慧和正直；然而他缺乏坚强的性格，不相信他有权利在自己四周建立合理而正直的生活。（《第六病室》，汝龙）

译文 2：安德烈·叶非梅奇非常喜欢智慧和诚实，然而要在自己身边建立起智慧和诚实的生活，他还缺乏坚定的性格和对自己权力的信心。（《六号病房》，沈念驹）

译文 3：安德烈·叶菲梅奇极其喜爱智慧和正直，然而要在自己身边建立明智和正直的生活对他来说却缺乏坚强的性格，缺乏这方面的信

心。(《第六病室》,冯加)

例 8 中,汝龙将原文的 чтобы 从句译为了紧缩句,句子结构紧凑,语义清晰。相比之下,另两段译文均不够简明,且冯加的译文更为复杂。汝龙紧缩句的翻译方式,更符合汉语的表达习惯。

5.2.2 译文词汇语法手段的综合对比

1) 译自副动词短语的三译本词汇语法手段特征

副动词短语在句中能够表达伴随动作意义、疏状评定意义与主语的状态意义。副动词是动词的一种特殊形式,具有体的范畴。因此我们将从动词体标记及语法意义的显性词汇手段两个方面,考察三位译者的翻译选择倾向。

表 5.18 三译本中动词体标记的分布统计

三译本	现实体"了"	经历体"过"	持续体"着"	进行体"在"	起始体"起来"	继续体"下去"	总计
汝译	12	6	46	1	3	0	68
沈译	13	4	37	2	2	0	58
冯译	13	4	45	1	4	0	67

由表 5.18 可知,在汝龙和冯加的译文中,表达副动词体意义的语法虚词手段更多,体意义更加显化。相比较而言,沈念驹译本的体标记略少,对体意义的明示没有另外两位译者明显。除了体意义外,我们还进一步考察了表达副动词语法意义的词汇手段,以及表达副动词短语与主动词之间逻辑关系的连词手段,具体如下:

表 5.19 译文中表达语法意义的词汇手段

	……时	一面一面	一番	……后	一会儿	一边一边	理由	接口	推脱	如果	总计
汝译	4	3	0	8	2	0	0	0	1	0	18
沈译	19	13	0	13	1	1	1	0	0	1	49
冯译	9	1	3	4	2	2	0	1	0	0	22

由表 5.19 可知,虽然沈念驹译本较少用语法虚词明示副动词的体

意义，但他更多使用词汇手段表达副动词的语法意义，如伴随意义、疏状意义及状态意义等。沈念驹译本中表达上述意义的词汇频次高达49次，远远超过汝龙译本的18次，及冯加译本的22次。同时，我们也可以观察到译者们不同的词汇偏好，如沈念驹在表达同时关系时，喜欢使用"一面……一面"，而冯加几乎不用。同时，沈念驹更多使用结构"……时（候）"，用于表达副动词与主动词之间的时间关系，而汝龙则很少用。从上述的分析也不难看出，沈念驹译本的译者选择偏好更明显，"译者指纹"更清晰。

以并列连词"一面……一面"为例，它在沈念驹译本中出现了13次，是汝龙译本的4倍，冯加译本的13倍，属于沈念驹译本非常典型的"译者指纹"，我们来看几个这样的例子：

例9：Я к вам с поручением от жены, — продолжал он, подавая ей руку, — Вы должны помочь нам…（Анна на шее）

译文1：我是受我妻子的委托来找您的，"他接着说，向她伸出手来。"您得帮我们的忙。……（《挂在脖子上的安娜》，汝龙）

译文2：我是受内人的委托来找您的。"他接着说，一面向她伸出手去，"您应该帮帮我们的忙……（《挂在脖子上的安娜》，沈念驹）

译文3："我受太太之命前来找您，"他继续道，向她伸出手去，"您得帮帮我们……（《脖子上的安娜》，冯加）

我们再来看几个相关的译文：

例10：也许爷爷现在正站在大门口，眯起双眼望着乡村教堂红光耀眼的窗，穿着毡靴的脚一面有节奏地跺着步子，一面和下人们说笑。（《万卡》，沈念驹）

例11：二级带星勋章只授予外国人，但是不知何故他们愿意为我破例。"他笑吟吟地说，一面不解地耸耸肩。（《六号病房》，沈念驹）

例12：米哈伊尔·阿维里扬内奇一面捋着络腮胡，一面久久地看着菜单，以一个在餐馆如同在家一样感觉自如的美食家的口吻说道："咱们看今天您用什么招待我们，天使！"（《六号病房》，沈念驹）

2）译自形动词短语的三译本词汇语法手段特征

无论是在源文本中前置的结构，还是由后置结构译为前置结构，形动词短语在译文中如果置于主导名词之前，通常充当该名词的定语成分。现代汉语经常用助词"的"作为定语的语法意义表达手段，因此我们统计了三个译本中助词"的"的使用频率，具体统计如下：

表 5.20　三译本译自形动词短语句子中"的"字使用频率统计（同表 4.14）

	用"的"衔接的句子总数	带有 1 个"的"句子	带有 2 个"的"句子	带有 3 个"的"句子
汝译	70	50	15	5
沈译	76	47	24	5
冯译	72	45	21	6
总计	218	142	60	16

由表 5.20 可知，三位译者在"的字短语"的使用频率上较为接近，其中沈念驹译本中"的字短语"的频率最高，2 个"的字短语"的情况出现最多，但总体而言，三个译本差异不大。

通过分析译自形动词短语的译文结构，我们发现，三位译者在形动词短语结构转换的处理方式非常接近，这种近似程度如此高的数据，在上文的分析中一直较为少见。这也能够说明，对于某些具体项而言，在源文本语言语法及语义特点的影响下，译本也可能表现出高度的趋同性。

3）译自无人称句的三译本句词汇语法标记特征

由前章 4.3.3 的论述可知，由于无人称动词和否定动词均主要表达状态意义，极少表达动作意义，因此，译文中汉语动词的体标记非常少，几乎可以忽略不计。在绝大多数情况下，无人称句中动词的时范畴和体范畴在译文中不需要通过显性语法手段来表达，因此，我们在此处不再多做讨论。

此外，译者在翻译表达心理状态和生理感受的无人称句时，会通过补译感知动词"觉得""感到"或"感觉"，表达无人称句中主体的心理感受。我们在三个译本中检索了这三个词，得到数据如下：

表 5.21　三译本中感知动词的补译统计

	觉得	感到	感觉	总计
汝译	21	0	0	21
沈译	15	5	1	21
冯译	16	8	0	24

由表 5.21 可知，三位译者在补译感知动词的频次上差别不大。但三位译者的用词选择偏好上差距较大。汝龙偏爱"觉得"，除此之外再没有使用其他动词；沈念驹同样较多使用"觉得"，但同时也会使用"感到"和"感觉"；冯加与沈念驹的数据较为相似。整体而言，"觉得"是三位译者均比较青睐的感知动词。

例 13：К счастью, Михаилу Аверьянычу **наскучило** сидеть в номере, и он после обеда ушел прогуляться.（Палата № 6）

译文 1：幸好米哈依尔·阿威良内奇<u>觉得</u>坐在旅馆房间里<u>闷得慌</u>，饭后就出去溜达了。（《第六病室》，汝龙）

译文 2：幸好米哈伊尔·阿维里扬内奇在客房里<u>待腻了</u>，所以午饭后他出去溜达了。（《六号病房》，沈念驹）

译文 3：幸好米哈伊尔·阿韦良内奇自己<u>觉得</u>枯坐在旅馆里<u>很无聊</u>，饭后独自出去闲逛了。（《第六病室》，冯加）

例 13 中，汝龙和冯加译本均补译了感知动词"觉得"，沈念驹译本则没有补译。这也能够表明，补译感知动词是一种语义显化的手段。

另外，沈念驹和冯加还会在这些感知动词前添加表达主体不确定意义的副词，如"似乎"和"仿佛"，虽然这种情况出现的频率不高，但这是译者为更好地向读者传递俄语无人称句的语义所做的努力。

4）译自"который"定语从句的三译本词汇语法手段特征

由前章 4.4.3 的论述可知，который 从句在译文中可被译为定语结构和复句两种类型。由于译者在将 который 从句译为复句时，极少使用显性的连接词表达复句的逻辑关系，因此，本节将只考察三位译者在定语结构方面表现出的差异。

который 从句在被译为主句中被修饰词的定语结构时，会使用"的"字短语链接句中的定语与被修饰词，导致主句中被修饰词带有多个"的"字短语的修饰成分。我们将三译本中"的"字短语的使用频率统计如下：

表 5.22　译自 который 定语从句译文"的"字短语统计（同表 4.26）

译本	用"的"衔接的句子总数	带有 1 个"的"句子	带有 2 个"的"句子	带有 3 个"的"句子
汝译	45	30	15	0
沈译	49	41	5	3
冯译	46	38	7	1
总计	140	109	27	4

根据表 5.22 中的数据，沈念驹译本中"的"字短语的频次最高，这与表 5.15 中沈念驹译本中定语结构最多的数据能够相互印证。另外两位译者在"的"字短语的处理上差异不大。整体而言，三位译者在翻译定语从句时，对带有多个"的"字短语的长定语结构的使用非常小心谨慎，主要以 1 个"的"字短语为主，这也是译者努力降低译文异化程度的表现。

5）译自 чтобы 从句的三译本词汇语法手段特征

由前章 4.5.3 的论述可知，译文通常可以通过虚词和实词两种手段来表达 чтобы 从句的语法意义。下面，我们将从这两个方面对三位译者的翻译风格进行考察。

（1）虚词

表 5.23　三译本中译自 чтобы 从句译文的虚词统计（同表 4.34）

源文本中 чтобы 从句的意义	三译本中虚词标记	汝译	沈译	冯译	总计
目的意义	为，为了，为的是	17	17	11	45
	以免，免得	3	2	2	7
	以便	0	4	0	4
	叫	0	1	2	3
	因为	2	1	0	3
	既然	0	0	1	1

续表

源文本中 чтобы 从句的意义	三译本中虚词标记	汝译	沈译	冯译	总计
条件意义	只要……就	1	1	1	3
	以免	1	0	0	1
	叫	0	0	1	1
方式方法	好（让）	1	0	1	2
说明	为了	0	1	0	1
合计		25	27	19	71

由表 5.23 可知，三个译本中，沈念驹译本中表达句子逻辑关系的虚词比例最高，其次是汝龙和冯加。同时，三位译者对介词的选择有着一定的喜爱和倾向，如汝龙与沈念驹更多使用"为、为了"，而冯加译文中"为、为了"出现的频率则低很多。同时，在表达目的意义时，沈念驹译本较之其他两个译本的个性化词汇是"以便"，共出现了 4 次，另外两位译者则均没有使用该介词。例如：

例 14：Когда ему приходится раскрывать ребенку рот, чтобы заглянуть в горло, а ребенок кричит и защищается ручонками, то от шума в ушах у него кружится голова и выступают слезы на глазах.（Палата № 6）

译文1：每逢他不得不扳开孩子的嘴，为了看一下喉咙，而孩子哭哭啼啼，伸出小手招架的时候，他的耳朵里便嗡嗡地响，头发晕，泪水涌上他的眼睛。（《第六病室》，汝龙）

译文2：当他不得不让婴孩张口，以便察看咽喉，而婴孩哭叫着用小手挡护自己时，由于耳际的噪声他会头晕，眼泪也会夺眶而出。（《六号病房》，沈念驹）

译文3：有时他不得不扳开婴孩的嘴，察看喉咙，小孩子便哇哇地叫，挥舞小手招架，这时候他的耳朵里便嗡嗡地响，头发晕，眼睛里涌出泪水。（《第六病室》，冯加）

例 14 中，三位译者的翻译方法都不尽相同。汝龙将"чтобы"译为"为了"，沈念驹译为"以便"，而冯加则隐去了显性连接成分。这个例子能够说明，译者在翻译чтобы从句时，既可以在同义词之间进行选择，也可以将其逻辑意义隐去，译为联合复句。

（2）实词

根据чтобы从句的语法意义，我们对语料库中译自чтобы从句的三个译本进行梳理，将其中能够代表其语法意义的实词统计如下：

表5.24　三译本中译自чтобы从句译文的实词统计（同表4.36）

чтобы从句的意义	实词	汝译	沈译	冯译	总计
目的意义	想	4	3	6	13
	让	3	0	0	3
	要	1	3	2	6
	怕（生怕）	2	1	3	6
	叫	0	0	1	1
方式方法意义	让	1	1	1	3
说明意义	让	1	1	1	3
	要	3	0	1	4
总计		15	9	15	39

由表5.24可知，三位译者都会选择补译一些实词来明示чтобы从句的语法意义。但三位译者在明示语法意义的意愿程度上并不相同，汝龙和冯加的意愿更强，补译实词的频次更多，沈念驹则相对较低。同时，三位译者对实词的选择偏好也不有所不同，汝龙更多使用"想"和"要"，而冯加则偏爱使用"怕"表达不希望发生的行为。例如：

例15：Иван Дмитрич, чтобы не подумали, что это он убил, ходил по улицам и улыбался, а при встрече со знакомыми бледнел, краснел и начинал уверять, что нет подлее преступления, как убийство слабых и беззащитных.（Палата № 6）

译文1：伊凡·德米特里奇怕人家以为这是他杀死的，就在街上走来走去，面带笑容，可是遇到了熟人，却脸色红一阵、白一阵，口口声声说再也没有比杀害弱小和无力自卫的人更卑鄙的罪行了。（《第六病室》，汝龙）

译文 2：<u>为了使人们不认为是他杀的</u>，伊凡·德米特里奇便在一条条街上走来走去，还面带笑容，但是遇见熟人时却脸色白一阵红一阵，并且开始说服对方，说罪行的卑劣莫过于杀害弱者和无力自卫的人。（《六号病房》，沈念驹）

译文 3：<u>伊凡·德米特里害怕别人以为这是他杀死的</u>，便在大街小巷走来走去，还面带微笑。可是遇见熟人时，他的脸色红一阵，白一阵，一再声明，没有比杀害弱小的、无力自卫的人更卑鄙的罪行了。（《第六病室》，冯加）

例 15 中，汝龙和冯加在译文中补译动词"怕"或者"害怕"，表示不希望出现的结果意义，译文非常地道。沈念驹译本仍然将"чтобы"译为"为了"，保留"не думали"的否定形式，选择了"为了使……不认为……"这种结构。这种翻译方式有些"翻译腔"的味道，并不符合汉语的表达习惯。

综上所述，在三译本语言的微观特征层面，我们以译者为变量，对译自"副动词""形动词""无人称句""который 定语从句""чтобы 主从复合句"的译文进行了个性化描写。通过对比分析译文在句子结构和词汇语法手段两个层面的语言特征，我们发现，三个译本除在形动词短语翻译上表现了很强的趋同性外，在其他四个语言项上均存在一定的差异，尤其在显化/隐化、归化/异化上的差异较为明显。整体而言，沈念驹译本的显化程度最高，倾向于更多使用各种词汇语法手段显化译文中隐藏的语法意义，同时，沈念驹译本的欧化程度也更高，句子结构更复杂。相比较而言，汝龙和冯加译本显化程度较弱，两位译者更倾向于采用省略句中主语、将句子译为汉语特有句型、隐化分句间的逻辑关系等方法来提高译本的可读性，降低译本的异化程度。此外，通过对三译本语言微观细致的描写，我们也发现了一些"译者指纹"，如三位译者的词汇偏好、句式偏好及结构转换偏好等。

5.3 译者风格形成原因

在作者光环的笼罩下，译者风格曾经是一个长期被学界忽视的翻译要素。然而正如莫言在诺贝尔文学奖颁奖仪式上发表的获奖感言所说："我还要感谢那些把我的作品翻译成了世界很多语言的翻译家们。没有他们的创造性的劳动，文学只是各种语言的文学。正是因为有了他们的劳动，文学才可以变为世界的文学。"正如莫言所说，在某种程度上，译者对文学传播的贡献，甚至超过作者本身，理应得到更多尊重与关注。

自语料库翻译研究诞生以来，译者风格研究在语料库方法论的支撑下，获得了长足的发展。对译者风格的探讨，能够帮助我们更好地认识翻译活动的本质，同时也能够体现出翻译学科的人文关怀。我们从宏观与微观两个层面，对契诃夫小说三个汉语译本的语言风格进行了统计分析，在定性与定量分析的基础上，探讨了汝龙、沈念驹和冯加三位译者的翻译风格。由上文的分析结论可知，无论是在宏观的整体数据层面上，还是在微观的具体语言项层面上，三位译者均表现出了一定的差异性，同时又具备一定的趋同性。这可以说明，译者在译文中留下的痕迹特征，并非毫无规律可循的。同样，译者风格的形成，也并不是译者"偶然选择"的结果，而是多种因素作用下、能够集中表现为某些规律性特征的语言风格。下文中我们将从译入语文化的选择性、源文本语言的制约性、译者个体的差异性三个角度，尝试分析译者风格的成因。

5.3.1 译入语文化的选择性

自埃文—左哈尔提出"多元系统理论"以来，翻译文学被纳入译入语文学的范畴，成为译入语文化不可或缺的组成部分。

在多元系统理论与描写翻译学的框架下，译什么、怎么译、译文语言呈现出什么样的规律性特征，是由译入语的文化决定的。这里的译入语文化主要指的是与文学系统相关的译入语文化，包括译入语的语言特征、所处的社会历史环境等。译者根据翻译文学在译入语文学中的地位和作用，在有意识的翻译过程中"无意识"地展现出一些受译入语文化影响的规律性语言特征。

鉴于本书的研究对象是译自俄罗斯文学巨匠契诃夫作品的三个汉语译本，且其中汝龙译本与另两个译本之间存在着历时的差异，因此，我们将从 20 世纪俄罗斯文学在中国的译介、20 世纪后半叶现代汉语的发展变化两个角度，来分析译入语文化对译本的影响。

1）俄罗斯文学译介的繁荣是中国翻译文学的历史选择

俄罗斯文学是中国近代文学史上翻译文学的一个重要分支，具有引进时间早、译介规模大、作品种类多、翻译质量高、译本丰富的特点。近百年来，俄罗斯文学对中国文学和社会产生了深远的影响。

俄罗斯文学在中国的译介，始于 20 世纪初。最早翻译到中国来的俄罗斯小说是普希金的《上尉的女儿》（1903 年由日文转译出版，中译本全名为《俄国情史，斯密士玛利传，一名花心蝶梦录》）。五四运动之前，鲁迅、林纾、马君武等陆续翻译了契诃夫和托尔斯泰的作品，但当时俄国文学在中国的译介，只是西方文学的一小部分。据《晚清小说总目》统计，1903—1913 年出版的近 600 种小说中，俄国小说只占 10 余种。《民国时期总书目（1911—1949）·外国文学卷》收录 1911—1919 年译作近 400 种，俄国也只有 15 种，远低于英、法和美国。

俄罗斯文学在中国真正产生重大的影响，始于五四时期。据《中国新文学大系·史料·索引》统计，自 1917—1927 年，国内出版的翻译作品共计 200 余种，单行本 187 种，其中俄国文学有 65 种，法国文学 31 种，德国文学 24 种，英国文学 21 种。这段时期，从普希金到马雅可夫斯基，先后有 50 多位俄国作家的作品被译为汉语（秦弓，2005：116）。

五四时期俄罗斯文学在中国的广泛译介有着深刻的社会历史原因。"十月革命一声炮响,给我们送来了马克思列宁主义……走俄国人的路，这就是结论。"（毛泽东，1949）正如瞿秋白所说："俄国布尔什维克的赤色革命在政治上、经济上、社会上生出极大的变动，掀天动地，使全世界的思想都受他的影响。大家要追溯他的远因，考察他的文化，所以不知不觉全世界的视线都集于俄国，都集于俄国的文学；而在中国这样黑暗悲惨的社会里，人都想在生活的现状里开辟条新道路，听着俄国旧社会崩裂的声浪，真是空谷足音，不由得不动心。因此大家都要求来讨论研究俄国。于是俄国文学就成了中国文学家的目标。"（瞿秋白，1920）

虽然从社会历史发展的角度上看，对俄罗斯文学的译介是中国社会发展变迁的需要，但不可忽视的是，俄罗斯文学本身的显著特点，也是它能够在短时期内得到迅速传播的重要原因。俄罗斯文学虽兴起晚，但成就非常辉煌。俄罗斯文学最让世界感动的，是其"为人生"的文学追求，是一种悲天悯人的人道主义精神。这也正是俄罗斯经典文学的真正魅力所在。

对于中国近代文学体系而言，翻译文学一度占据了它的核心位置，而俄罗斯文学曾是中国近代翻译文学最重要的组成部分，对中国社会和中国文学产生了深远的影响。中国译者对俄罗斯文学的译介，既符合中国文学发展的需要，又推动了中国文学的发展。在这样的历史背景下，译什么、怎么译是中国文学的主动选择。

对契诃夫小说的译介正是基于这样的历史背景。中国译者在选择契诃夫作品时表现出明显的自主选择的主体意识，他们倾向于选择与时代社会民族的状况相适应、反映小人物生活、暴露社会黑暗、鞭挞愚昧麻木的国民性、唤起民众的良知的作品（熊婷，2016:111）。纵观本书研究所依托的俄汉文学翻译语料库中的语料，我们可以发现，在幽默讽刺的背后，其所有小说都深刻反映了普通人的疾苦，入木三分地刻画了一个黑暗的社会，充满了对社会底层人的深深同情。

在译者主动选择的同时，源语文学与译入语文学之间地位的不平衡，会促使译者更加忠实于源文本，力求最大限度地再现源文本的语言和精神。这种对源文本"忠诚"，可以表现在很多方面。

第一，通过本书对契诃夫小说原文及三个译本的对齐处理，我们可以发现，译者逐字逐句地翻译了源文本的所有语句，完整地传达了源文本的信息，几乎没有漏译，更没有删减或编译。第二，从上文对译本语言宏观数据的统计来看，译本的词语变化度（STTR）非常高，几乎接近原著，这本身是不符合翻译小说词语变化度往往低于译入语原创文本的翻译规范假设的。但这可以充分说明三位译者在传递和还原源文本信息方面做出了最大的努力。同时，从上文对具体语言项的分析来看，三位译者均非常尊重源文本的语言特点和句法结构，在汉语没有对应语法项和结构的情况下，译者仍然能够尽量利用汉语的语法和词汇资源，力求更好地还原源文本的语言特点。第三，译本中存在着大量的注解，虽然注解属于翻译语言特征的外在因素，并不是本书研究的对象，但注解的多少也是考察翻译风格的因素之一。虽然本书语料库是语句层面的对齐与处理，并未包含注解的信息，但经过统计，汝龙与冯加两位译者在译文中共标注 91 个注解。这既能帮助读者更好地理解原文，同时更是尊重原文、力求不破坏源文本整体性的表现。

2）三译本之间的历时差异是现代汉语发展变化的结果

上文已多次提到，汝龙译本与另外两个译本相差近半个世纪，而这半个世纪恰恰是现代汉语迅速发展变化的时期。现代汉语是指现代汉民族共同语，即以北京语音为标准音，以北方话为基础方言，以典范的现代白话文著作为语法规范的普通话。这里的"典范的现代白话文著作"是指"典范的著作"，指具有广泛代表性的著作，如鲁迅、郭沫若、毛泽东、巴金、老舍、曹禺等现代语言大师著作中的一般用例，及《人民日报》社论，中央人民广播电台、中央电视台的用语，国家政策法规中的用语等。

由现代汉语的定义可知，现代汉语是由现代白话文衍变发展而来。在讨论现代汉语的变化前，需要先了解现代白话文的发展历史。现代白话文是汉语书面语的一种。它是唐宋以来在口语的基础上形成的，起初只用于通俗文学作品（如唐代的变文，宋、元、明、清的话本、小说等，及宋元以后的部分学术著作和官方文书），到"五四"新文化运动以后，才在全社会上得到普遍应用。

在现代白话文的形成过程中，翻译起到了非常重要的作用。正是由于大量的翻译，西方语言的文法才被引介到中国。选择通过翻译借鉴西方语言来确定现代白话文的句式结构，是现代白话文运动者的主张。以鲁迅为代表的译者坚持"直译""硬译""宁信而不顺"，是为了借此改造汉语，使汉语语法更严谨，论证更有逻辑性。白话文与翻译，或者现代汉语与翻译，是一种亦敌亦友的关系。"友"的方面表现在白话文的文法中吸纳了大量西方语言的语法、句式和词汇，正如余光中所言："文言的简洁浑成，西语的井然条理，……都已驯驯然纳入了白话文的新秩序，形成一种富于弹性的多元文体。"（余光中，2002:109）但同时，余老先生也一针见血地指出："这当然是指一流作家笔下的气象，但是一般知识分子，包括在校的大专学生在内，却欠缺这种选择和重组的能力，因而所写的白话文，恶性西化的现象正日益严重。究其原因，读英文的直接作用，看翻译的间接默化，都有影响。所谓翻译，并不限于译书与译文，凡举报纸、电视、广播等大众媒介惯用的译文体，也不无污染之嫌。"（同上）余老先生这里的"恶性西化"，正是上文所言中"敌"的方面。自从构建现代汉语文法，推广普通话以来，关于汉语欧化的争论从来没有停止过。一方面，汉语欧化使现代汉语的语法趋于严密，弥补了一些综合语的不足，而另一方面，过度欧化的现象，也繁化了汉语，削弱了汉语自身的传统优势。

随着中国经济社会的发展和全球一体化程度的不断加深，越来越多的翻译文本被大众所熟知和接受，潜移默化地不断对现代汉语产生影响。通常产生时间越靠后的文本，其欧化的标记也就越多。

王力先生曾指出，汉语欧化主要有以下几种表现形式：1）复音词的创造；2）主语和系词的增加；3）句子的延长；4）可能式、被动式、记号的欧化；5）联结成分的欧化；6）新替代法和新称数法；7）新省略法、新倒装法、新插语法及其他（王力，2015:3）。

根据上文具体的描写数据可知，主语的增加、句子的延长、联结成分的欧化等在三个译本中均有表现。但这些欧化的标记在三个译本中出现的频率并不相同，汝龙译本与另外两个译本存在着一定的差异，表现出了某些有区别性的译者风格。整体而言，汝龙译本的句子结构更简单，语言更简练，显化的语法手段更少。这些特征具体可以表现为汝龙译本的平均句长更短，倾向使用非欧化的汉语常用句式处理原文中复杂的简单句扩展成分或复句，如汝龙译本中的小分句、连动句、兼语句或紧缩句的频率均高于其他两个译本。同时，汝龙译本的定语和状语结构也更简单，长状语、长定语的结构较为少见。反之，沈念驹译本的欧化标记较多，句子偏长，句中长定语、长状语的出现频率均明显更高，同时，沈念驹译本中的一些语法显化手段出现频率较高，表现出了与汝龙译本差异较大的译者风格。

从译文欧化的角度来看，三位译者表现出的不同翻译风格与现代汉语的历时变化是密不可分的。

5.3.2 源文本语言的制约性

源文本曾经是翻译研究中最重要的因素，在翻译学发展的历史上，源文本长期占据了核心的位置。与源文本对等，尤其是实现功能上的对等，一度是翻译活动的终极目标，也是翻译学重点研究的对象。虽然这种源文本导向的翻译研究有其自身的劣势，且已被20世纪后期兴起的描写翻译学派、文化翻译学派所批判，但源文本对于译文的影响，是翻译研究中不可被完全忽视的重要因素。本书对翻译语言特征的多重复合式描写，正是基于对这一点的认同。

在基于语料库翻译研究诞生的最初，其方法论体系是将源文本排斥在外的。早期的翻译共性与译者风格研究，都建立在类比模式的基础上，通过比较译文与译入语文本来考察翻译语言和译者风格的规律性特征。贝克曾明确提出，译者风格是指与源文本无关的、不受源文本影响的译者独特的翻译习惯和语言使用特征。然而随着相关研究的深入开展，越来越多的学者意识到，完全忽视源文本，仅从译入语文本的角度考察翻译语言特征，无法全面地描写翻译语言特征，其研究结果缺乏解释力。

通过上文对译文语言特征及译者风格的描写，我们可以发现，类比模式和平行模式的结合是非常有必要的，能够更加深入地解释翻译语言的规律性特征。

源文本对译文的制约性，在本书中可以表现在以下两个方面：

首先，源语宏观语言层面特征是译文整体语言特征的制约性因素，源语在词语层面的一些统计参数，如词语变化度（STTR）、词汇密度、高频词表，及在句子层面的统计参数，如平均句长、连接成分上的特征，都对译本语言具有很强的制约性。通过回顾第三章及本章第一节的论述可知，三位译者的语言在上述描写参数上均表现出了一定的趋同性。

其次，当源语与译语分属不同语系，在语法体系上差异较大时，源语语法体系会影响译文的语言表达，换句话说，译者需要使用译入语的多种语言手段来表达源语中的特有语言项，这些语言手段往往带有源语语言项的痕迹，并具有较为明显的译者个人翻译风格。通过回顾第四章及本章第二节的论述可知，当三位译者翻译俄语特有的语言项，如副动词、形动词、无人称句、который 从句、чтобы 从句时，虽然他们表达源语语法意义的语言方式和手段存在一定的差异，但在句子结构、词汇语法手段等方面也具备一定的同质性。

综上所述，无论是宏观层面，还是微观层面，源语均对译语风格的形成产生着重要的影响。脱离源语的翻译语言特征研究必然是不完整的、不全面的。

5.3.3 译者的个体差异性

正如规律的客观性与人的主观能动性之间的辩证关系一样，译者与译入语文化、源文本之间也存在着同样的相互依存、相互制约及相互促进的关系。一方面，译入语文化的选择性与源文本的制约性作为一种客观存在的规律，从整体上决定了译者的翻译选择与翻译策略，而另一方面，译者作为具有主观能动性的翻译活动主体，能够在译入语文化的背景下，从源文本出发，依据自己对翻译规律的认识，结合自身源语和译语的知识，通过大量的脑力劳动，创造出属于自己的、独一无二的译文。可以说，译者既是翻译规则的遵守者，同时也是翻译规则的创造者。我们在尊重客观翻译规律的同时，也要重视译者本身的价值。

重视译者本身的价值，首先要承认并尊重译者之间的差异性。一味地将译者淹没于各种翻译规律的制约之中，无法探究真正的译者风格，从而也就无法系统地探索翻译活动的本质规律。

通过上文对三位译者翻译语言特征的多维度、多视角的分析，我们知道，三位译者在语言结构转换能力、语言使用偏好上存在着诸多的不同之处。汝龙对短句、分句、紧缩句的偏爱，沈念驹对连接成分、虚词语法手段的频繁使用，冯加对词汇变化程度、句式自由转换的追求，都属于三位译者独特的翻译习惯与翻译风格。

译者个体差异的形成受到很多因素的影响，除上文谈及的与翻译相关的客观性规律外，译者本身的认知能力、翻译结构转换能力、遣词造句能力等都是塑造翻译风格的重要因素。刘宓庆（2006）曾指出："如果将译者也看做审美客体的接受者，那么，他对作品风格的翻译就必然基于他本人的参与深度与广度。其结果是很显然的：第一，接受者对源语参与的深度和广度不可能精确地等同于原作者；第二，不同的接受者参与的深度和广度是不可能精确地相互等同的。"这也正如 Lefevere（2006）所提出的那样：翻译不是在真空中进行的，两种语言是在两种文学传统的语境下发生碰撞，译者奔走在两种不同的文字传统之间，各自有其独立的目的，按照自己的主张进行翻译，不可能是中立的、客观的。

纵观全文的研究，我们可以从数据层面对三个译本进行全面的描写，我们也可以结合现代语言学与翻译学的知识对三个译本中的规律性语言特征进行分析与解释，但我们始终不能否认，每一个原创的译本，都具备自身的价值，我们往往很难说哪个译本更好，哪个译本更差，就如同上文中屡次提及的汉语欧化问题，三个译本的欧化程度各不相同，但究竟欧化是好是坏，其实王力先生很早就给出了自己的答案："语法欧化的趋势是极自然的，正如生活的欧化一样。一切反对的力量都遏不住这一个潮流。我们研究语法的人并不愿意对于欧化的语法表示赞同或反对，只想根据既成的事实，做一个系统的叙述。"（王力，2015:341）王力先生对汉语欧化的认识，正如本书作者对译者风格的认识。译者的风格本就千差万别，是翻译活动中最普遍、最常见的现象。我们作为它的研究者，只想根据展现在我们面前的真实翻译文本，做一个系统而全面的描述。

莎士比亚曾说过，一千个读者，有一千个哈姆雷特。如果借用莎翁这一经典语句，我们也可以说，一千个译者，有一千个契诃夫。虽然每个译者在源文本信息的传达上、在原著精神的领悟上都各有不同，源文本信息在翻译的过程中会不可避免地削弱和流失，但也许这正是翻译的魅力所在，追求完美，却永远前行在无限靠近完美的路上。

本章小结

本章在多重复合对比模式下，综合使用单语类比和双语平行的对比模式，以译者和时间为变量，从三译本语言的宏观特征、微观特征和译者风格形成原因三个层面，探讨了三位译者的翻译语言风格。

结合本章对三译本语言特征的具体描写结果，我们认为，三译本从整体上体现出了一种"求同存异"的趋势，且"异"大于"同"。一方面，三译本都非常尊重原文，努力通过各种语言手段表达源文本的信息，在形动词短语的翻译上，三译本的趋同性最强。另一方面，在汉语发展的历时因素影响下，在译者个体差异的作用下，三译本表现了更多"异"。

在宏观层面上，汝龙译本虽然词汇变化度最低，四字格和叠词的使用频率最低，但汝龙平均句长最短，用相对简短的语句承载原文的信息，更符合中文表达习惯，多年来一直是契诃夫小说评价最高、最经典的译本之一；冯加译本的归化程度最高，更符合现代汉语的表达习惯，可读性最强；沈念驹译本的异化程度最高，对原文较为忠实，但相应损失了部分可读性。

在微观层面上，沈念驹译本的显化程度最高，倾向于使用更多虚词语法手段显化译文中隐藏的语法意义，同时，沈念驹译本的欧化程度也更高，句子结构更复杂。相比较而言，汝龙和冯加的译本显化程度较弱，两位译者更倾向于使用省略句中主语、将句子译为汉语特有句型、隐化分句间的逻辑关系等方法来提高译本的可读性，降低译本的异化程度。此外，通过对三译本语言微观特征的描写，我们也发现了一些"译者指纹"，如三位译者的词汇偏好、句式偏好及结构转换偏好等。

在译者风格形成的原因层面，我们需要考虑到译入语文化的选择性、源文本语言的制约性及译者的个体差异性。在译入语文化的选择性方面，中国文化与俄罗斯文学是一种双向选择的关系，一方面俄罗斯文学在中国的广泛译介是中国社会历史发展的选择，而另一方面中国的社会文化也在选择着俄罗斯文学。从近代中国文学史来看，俄罗斯文学一度占据了中国翻译文学的核心，对中国文学的发展产生了深远的影响。这种翻译文学与译入语原创文学地位的不平衡，可以使译本体现出一种高度尊重源文本、力求完整再现源文本语义的趋势。在源文本语言的制约性方面，我们需要始终清醒地意识到，源文本是翻译研究必不可少的重要参数，对翻译语言的全面描写，既要从译入语文化的角度出发，更要从源文本的角度出发，两者缺一不可。在译者的个性差异方面，我们通过研究展示了三位译者的独特个人风格，它们能够帮助我们确定译者风格的存在，更能够让我们在译者风格的辅助下更加深入地探究翻译活动的本质规律。

可以说，三位译者在译本中表现出的一些规律性语言特征，均基于对真实翻译语言的深层描写，无论是宏观层面，还是微观层面，都是翻译语言特征的重要组成部分。而这种宏观与微观相结合、兼顾整体共同性与个体差异性的描写方式，正是基于语料库进行翻译语言特征研究的必经之路。

第六章 结论

本书以契诃夫小说的源语及其三个汉译本为研究对象,在俄汉文学翻译语料库的基础上,用语料库的研究方法来描写、分析和解释翻译语言的规律性特征。本书包括两条主要的研究脉络:一是对基于语料库的翻译语言特征研究模式的创新型探索,二是用语料库的方法对翻译小说语言特征的全景式描述。下面,我们将从这两个方面对本书的研究内容进行梳理和总结。

1. 对基于语料库的翻译语言特征研究模式的创新型探索

基于语料库的翻译研究是21世纪新兴的翻译学分支。它诞生时间虽晚,却在二十余年的发展时间里取得了令人瞩目的成绩。基于语料库的翻译研究是语料库研究方法与描写式翻译研究的结合,它利用计算机和大数据的手段,结合语言学与翻译学的理论,对翻译语言特征进行全景式深入描写,并在数据描写的基础上,进一步分析和解释翻译语言的规律性特征。本书在已有研究成果的基础上,对基于语料库的翻译语言特征研究模式进行了创新型探索:

1)1个多重复合对比研究模式的界定

从我们掌握的文献资料来看,已有的语料库翻译研究成果多基于单语类比模式,也有一些基于双语平行模式。但随着研究的深入,很多学者意识到基于语料库的翻译研究不能仅限于一种研究模式,尤其不能仅依靠单语类比模式,他们在两种对比研究模式的基础上提出了多重复合对比模式。本书作者在梳理和总结已有研究成果的基础上,对多重复合对比模式进行了界定："多重复合对比模式指的是以语种、译者、时间为对比参数，通过建设多个单语或双语平行语料库，综合考察翻译语言在不同语种之间、不同译者之间、不同时间范围内所表现出的规律性特征，力求全面而准确地描述翻译行为的本质属性，研究者可根据不同的课题来选择相应的对比模式。"

2）2个对比研究模式的融合

在多重复合对比研究模式的描写框架下，单语类比模式与双语平行模式之间的关系不应只是简单的叠加，而应是一种有机的融合。不同的描写参数可能适合不同的对比模式，实际研究中对比模式的选择应是有主有次、互为补充的。对宏观描写参数而言，应以单语类比模式为主，双语平行模式为辅，而对于微观描写参数而言，则应以双语平行模式为主，单语类比模式为辅。简单而言，单语类比模式参照的是译入语的语言特征，而双语平行模式参照的是源语的语言特征。在对翻译语言特征进行综合描写时，两者缺一不可。

3）3个描写维度的确立

翻译语言特征描写维度的确立，应充分考虑源文本的特点，兼顾源文本的语体特征与译文的丰富程度。本书的研究对象是俄译汉翻译小说，得益于我国俄罗斯文学译介的优良传统，我们能够获得和掌握同一原作的多个译本资源。从多译本角度展开的翻译研究，能够更明确地凸显译者的翻译策略，是翻译语言特征研究的有效辅助手段。因此，本书在宏观维度与微观维度的基础上，选择了译者风格作为第三个维度，力求能够最大程度地再现文学语篇的翻译语言特征。

4）4个微观语言特征分析层面的构建

对翻译语言微观特征的研究是本书主要的创新与特色。在没有成熟模式可借鉴的情况下，本书作者通过观察和标记大量源语与译语，结合语言学与翻译学的相关知识，确定了四个翻译语言微观特征的分析层面，它们分别是："具体语言项的分布特征与对译形式描写""译文的句子结构特征""译文的词汇语法手段"与"译文的语义层次特征"。这四个分析层面的确定遵循了从宏观到微观、从结构到内容、从形式到语义的原则。由本书第四章的论述可知，上述四个分析层面能够有效地服务于翻译语言微观特征的研究，为相关研究搭建一个层次较清晰、体系性较强的具体描写框架。

5）5 个微观语言特征考察项的选择

对翻译语言微观考察项的选择，应充分考虑源语的特点，尤其是源语相对于译语的独特语言项，也称"语言真空项"。它们在翻译研究中最具典型性和研究价值，能够凸显翻译转换过程中的翻译策略与译者风格，从而更好地辅助微观层面的翻译语言特征研究。本书选择的"副动词""形动词""无人称句""который 定语从句""чтобы 主从复合句"均是俄语相对于汉语的独特语言项，同时，它们在语法、结构和语义上与汉语的差异又存在程度上的不同。对这 5 个微观语言项进行描写，能够较为全面地反映出俄语与汉语的翻译转换规律及翻译语言的规律性特征。

综上所述，本书对翻译语言特征研究模式的探索，丰富了语料库翻译研究的理论与方法。

第一，对于语料库翻译研究的整体而言，本书继承并发展了语料库翻译研究的理论与方法，尤其在翻译语言微观层面的研究上，本书的创新型探索是对已有研究模式的补充与发展，能够在一定程度上推动翻译语言微观特征的研究，从而促进翻译语言特征研究的标准化与体系化。

第二，对于我国基于俄汉双语的语料库翻译研究而言，本书的研究是基础性与探索性研究的结合。我国俄语界基于语料库的翻译研究刚刚起步，在研究领域的广度与研究方法的更新上都落后于英语学界。本书将英语学界近二十年的研究成果进行了梳理和总结，将相关的理论与方法引入俄汉翻译研究中来，并在此基础上进行了探索性的研究，为今后基于俄汉双语的语料库翻译研究提供了体系性和解释力较强的研究模式。同时，这个研究模式是开放式的，我们期待更多学者投身于此，不断丰富和完善基于语料库的翻译语言研究模式。

2. 用语料库的方法对翻译小说语言特征的全面系统描述

本书在多重复合对比模式下,从宏观语言特征、微观语言特征、译者风格三个维度,全面描写、分析与解释了俄译汉翻译小说语言的规律性特征。

1)宏观语言特征

本书对译文语言宏观特征的研究打破了以往仅使用单语类比模式的固化研究方法,将源文本因素引入实证分析中,在单语类比模式与双语平行模式相结合的基础上,从词语层面和句子层面对三译本的翻译语言宏观特征进行了深入描写。

在多重复合对比模式下,三译本显示出了与汉语原创小说(LCMC-N)、汉语翻译小说(CCTFC)及汉语总体(LCMC)的一些差异性特征:

(1)在词语变化度方面,三译本的词语变化度(STTR)均明显高于汉语原创小说和汉语总体,且同时高于汉语翻译小说文本。这并不符合翻译规范中的简化假设。结合源语的词语变化度特征可知,三译本词语变化度值偏高主要是源文本的体裁和作家的写作风格造成的。

(2)在词汇密度方面,三译本的词汇密度均低于汉语原创小说、汉语翻译小说及汉语总体,这符合翻译小说词汇密度通常低于译入语非翻译文本的假设,即译者总是倾向于通过使用更少的实词来降低译文难度,提高译文的易理解性。

(3)在词表和常用词方面,三译本的高频词与汉语原创小说、汉语翻译小说及汉语总体的差异不大,主要由助词、介词、连词、代词等虚词构成,其中代词的比例明显高于三个参照语料库。这可能与汉、俄两种语言的语篇衔接方式有关,汉语语篇更多使用名词复现进行衔接,而俄语语篇则更多使用人称代词进行衔接。同时,译文中人称代词的使用存在显化的情况,译者倾向于将源文本中隐性的名词或代词性主语译出。

(4)在平均句长方面,三译本的平均句长值均高于汉语原创小说及汉语总体，这符合关于翻译文学的平均句长通常高于译入语非翻译文学的假设，即符合翻译文学语言的显化特征。但同时，三译本的平均句长全部低于汉语翻译小说，这主要是受到了源文本平均句长的影响。

（5）在连接成分方面，在单语类比模式下，三译本中（汝龙、冯加译本中的转折连接词除外）表达转折、原因和条件等逻辑关系的连接成分比例明显高于汉语原创小说、汉语翻译小说及汉语总体，这符合翻译文学语言的显化特征。在双语平行模式下，译文中显性连接成分的比例要远远超出源文本中相关连接词的数量，这也是显化共性假设作用的结果。

在多重复合对比模式下，三译本表现出了某些符合翻译共性假设的特征，如词汇密度方面的简化特征、高频词及连接成分方面的显化或明晰化特征；同时，在源语的影响下，三译本也表现出了一些独特的、与翻译共性不符的特征，如词语变化度偏高、平均句长偏低等。对于这些与翻译共性相悖的特征，我们可以通过引入源文本的因素对其进行解读。

2）微观语言特征

本书从"副动词""形动词""无人称句""который定语从句""чтобы主从复合句"五个微观语言项入手，从"具体语言项的分布特征与对译形式描写""译文的句子结构特征""译文的词汇语法手段""译文的语义层次特征"四个分析层面描写了俄译汉翻译小说语言的规律性特征。

（1）译自副动词短语的翻译语言特征

副动词是文学语篇中较为常见的词法现象，可以根据其语法意义将其译为多种对应的汉语译文形式。原文中的副动词主要以独立结构的形式出现，大部分译文保留了原文的结构特征，但有时也会将原文中的独立结构译为非独立结构。另外，在所有的独立结构中，虽然后置结构多于前置结构，但在翻译实践中，一些后置结构会译为前置结构，尤其是当句中主动词为言语或思想动词时，译文中经常会出现结构倒置的现象。汉语动词并不具备副动词的形式特征，因此译文中主要依靠一些显性的语法词汇手段来表达副动词的语法意义。其中，副动词的完成体与未完成体意义可对应为汉语的多种体意义，但这并不是一种完全意义上的对应，一些表达主动词状态的完成体副动词也可以译为汉语带有"着"的持续体动词，一些未完成体副动词也可以译为汉语的现实体、经历体与起始体等。同时，译文中也会使用一些与副动词语法意义密切相关的词汇手段来表达相关的语法意义，但这些词汇手段出现的频率更低。总体而言，译文倾向于隐藏副动词体标记，副动词的语法意义主要依靠隐性语言手段、词汇意义和上下文语义来表达。由于译文中缺少有效的语言手段表达主动词与副动词之间的主次语义关系，因此原文中主动词与副动词之间的语义层次在译文中经常会出现模糊化的倾向，读者亦无法直接从译文中获知原文句中谓语部分的语义主次关系，这不可避免地造成了原文信息的流失。甚至在一些情况下，副动词短语会被译为句中的主要谓语结构。

（2）译自形动词短语的翻译语言特征

形动词是文学语篇中较为常见的词法现象，可以根据其语法意义将其译为多种对应的汉语译文形式。原文中的形动词短语主要以后置独立结构为主，译文对原文结构和语序的改变较大，更多后置独立结构被译为了前置的定语结构，这种翻译方法凸显了形动词短语的修饰意义，但通常会导致译文定语结构的扩张和复杂化，是翻译语言"的的不停"的原因之一。由于汉语动词并不具备形动词的形式特征，译文主要依靠一些显性的词汇语法手段来表达形动词的语法意义。对被动形动词而言，动词体标记的覆盖率很高，这是由于被动形动词通常表达主导词的状态意义，而状态意义在汉语中经常带有"着""了"等语法标记。同时，形动词短语的态范畴可以通过汉语的被动式句来表达，但这种对译方式并不典型。此外，汉语中还可以通过一些词汇手段表达形动词的体意义，如述补结构和叠词等。尽管这种词汇手段出现的频次较低，但它们却可以为译文增色不少。译自形动词短语的译文在句子成分上存在着两种对立的倾向，即修饰定语化与独立谓语化的倾向。修饰定语化指的是译文倾向于将形动词短语译为定语修饰语，独立谓语化指的是译文倾向于将形动词短语译为独立谓语，两者所占比例较为接近。对于读者而言，两种倾向各有利弊。修饰定语化可以完好地传达源文本的主次语义关系，但会使译文失去部分可读性，译文异化程度更明显；独立谓语化更符合汉语的表达习惯，但却破坏了源文本的语义层次结构，使译文分句之间的主次语义关系模糊不清。

（3）译自无人称句的翻译语言特征

无人称句作为一种典型的俄语单部句句式，在文学作品中使用的频率很高，常用于描写自然现象、人物心理状态，表达情态意义及一些否定意义。俄语无人称句的语法意义首先建立在其形式的基础之上，而汉语又是一门缺乏形态变化的语言，因此，译文对无人称句的转换能力受到了很大的限制，很难准确表达无人称句的语法意义及语义内涵。首先，译文中能够体现无人称句语法意义的显性语言手段非常少，几乎可以忽略不计，其次，译文非常缺乏有效的语言手段来表达无人称句复杂的语义内涵。更多情况下，译文仅能传达无人称句中的基本词汇意义，或依靠一些有限的词汇手段来诠释其语义，但转换效果也十分有限，读者很难根据译文的表达领悟到俄语无人称句真正的语义内涵。

（4）译自 который 定语从句的翻译语言特征

который 定语从句是文学语篇中较为常见的句法现象，但诗体小说除外。译者可以根据其语法意义将其译为多种对应的汉语译文形式。译文的结构并不完全取决于原文中从句与主句之间的语义强弱关系，从语料库的统计数据来看，译文结构受到很多其他因素的制约，如被修饰词的定语容量、从句信息含量、语篇叙述模式、译者翻译习惯及译入语不同时期的语言规范等。который 从句可译为带"的字短语"的修饰成分，这有可能导致译文定语容量的复杂化与扩大化。表达修饰意义的"的"字短语在译文中的使用频率很高，其中 2 个"的"字短语或 3 个"的"字短语的情况也占有一定的比例，但总体而言略少于译自形动词短语的相关译文。который 从句还可以译为汉语的并列复句或主从复句，译为复句的比例与译为定语结构的比例非常接近，均占 40% 左右。但译文中用于表达复句逻辑关系的显性连接词非常少，译者更倾向于用隐性手段表达分句之间的语义关系。原文的修饰意义在译为汉语时可能出现重构的情况，主次语义关系消失，取而代之的主要是并列语义关系。尽管如此，译者还是会通过各种语法手段来显化源文本中的修饰关系，这些手段主要包括在被修饰词前添加指示代词、使用"的"字短语、译出分句中的主语等。

（5）译自 чтобы 从句的翻译语言特征

尽管连词 чтобы 能够表达多种意义关系，但它在文学语篇中的出现频率不高，不是最典型的俄语主从复合句之一。根据 чтобы 从句所表达的不同意义，可以将其译为汉语的相应结构。чтобы 从句可译为简单句、复句和紧缩句。通过对不同意义从句的对译形式考察发现，чтобы 从句与主句在结构上的依附关系并不完全是译文句子结构选择的决定性因素，具体的上下文语境、译者的风格习惯、不同时代的汉语特征均是译文结构的影响因素。译文可以通过补译虚词和实词来表达 чтобы 从句的语法意义，这些显性的语法和词汇手段在句中出现的频率较高，共占 63.2%，这说明 чтобы 从句对汉语的转换能力强。得益于其语法意义在译文中的语言表达手段丰富，无论是在语义内涵上，还是语义主次关系上，译文均能较好地再现原句的语义。

3）译者风格层面

本书从三译本语言的宏观特征、三译本语言的微观特征、译者风格形成原因三个层面，分别探讨了三位译者的翻译语言风格。

结合本书对三译本语言宏观层面和微观层面的描写分析，我们认为，一方面，三个译本均非常尊重原文，努力通过各种语言手段传递源文本的信息，另一方面，在汉语发展的历时因素影响下，在译者个体差异的作用下，三译本在宏观和微观层面均表现出了一定的差异性。

（1）汝龙译本欧化程度最低，归化程度高，可读性强，多年来一直是契诃夫小说评价最高、最经典的译本之一。具体表现在汝龙译本平均句长最短,用相对简短的语句承载原句的信息,倾向于使用省略句中主语、将句子译为汉语特有句型、隐化分句间的逻辑关系等方法来提高译本的可读性,降低译本的异化程度。

(2)冯加译本的归化程度最高,更符合现代汉语的表达习惯,可读性最强,显化程度较弱,欧化程度较低。具体体现在冯加译本的词语变化度最高、四字格和叠词使用频率最高、平均句长低、对某些具体的微观语言项翻译方式灵活多样等。

(3)相比较而言,沈念驹译本的异化程度较高,欧化程度最明显,译文中显化现象较多,具体体现为句子结构复杂、平均句长值高、虚词比例大、长定语结构较多等。可以说,沈念驹译本对原文较为忠实,但相应的损失了部分可读性。

此外,通过对三译本语言微观特征的描写,我们也发现了一些"译者指纹",如三位译者的词汇偏好、句式偏好及结构转换偏好等。

(4)在译者风格形成的原因层面,我们需要考虑到译入语文化的选择性、源文本语言的制约性及译者的个体差异性。这三者均是译者风格形成过程中的重要影响因素。我们既要遵守翻译活动的客观规律,兼顾译入语文化的选择性及源文本的制约性,同时也要重视译者自身的主观能动性,关注译者、尊重译者、研究译者。只有这样,我们才能够真正全面地了解翻译,我们的研究才能够越来越接近翻译活动的本质。

在梳理本书的研究成果与总结相关研究优势的同时,我们也清楚地认识到,限于本书作者的研究水平、认识能力,及对语料库技术方法的掌握等因素,本书在许多方面存在着不少遗憾和不足。第一,由于受到平行多译本资源的限制,本书的译文容量还不够大,研究所得的结果难免局限于现有的语料当中;第二,由于受到语料库检索技术的限制,本书对宏观语言特征的研究还不够全面,描写参数相对较少;第三,由于受到本书作者专业研究方向与知识结构的限制,本书对译本规律性语言特征的分析与解释仅局限于语言学与翻译学的相关知识,对与其他人文学科相关的影响因素明显考虑不足。然而对翻译语言规律性特征的研究,其实需要具备跨学科的视角,综合考虑文化、社会、心理等多方面的影响因素。

  在总结本书研究工作和现有结论的基础上，我们尝试对今后基于语料库的翻译研究进行以下几个方面的展望：

  第一，语料库翻译研究所依托的语料库容量应继续扩大，将更多俄罗斯经典作家纳入其中，进行同一译者多部译作、同一作家多部译本之间的多维度平行对比研究。

  第二，对翻译语言宏观和微观特征的研究可进一步拓展：在宏观语言特征层面，应重视语料库技术层面的新突破，重点关注自然语言处理的最新研究成果，提升机器自动标注的范围和准确性，开发更多宏观参数特征；在微观语言特征层面，应拓展语言描写参数的范围，不断充实微观语言项的描写参数体系。

  第三，重视语言历时的发展变化，不仅研究俄罗斯经典作家，也要研究俄罗斯现代作家，并在源语变化的基础上，进一步探讨译文语言的发展变化。

  第四，创建俄汉双语平行均衡语料库。首先可以创建俄罗斯翻译文学的均衡语料库，充分考虑到作家的均衡、体裁的均衡、容量的均衡和创作时间的均衡。均衡语料库是语料库翻译研究的重要参照性数据，可以为不同视角的翻译语言特征研究提供有效的参照数据；其次，在文学均衡语料库的创建基础上，开发俄汉均衡语料库，收录文学文本、政论文本、学术文本、经贸文本等多种语体的语料资源，兼顾语体及其他参数的均衡，为俄汉翻译语言的整体特征描写提供数据上的支持，从而推动与促进我国俄语界基于语料库翻译研究的发展。

  基于语料库的翻译研究，曾被批评为一种"实证主义的狂想"。我们认为，这一批评是中肯的，是对所有语料库翻译研究学者的最善意的提醒和告诫。任何基于语料库的研究都不应迷失在数据中而无法自拔，更不能仅用数据解释我们遇到的一切翻译现象与翻译问题。只有始终坚持站在语言学与翻译学的土壤上，结合语料库的研究方法及其他人文学科的研究成果，才能真正深入地描写翻译语言的规律性特征，揭示翻译活动的本质特征和规律。

参考文献

中文文献：

安·巴·契诃夫，契诃夫小说选（上），汝龙译，上海：上海译文出版社，1984。
安东·契诃夫，契诃夫短篇小说选，冯加译，南京：意林出版社，2020。
蔡毅、靳慰然、曹书勋，俄译汉教程（修订本），北京：外语教学与研究出版社，2006。
陈虹，俄语语料库的标注 [J]，中国俄语教学，2012，31（2）：38-44。
陈虹，俄语国家语料库的标注系统 [J]，文教资料，2014（12）：25-27。
陈平，句法分析：从美国结构主义学派到转换生成语法学派 [J]，外语教学与研究，1988（4）：2-13+80。
陈伟，翻译英语语料库与基于翻译英语语料库的描述性翻译研究 [J]，外国语（上海外国语大学学报），2007（1）：67-73。
陈学忠，现代汉语语法，武汉：华中科技大学出版社，2006。
陈彦君、徐茂玲、王世龙等，基于大型语料库的中医药术语翻译"约定俗成"原则研究 [J]，中国中医基础医学杂志，2023，29（10）：1732-1736。
褚敏，漫谈二十一世纪俄语语言与文化研究之新方向 [J]，中国俄语教学，2001（3）：26-30。
崔卫、李峰，俄汉-汉俄平行语料库的构建设想与应用展望 [J]，中国俄语教学，2014（1）：1-5。
崔卫、张岚，俄汉翻译平行语料库及其应用研究 [J]，解放军外国语学院学报，2014（1）：81-87。
丁勉哉，汉语词汇，上海：华东师范大学出版社，1957。
丁树德，浅谈西方翻译语料库研究 [J]，外国语，2001（5）：61-66。
费道罗夫，翻译理论概要，北京：中华书局，1955。
傅兴尚等，俄罗斯计算语言学与机器翻译，北京：语文出版社，2009。
高名凯，汉语语法论，北京：商务印书馆，1986。
戈宝权，"五四"运动前后俄国文学在中国 [J]，世界文学，1959（6）：144-155。
戈宝权，俄国和苏联文学在中国 [J]，中国翻译，1984（11）：34-37。
葛清林，对紧缩句应慎提紧缩 [J]，佳木斯师专学报，1995（3）：43-45。
龚千炎，80年代现代汉语语法研究的回顾与评价 [J]，世界汉语教学，1991（2）：

70-74。

韩丹、张志军，基于语料库的《阿Q正传》俄译本翻译风格对比研究[J]，外语与外语教学，2023（1）：105-116，148。

何婷婷，语料库研究[D]，华中师范大学，2003。

何烨，改革开放以来英语对汉语句法的影响[J]，四川外语学院学报，2004（3）：129-133+145。

侯林平、郎玥、何元建，语料库辅助的翻译认知过程研究模式：特征与趋势[J]，外语研究，2019，36（6）：69-75。

胡开宝、邹颂兵，莎士比亚戏剧英汉平行语料库的创建与应用[J]，外语研究，2009（5）：64-71，112。

胡开宝、陶庆，汉英会议口译语料库的创建与应用研究[J]，中国翻译，2010，31（5）：49-56，95。

胡开宝，语料库翻译学概论，上海：上海交通大学出版社，2011。

胡开宝，语料库翻译学：内涵与意义[J]，外国语（上海外国语大学学报），2012，35（5）：59-70。

胡开宝、李晓倩，语料库批评译学：内涵与意义[J]，中国外语，2015，12（1）：90-100。

胡开宝、李晓倩，语料库翻译学与翻译认知研究：共性与融合[J]，山东社会科学，2016（10）：39-44。

胡开宝、李鑫，基于语料库的翻译与中国形象研究：内涵与意义[J]，外语研究，2017，34（4）：70-75+112。

胡开宝、黑黰，数字人文视域下翻译研究：特征、领域与意义[J]，中国翻译，2020，41（2）：5-15，187。

胡开宝、盛丹丹，基于语料库的文学翻译批评研究：内涵、意义与未来[J]，外语电化教学，2020（5）：19-24，3。

胡开宝，语言数据科学与应用学科：特征、领域与方法[J]，外语界，2022（3）：37-44。

胡显耀，当代汉语翻译小说规范的语料库研究[D]，华东师范大学，2006。

胡显耀，基于语料库的汉语翻译小说词语特征研究[J]，外语教学与研究，2007（3）：214-220，241。

胡显耀、曾佳，对翻译小说语法标记显化的语料库研究[J]，外语研究，2009（5）：72-79。

胡显耀、曾佳，翻译小说"被"字句的频率、结构及语义韵研究[J]，外国语（上海外国语大学学报），2010（3）：73-79。

胡显耀、曾佳，基于语料库的翻译共性研究新趋势[J]，解放军外国语学院学报，

2011（1）：56-62，127-128。

胡显耀、肖忠华、Hardie Andrew，翻译英语变体的语料库文体统计学分析 [J]，外语教学与研究，2020，52（2）：273-282，321。

胡裕树，现代汉语，上海：上海教育出版社，1981。

胡壮麟，理论文体学，北京：外语教学与研究出版社，2000。

黄伯荣、廖序东，现代汉语（下册），北京：高等教育出版社，2002。

黄广哲、韩子满，军事外宣杂志中军人形象的自塑——多模态翻译的视角 [J]，解放军外国语学院学报，2023，46（2）：120-128。

黄立波、王克非，翻译普遍性研究反思 [J]，中国翻译，2006，27（5）：36-40。

黄立波，翻译研究的文体学视角探索 [J]，外语教学，2009，30（5）：104-108。

黄立波、王克非，语料库翻译学：课题与进展 [J]，外语教学与研究，2011，43（6）：911-923+961。

黄立波、朱志瑜，语料库翻译学：研究对象与研究方法 [J]，中国外语，2012，9（6）：28-36。

黄立波，基于语料库的翻译文体研究，上海：上海交通大学出版社，2014。

黄立波，《骆驼祥子》三个英译本中叙述话语的翻译——译者风格的语料库考察 [J]，解放军外国语学院学报，2014，37（1）：72-80，99。

黄彦，中医英语语料库在中医英语翻译中的应用——评《基于中医英语语料库的中医英语翻译研究》[J]，科技管理研究，2023，43（14）：269。

竟成，汉语的成句过程和时间概念的表述 [J]，语文研究，1996（1）：1-5。

柯飞，汉语"把"字句特点、分布及英译 [J]，外语与外语教学，2003（12）：1-5。

柯飞，翻译中的隐和显 [J]，外语教学与研究，2005（4）：303-307。

孔海龙，基于语料库的翻译质量评价——评《政府文件汉英翻译搭配冲突的调查研究》[J]，中国科技翻译，2016，29（1）：36-39。

黎昌抱、李菁，基于语料库的文学自译语言特征考察 [J]，中国外语，2017，14（2）：86-95。

李方诗，中国人物年鉴，北京：华艺出版社，1992。

李绍哲，俄语语料库和基于语料库的语法研究 [D]，黑龙江大学，2012。

李文革，西方翻译理论流派研究，北京：中国社会科学出版社，2004。

李鑫、李涛，基于语料库的政治文献翻译风格比较研究——以十八届三中全会文件英译为例 [J]，外语教学理论与实践，2020（3）：74-84。

李颖玉，基于陕西文学英译语料库的译入译出文本比较研究：以词语情感色彩的传达为例 [J]，西安外国语大学学报，2020，28（4）：81-86。

连淑能，英汉对比研究，北京：高等教育出版社，1993。

梁蕴华，现代汉语紧缩结构分析 [J]，深圳大学学报（人文社会科学版），2002（2）：99-106。

廖七一，语料库与翻译研究 [J]，外语教学与研究，2000（5）：380-384。

刘爱军、冯庆华，《红楼梦》英译本中母语译者与非母语译者 it 使用情况对比分析 [J]，西安外国语大学学报，2020，28（2）：81-86。

刘爱军，基于语料库的译者风格比较研究——以朱自清散文英译为例 [J]，外语电化教学，2020（4）：101-105，16。

刘鼎甲，英语被动式汉译方式的多文体对比研究 [J]，外语与外语教学，2021（5）：111-120，150。

刘敬国、陶友兰，语料库翻译研究的历史与进展——兼评《语料库翻译研究：理论、发现和应用》[J]，外国语，2006（2）：66-71。

刘康龙、穆雷，语料库语言学与翻译研究 [J]，中国翻译，2006，27（1）：59-64。

刘宓庆，新编汉英对比与翻译，北京：中国对外翻译出版社，2006。

刘淼、邵青，基于多译本平行语料库的翻译语言特征研究——对契诃夫小说三译本的对比分析 [J]，解放军外国语学院学报，2015（5）：126-133。

刘淼、邵青，俄汉文学翻译语料库的创建——基于契诃夫小说平行语料库的设计与建构 [J]，外语学刊，2016（1）：154-158。

刘淼，基于语料库的中国《政府工作报告》翻译语言特征研究 [J]，语言学研究，2017（2）：134-144。

刘淼，基于语料库的《红楼梦》俄译本译语特征研究——以复合言语动词"笑道"为例 [J]，中国俄语教学，2023，42（1）：39-49。

刘天堂，汉语紧缩句叹息 [J]，四川师范学院学报，2002（1）：32-34。

刘晓东、李德凤，翻译认知过程加工路径：基于汉英双语平行语料库的实证研究 [J]，外国语（上海外国语大学学报），2022，45（2）：102-110。

刘晓东、李德凤、贺文照，认知导向的翻译语料库研制与评析 [J]，外语学刊，2023（4）：52-60。

刘玉宝、陈娟，基于平行语料库的《生死疲劳》俄译本中国文化负载词翻译策略与方法研究 [J]，中国俄语教学，2018，37（1）：38-51。

刘泽权、陈冬蕾，英语小说汉译显化实证研究——以《查泰莱夫人的情人》三个中译本为例 [J]，外语与外语教学，2010（4）：8-13，24。

刘泽权、刘超朋、朱虹，《红楼梦》四个英译本的译者风格初探——基于语料库的统计与分析 [J]，中国翻译，2011（1）：60-64。

龙果夫，现代汉语语法研究，北京：科学出版社，1958。

陆俭明、马真，现代汉语虚词散论，北京：北京大学出版社，1985。

陆俭明，现代汉语语法研究教程（第三版），北京：北京大学出版社，2005。

吕红周，俄汉双语语料库语义范畴自动标注 [D]，黑龙江大学，2007。

吕鹏飞、陈道胜，基于语料库的《论语》英译本翻译风格比较研究——以辜鸿铭和亚瑟·威利两译本为例 [J]，上海翻译，2021（3）：61-65。

吕叔湘，汉语语法分析问题，北京：商务印书馆，1979。

吕叔湘，中国文法要略，北京：商务印书馆，1982。

马竹邨，现代汉语语法，济南：山东人民出版社，1960。

毛泽东，论人民民主专政，北京：新华书店，1949。

宁琦，试谈现代俄语中定语句扩展类型的特征——以 который 连接的定语句为例 [J]，外语学刊（黑龙江大学学报），1996（2）：17-20。

庞双子，基于历时类比语料库的翻译文本语体显化特征的计量分析 [J]，外国语（上海外国语大学学报），2019，42（6）：83-94。

庞双子，翻译文本的语体特征——多维度语料库考察 [J]，上海翻译，2020（6）：29-34。

庞双子、王克非，翻译文本特征和语言接触研究的进展 [J]，外语与外语教学，2021（6）：100-108，149-150。

朴哲浩、李庆华、王利霞，基于汉俄平行语料库的《酒国》叠音词俄译规律研究 [J]，中国俄语教学，2014（3）：46-51。

朴哲浩、王利霞、柳曙明，汉俄平行语料库在翻译教学中的应用尝试 [J]，中国俄语教学，2015（3）：63-69。

契诃夫，契诃夫短篇小说精选，沈念驹译，杭州：浙江少年儿童出版社，2006。

秦弓，五四时期俄罗斯文学翻译 [J]，江苏行政学院学报，2005（5）：114-118。

秦立东，基于俄汉熟语语料库的俄语熟语模式化及自动识别 [D]，黑龙江大学，2007。

瞿秋白，序，俄罗斯名家短篇小说集：第一集，北京：新中国杂志社，1920。

邵璐、曹艺馨，语篇·非语篇·语言资源：众包翻译的过程与产物 [J]，外国语（上海外国语大学学报），2020，43（3）：102-109。

石定栩，话题句研究 // 共性与个性，北京：北京语言文化大学出版社，1999。

史铁强，俄汉语篇代词回指对比 [J]，外语学刊，2001（4）：54-60。

宋余亮，俄语现代标注语料库的理论与实践 [D]，中国人民解放军外国语学院，2007。

孙成志，基于语料库的《起风了》两译本的翻译风格研究——以视点人物和视点表达为中心 [J]，大连理工大学学报（社会科学版），2020，41（5）：121-128。

陶源，人文社科学术文本俄汉平行语料库的创建与研究 [J]，语料库语言学，2014，1（1）：78-93+112-113。

陶源，基于俄汉平行语料库的чтобы从句翻译操作规范研究 [J]，解放军外国语学院学报，2015（5）：117-125。

陶源、胡谷明，致使动词语义韵翻译研究——基于俄汉平行语料库的专业文本 [J]，武汉大学学报：人文科学版，2015（1）：119-124。

汪国胜，从语法研究角度看《现代汉语方言大词典》综合本 [J]，方言，2003（4）：368-373。

汪晓莉、李晓倩，基于语料库的莎士比亚戏剧汉译本范化特征研究 [J]，外国语（上海外国语大学学报），2016，39（3）：103-112。

王芳、汤文华，《中华人民共和国民法典》英译本问题及分析——基于高频程式语搭配 [J]，外国语文，2023，39（2）：13-26。

王国凤、张丹琦，基于语料库的翻译批评与阐释框架 [J]，上海翻译，2020（2）：7-11，94。

王克非，英汉/汉英语句对应的语料库考察 [J]，外语教学与研究，2003，35（6）：410-416+481。

王克非，语料库翻译学——新研究范式 [J]，中国外语，2006（3）：8-9。

王克非、黄立波，语料库翻译学的几个术语 [J]，四川外语学院学报，2007（6）：101-105。

王克非、黄立波，语料库翻译学十五年 [J]，中国外语，2008（6）：9-14。

王克非，语料库翻译学探索，上海：上海交通大学出版社，2012。

王力，中国现代语法（上册），北京：中华书局，1954。

王力，古代汉语，北京：中华书局，1982。

王力，中国现代语法，北京：商务印书馆，1985。

王力，中国语法理论，北京：中华书局，2015。

王铭玉、刘子夜，词频分析与中俄政治文献翻译——以2013-2014年中国政府工作报告俄文版与俄罗斯国情咨文对比为个案 [J]，天津外国语大学学报，2016，23（3）：1-6，80。

王琴，基于语料库的蓝诗玲鲁迅小说英译临时词创造性应用研究 [J]，外国语（上海外国语大学学报），2022，45（3）：102-110。

王秋艳、宋学智，基于语料库的傅译《欧也妮·葛朗台》风格研究 [J]，外国语文，2020，36（3）：97-103。

王汝蕙，基于语料库的翻译共性研究——以《生死疲劳》英译本为例 [J]，中国现代文学研究丛刊，2020（9）：181-193。

王松茂，汉语时体范畴论 [J]，齐齐哈尔师范学院学报（哲学社会科学版），1981（3）：65-76。

王文融，法语文体学教程，北京：北京大学出版社，1997。

王雯秋、马广惠,杨宪益与戴乃迭《儒林外史》英译本的翻译风格研究[J],外国语文,2020,36(4):101-105。

王秀文,基于语料库的中国古代哲学术语译名研究[J],外语学刊,2020(1):109-114。

吴光亭、张涛,基于英汉双语平行语料库的模糊限制语汉译策略研究[J],外语学刊,2020(1):102-108。

现代汉语词典(第一版),北京:商务印书馆,1978。

现代汉语词典(第六版),北京:商务印书馆,2012。

肖维青,自建语料库与翻译批评[J],外语研究,2005(4):60-65。

肖维青,语料库在《红楼梦》译者风格研究中的应用——兼评《母语文化下的译者风格——〈红楼梦〉霍克斯与闵福德译本研究》[J],红楼梦学刊,2009(6):251-261。

肖忠华、戴光荣,翻译教学与研究的新框架:语料库翻译学综述[J],外语教学理论与实践,2011(1):8-15。

邢福义、汪国胜,现代汉语,武汉:华中师范大学出版社,2003。

邢公畹,说汉语的"连锁复句"——纪念《语言教学与研究》创刊五周年[J],语言教学与研究,1984(3):23-37。

邢向东,紧缩句与单、复句划分[J],语文学刊,1988(5):6-8+5。

熊婷,五四时期翻译文学的多元系统解读[J],文学教育(上),2016(8):108-111。

徐丹,也谈"连锁复句"[J],语文建设,1989(1):16-17。

徐欣,基于多译本语料库的译文对比研究——对《傲慢与偏见》三译本的对比分析[J],外国语(上海外国语大学学报),2010(2):53-59。

许家金,"兰卡斯特汉语语料库"介绍[J],中国英语教育,2007(3):1-4。

许文胜、张柏然,基于英汉名著语料库的因果关系连词对比研究[J],外语教学与研究,2006(4):292-296+320。

严苡丹、韩宁,基于语料库的译者风格研究——以鲁迅小说两个英译本为例[J],外语教学,2015,36(2):109-113。

严苡丹,社会历史语境下的《红楼梦》亲属称谓语翻译风格研究——基于语料库的视角[J],外语电化教学,2020(3):94-99,15。

杨惠中,语料库语言学与机器翻译[J],上海交通大学学报(社会科学版),1993(1):98-111。

杨惠中,语料库语言学导论,上海:上海外语教育出版社,2002。

杨柳、朱安博,基于语料库的《温莎的风流娘儿们/妇人》三译本对比研究[J],外国语(上海外国语大学学报),2013(3):77-85。

杨子，翻译构式观与语料库翻译学下的译者风格研究 [J]，上海翻译，2016（3）：28-33+93。

叶文兴，译者翻译过程认知路径——基于语料库方法的《红楼梦》"死亡隐喻"翻译研究 [J]，西安外国语大学学报，2023，31（1）：101-105。

于连江，基于语料库的翻译教学研究 [J]，外语电化教学，2004（2）：40-44。

余光中著，余光中谈翻译，北京：中国对外翻译出版公司，2002：109。

原伟、易绵竹，基于维基百科的俄汉可比语料库构建及可比度计算 [J]，山东大学学报（理学版），2017，52（9）：1-6。

原伟，俄汉新闻可比语料库的构建、评估及应用展望 [J]，解放军外国语学院学报，2017，40（6）：113-120。

张丹丹、刘泽权，《红楼梦》乔利译本是一人所为否？——基于语料库的译者风格考察 [J]，中国外语，2014，11（1）：85-93。

张会森，俄汉语中的"无主语句"问题 [J]，外语学刊，2001（3）：34-41。

张会森，最新俄语语法，北京：商务印书馆，2006。

张继东、朱亚菲，基于语料库的《追风筝的人》两译本风格对比研究 [J]，外语电化教学，2020（5）：50-57，8。

张继东、朱亚菲，胡塞尼小说译者风格对比——平行语料库视角 [J]，外国语（上海外国语大学学报），2021，44（5）：102-114。

张立柱，残雪小说不同英译本时空叙事的认知文体研究 [J]，外语研究，2023，40（3）：74-80。

张立柱、谭业升，基于语料库方法的文化翻译认知研究——从《红楼梦》经典译本的"避红"案例谈起 [J]，外语学刊，2023（4）：37-44。

张禄彭、张超静，自建语料库在俄语教学研究中的应用 [J]，中国俄语教学，2012，31（3）：62-69。

张汨，史学意识观照下译者风格与译本风格辨析——基于朱生豪翻译手稿和刊印本的对比研究 [J]，西安外国语大学学报，2022，30（1）：103-108。

张威，中国特色对外话语在英语世界的译介与传播（1949—2019）——思路与方法 [J]，中国外语，2020，17（5）：91-99。

张威，新时代服务国家战略需求的中国翻译研究：趋势与重点 [J]，中国翻译，2022，43（1）：107-114。

张旭冉、杏永乐、张盼等，《道德经》四个英译本的翻译风格对比研究——基于语料库的统计与分析 [J]，上海翻译，2022（3）：33-38。

张志公，汉语语法常识，上海：新知识出版社，1957。

赵朝永，基于语料库的《金瓶梅》英文全译本语域变异多维分析 [J]，外语教学与研究，2020，52（2）：283-295，321。

赵朝永，译者风格对比描写的多维分析途径 [J]，外语教学理论与实践，2020（3）：67-73，84。

赵陵生、王辛夷，俄汉对比与俄汉学习，北京：北京大学出版社，2006。

赵秋荣、李文双、马心仪，基于语料库的情态动词汉译量值偏移研究——以 Lady Windermere's Fan 的 8 个译本为例 [J]，解放军外国语学院学报，2020，43（4）：105-111，161。

赵秋荣、王克非，英译汉翻译语言的阶段性特点——基于历时类比语料库的考察 [J]，中国翻译，2013，34（3）：15-19，128。

赵宇霞，基于语料库的傅雷翻译风格新探：语言与情感的融合 [J]，外语电化教学，2022（2）：96-103，119。

周海燕，俄语副动词（短语）的半述谓性研究 [J]，语言学研究，2016（2）：133-142。

朱德熙，语法讲义，北京：商务印书馆，1982。

朱德熙，朱德熙文集（第五卷），北京：商务印书馆，1999。

朱德熙，语法答问，北京：商务印书馆，2007。

朱琳、王努铱，从戏曲语言的音乐性探究越剧《红楼梦》的英译——多模态语料库的个案分析 [J]，华侨大学学报（哲学社会科学版），2023（4）：135-143。

朱琼、周锋，基于语料库中医针刺术语英译标准比较研究 [J]，中国中医基础医学杂志，2023，29（10）：1737-1741。

朱珊，《狂人日记》译者风格：一项基于语料库的研究 [J]，外国语文，2021，37（5）：119-128。

朱晓敏，批评话语分析视角下的《政府工作报告》英译研究（一）——基于语料库的第一人称代词复数考察 [J]，外语研究，2011（2）：73-78，112。

朱晓敏、曾国秀，现代汉语政治文本的隐喻模式及其翻译策略——一项基于汉英政治文本平行语料库的研究 [J]，解放军外国语学院学报，2013，36（5）：82-86，128。

朱一凡、胡开宝，"被"字句的语义趋向与语义韵——基于翻译与原创新闻语料库的对比研究 [J]，外国语（上海外国语大学学报），2014（1）：53-64。

朱一凡、胡加圣，翻译汉语的词簇特征——基于翻译与原创新闻语料库的对比研究 [J]，外语电化教学，2017（6）：17-24。

朱一凡、李鑫，对翻译汉语语言特征的量化分析——基于翻译与原创汉语新闻语料库的对比研究 [J]，中国外语，2019，16（2）：81-90。

祝朝伟、李润丰，基于语料库的庞德中国典籍英译译者风格探析 [J]，外语教学，2023，44（4）：75-82。

邹兵、穆雷，语言学对翻译学的方法论贡献——特征、问题与前景 [J]，中国外语，2020，17（3）：77-84。

英文文献：

Alfuraih, R. F. (2020). The undergraduate learner translator corpus: A new resource for translation studies and computational linguistics. *Language Resources and Evaluation*, 54(3), 801-830.

Al-Khalafat, L., & Haider, A. S. (2022). A corpus-assisted translation study of strategies used in rendering culture-bound expressions in the speeches of King Abdullah II. *Theory and Practice in Language Studies*, 12(1), 130-142.

Alwazna, R. Y. (2023). The Relation Between Explicitation and Translation Expertise in the Rendition of Nominalisation and Participles in Legal Qur'ānic Verses Specific to Purification and Prayer into English: A Corpus-Based Study. *International Journal for the Semiotics of Law-Revue internationale de Sémiotique juridique*, 1-31.

Baker, M. (1992). *In Other Words: A Coursebook on Translation*. Routledge.

Baker, M. (1993). Corpus Linguistics and Translation Studies: Implications and Applications. In M. Baker, G. Francis, & E. Tognini-Bonelli (Eds.), *Text and Technology: In Honour of John Sinclair* (pp. 233-250). John Benjamins.

Baker, M. (1996). Corpus-based translation studies: The challenges that lie ahead. In H. Somers (Ed.), *Terminology, LSP, and translation* (pp. 175-186). John Benjamins.

Baker, M. (2000). Towards a methodology for investigating the style of a literary translator. *Target*, 12, 241-266.

Baker, M. (2020). Rehumanizing the migrant: The translated past as a resource for refashioning the contemporary discourse of the (radical) left. *Palgrave Communications*, 6(1), 1-16.

Baldo, M. (2019). *Italian-Canadian Narratives of Return*. Palgrave Macmillan.

Baroni, M., & Bernardini, S. (2006). A new approach to the study of translationese: Machine-learning the difference between original and translated text. *Literary and Linguistic Computing*, 21(3), 259-274.

Becher, V. (2010). Abandoning the notion of "translation-inherent" explicitation: Against a dogma of translation studies. *Across Languages and Cultures*, 11(1), 1-28.

Bentivogli, L., & Pianta, E. (2005). Exploiting parallel texts in the creation of multilingual semantically annotated resources: The MultiSemCor Corpus. *Natural Language Engineering*, 11(3), 247-261.

Bernardini, S., Ferraresi, A., & Miličević, M. (2016). From EPIC to EPTIC—Exploring simplification in interpreting and translation from an intermodal perspective. *Target*, 28(1), 61-86.

Bernardini, S., & Kenny, D. (1998). Corpora in translation studies. In M. Baker (Ed.), *Routledge encyclopedia of translation studies* (pp. 110-115). Routledge.

Bisiada, M. (2016). 'Lösen Sie Schachtelsätze möglichst auf': The Impact of Editorial Guidelines on Sentence Splitting in German Business Article Translations. *Applied Linguistics*, 37(3), 354-376.

Bosseaux, C. (2001). A study of the translator's voice and style in the French translation of Virginia Woolf's The Waves. In M. Olohan (Ed.), *CTIS Occasional Papers* (Vol. 1, pp. 55-75). University of Manchester Institute of Science and Technology.

Bosseaux, C. (2004a). Point of view in translation: A corpus-based study of French translations of Virginia Woolf's To the Lighthouse. *Across Languages and Cultures*, 5(1), 107-122.

Bosseaux, C. (2004b). Translating point of view: A corpus-based study. *Language Matters*, 35(1), 259-274.

Bredis, M. A., & Ivanov, E. E. (2022). Proverbial factors in translating Tuvan proverbs in the light of normative and poly-lingual paremiography (as contrasted to Russian and English languages). *New Research of Tuva*, 1, 17–36.

Cappelle, B., & Loock, R. (2017). Typological differences shining through: The case of phrasal verbs in translated English. In G. De Sutter, M.-A. Lefer & I. Delaere (Eds.), *Empirical Translation Studies: New Methodological and Theoretical Traditions* (pp. 235-264). Mouton De Gruyter.

Chesterman, A. (2004a). Hypotheses about translation universals. *Benjamins Translation Library*, 50, 1-14.

Chesterman, A. (2004b). What is a unique item?. In K. Malmkjær & D. Gile (Eds.), *Claims, Changes and Challenges in Translation Studies: Selected contributions from the EST Congress, Copenhagen 2001* (pp. 275-284). John Benjamins.

Christodouloupoulos, C., & Steedman, M. (2015). A massively parallel corpus: The bible in 100 languages. *Language Resources and Evaluation*, 49, 375-395.

Crible, L., Abuczki, Á., Burkšaitienė, N., Furkó, P., Nedoluzhko, A., Rackevičienė, S., ... & Zikánová, Š. (2019). Functions and translations of discourse markers in TED Talks: A parallel corpus study of underspecification in five languages. *Journal of Pragmatics*, 142, 139-155.

Davies, M., & Kim, J. B. (2019). The advantages and challenges of "big data": Insights from the 14 billion word iWeb corpus. *Linguistic Research*, 36(1), 1-34.

De Sutter, G., & Lefer, M. A. (2020). On the need for a new research agenda for corpus-based translation studies: A multi-methodological, multifactorial and interdisciplinary approach. *Perspectives*, 28(1), 1-23.

Delisle, J. (1993). *La traduction raisonnée*. Presses de l'Université d'Ottawa.

Devitskaya, Z. B., Ryabchikova, V. G., Rubleva, O. S., & Zlobina, I. S. (2019). The Use of National Corpuses of Languages When Studying Lexicology at the University (From Work Experience). *Perspectives of Science and Education*, 5(41), 203-214.

Dictionary, O. E. (1989). *Oxford english dictionary*. Simpson, Ja & Weiner, Esc, 3.

Erlin, M., Knox, D., & Pentecost, S. (2023). Multi-retranslation and cultural variation: The case of Franz Kafka. *Target*, 35(2), 215-241.

Even-Zohar, I. (1978). *Papers in historical poetics* (Vol. 15). Porter Institute for Poetics and Semiotics.

Evert, S., & Neumann, S. (2017). The impact of translation direction on characteristics of translated texts: A multivariate analysis for English and German. In G. De Sutter, M.-A. Lefer, & I. Delaere (Eds.), *Empirical Translation Studies: New Methodological and Theoretical Traditions* (pp. 47–80). De Gruyter.

Gellerstam, M. (1985). Translationese in Swedish novels translated from English. In L. Wollin and H. Lindquist (Eds.), *Translation Studies in Scandinavia* (pp. 88-95). CWK Gleerup.

Gentzler, E. (1993). *Contemporary Translation Theories*. Routledge.

Granger, S., & Lefer, M. A. (2020). The Multilingual Student Translation corpus: A resource for translation teaching and research. *Language Resources and Evaluation*, 54(4), 1183-1199.

Granger, S., Lerot, J., & Petch-Tyson, S. (Eds.). (2003). *Corpus-based Approaches to Contrastive Linguistics and Translation Studies* (Vol. 20). Rodopi.

Haider, A. S., & Al-Salman, S. (2023). Jordanian university instructors' perspectives on emergency remote teaching during COVID-19: humanities vs sciences. *Journal of Applied Research in Higher Education*, 15(1), 98-112.

Hansen-Schirra, S., Neumann, S., & Steiner, E. (2012). *Cross-linguistic Corpora for the Study of Translations: Insights from the Language Pair English-German* (Vol. 11). Walter de Gruyter.

Haque, R., Hasanuzzaman, M., & Way, A. (2020). Analysing terminology translation errors in statistical and neural machine translation. *Machine Translation*, 34, 149-195.

Hatim, B. A. (2014). *Teaching and Researching Translation*. Routledge.

Heilmann, A., Serbina, T., & Neumann, S. (2018). Processing of grammatical metaphor: Insights from controlled translation and reading experiments. *Translation, Cognition*

& *Behavior*, 1(2), 195–220.

Hockett, C. F. (1958). *A course in modern linguistics*. Macmillan.

Holmes, J. S. (1988). The name and nature of translation studies. In J. S. Holmes, *Translated! Papers on Literary Translation and Translation Studies* (pp. 59-60). Rodopi.

Holmes, J. S. (1994). *Translated!: Papers on Literary Translation and Translation Studies* (2nd ed., Vol. 7). Rodopi.

House, J. (2011). Using translation and parallel text corpora to investigate the influence of global English on textual norms in other languages. In A. Kruger, K. Wallmach, & J. Munday (Eds.), *Corpus-based translation studies: Research and applications* (pp. 187-208). Continuum.

Hubscher-Davidson, S. E. (2009). Personal diversity and diverse personalities in translation: A study of individual differences. *Perspectives: Studies in Translatology*, 17(3), 175-192.

Ji, M. (2013). *Exploratory Statistical Techniques for the Study of Literary Translation*. RAM-Verlag.

Ji, M. (Ed.). (2016). *Empirical Translation Studies: Interdisciplinary Methodologies Explored*. Equinox Publishing Ltd.

Karakanta, A., Dehdari, J., & van Genabith, J. (2018). Neural machine translation for low-resource languages without parallel corpora. *Machine Translation*, 32, 167-189.

Kenny, D. (1999). *Norms and Creativity: Lexis in Translated Text* [Unpublished doctoral dissertation]. University of Manchester Institute of Science and Technology.

Kenny, D. (2000). Translators at play: Exploitations of collocational norms in German-English translation. In B. Dodd (Ed.), *Working with German Corpora* (pp. 143-160). University of Birmingham Press.

Kenny, D. (2001). *Lexis and Creativity in Translation: A Corpus-based Study*. St. Jerome Publishing.

Kenny, D. (2005). Parallel corpora and translation studies: Old questions, new perspectives? Reporting that in GEPCOLT: A case study. In G. Barnbrook, P. Danielsson & M. Mahlberg (Eds.), *Meaningful Texts: The Extraction of Semantic Information from Monolingual and Multilingual Corpora* (pp. 154-165). Continuum.

Klimova, B. F. (2014). Using corpus linguistics in the development of writing. *Procedia - Social and Behavioral Sciences*, 141, 124-128.

Kruger, H. (2017). The effects of editorial intervention: Implications for studies of the features of translated language. In G. De Sutter, M.-A. Lefer, & I. Delaere (Eds.),

Empirical translation studies: New methodological and theoretical traditions (pp. 113-156). De Gruyter.

Kruger, H., & Van Rooy, B. (2012). Register and the features of translated language. *Across Languages and Cultures*, 13(1), 33–65.

Kruger, H., & Van Rooy, B. (2016). Constrained language: A multidimensional analysis of translated English and non-native indigenised varieties of English. *English World-Wide*, 37(1), 26–57.

Kruger, H., & Van Rooy, B. (2018). Register variation in written contact varieties of English. *English World-Wide*, 39(2), 214–242.

Laviosa, S. (1997). How comparable can "comparable corpora" be? *Target*, 9(2), 289-319.

Laviosa, S. (1998). The Corpus-based Approach: A New Paradigm in Translation Studies. *Meta*, 43(4), 474-479.

Laviosa, S. (2002). *Corpus-based Translation Studies: Theory, Findings, Applications*. Rodopi.

Lee, Y. C., & Jwa, S. (2023). Feature Importance Ranking of Translationese Markers in L2 Writing: A Corpus-Based Statistical Analysis Across Disciplines. 영어교육, 78(2), 55-81.

Lefevere, A. (2006). *Translating Literature: Practice and Theory in a Comparative Literature Context*. Foreign Language Teaching and Research Press.

Li, C., & Thompson, S. (1976). Subject and Topic: A New Typology of Language. In C. Li (Ed.), *Subject and Topic* (pp. 457-489). Academic Press.

Loock, R. (2020). No more rage against the machine: How the corpus-based identification of machine-translationese can lead to student empowerment. *The Journal of Specialised Translation (JoSTrans)*, 34, 150-170.

Malmkjær, K. (2004). Translational Stylistics: Dulcken's Translations of Hans Christian Andersen. *Language and Literature*, 13(1), 13–24.

Marco, J. (2019). The translation of food-related culture-specific items in the Valencian Corpus of Translated Literature (COVALT) corpus: A study of techniques and factors. *Perspectives*, 27(1), 20-41.

Mattioli, V. (2023). The influence of social prestige on Pino Cacucci's work: A corpus-based study. *Research in Corpus Linguistics*, 11(1), 29-52.

Munteanu, D. S., & Marcu, D. (2005). Improving machine translation performance by exploiting non-parallel corpora. *Computational Linguistics*, 31(4), 477-504.

Nebot, E. M. (2008). Corpus-based activities in legal translator training. *The Interpreter *and Translator Trainer*, 2(2), 221-252.

Newmark, P. (1981). *Approaches to Translation*. Pergamon Press.

Olohan, M. (2004). *Introducing Corpora in Translation Studies*. Routledge.

Olohan, M., & Baker, M. (2000). Reporting that in translated English. Evidence for subconscious processes of explicitation?. *Across languages and cultures*, 1(2), 141-158.

Øverås, L. (1998). In search of the third code: An investigation of norms in literary translation. *Meta*, 43(4), 557-570.

Perego, E. (2019). Into the language of museum audio descriptions: A corpus-based study. *Perspectives*, 27(3), 333-349.

Puurtinen, T. (1998). Syntax, readability and ideology in children's literature. *Meta*, 43(4), 524-533.

Puurtinen, T. (2003a). Explicitating and implicitating source text ideology. *Across Languages and Cultures*, 4(1), 53-62.

Puurtinen, T. (2003b). Genre-specific features of translationese? Linguistic differences between translated and non-translated Finnish children's literature. *Literary and linguistic computing*, 18(4), 389-406.

Quirk, R., & Crystal, D. (2010). *A comprehensive grammar of the English language*. Pearson Education India.

Quirk, R., Greenbaum, S., Leech, G. N., & Svartvik, J. (1972). *A grammar of contemporary English*. Longman.

Rigouts Terryn, A., Hoste, V., & Lefever, E. (2020). In no uncertain terms: a dataset for monolingual and multilingual automatic term extraction from comparable corpora. *Language Resources and Evaluation*, 54(2), 385-418.

Saldanha, G. (2008). Explication Revisited: Bringing the Reader into the picture. *Trans-Kom*, 1, 20-35.

Schmied, J., & Schäffler, H. (1997). Explicitness as a universal feature of translation. In M. Ljung (Ed.), *Corpus-based Studies in English: Papers from the Seventeenth International Conference on English Language Research on Computerized Corpora (ICAME 17), Stockholm, May 15-19, 1996* (pp. 21-34). Rodopi.

Shuttleworth, M., & Cowie, M. (1997). *Dictionary of Translation Studies*. St. Jerome Publishing.

Sinclair, J. (1991). *Corpus, Concordance, Collocation*. Oxford University Press.

Specia, L., Raj, D., & Turchi, M. (2010). Machine translation evaluation versus quality estimation. *Machine Translation*, 24, 39-50.

Stubbs, M. (1993). British traditions in text analysis. In M. Baker, G. Francis & E. Tognini-Bonelli (Eds.), *Text and technology: In honour of John Sinclair* (pp. 1-33). John Benjamins.

Toury, G. (2001). *Descriptive Translation Studies and Beyond.* Shanghai Foreign Language Education Press. (Original work published 1995)

Toury, G. (2012). *Descriptive translation studies: And beyond.* John Benjamins.

Tymoczko, M. (1998). Computerized corpora and the future of translation studies. *Meta*, 43(4), 652-660.

Ustaszewski, M. (2019). Optimising the Europarl corpus for translation studies with the EuroparlExtract toolkit. *Perspectives*, 27(1), 107-123.

Valdeón, R. A. (2022). Gatekeeping, ideological affinity and journalistic translation. *Journalism*, 23(1), 117-133.

Van der Klis, M., Le Bruyn, B., & De Swart, H. (2022). A multilingual corpus study of the competition between past and perfect in narrative discourse. *Journal of Linguistics*, 58(2), 423-457.

Vanderauwera, R. (1985). *Dutch Novels Translated Into English.* Rodopi.

Venuti, L. (2017). *The Translator's Invisibility: A History of Translation.* Routledge.

Winters, M. F. (2007). Scott Fitzgrald's Die Schonen und Verdammten: A Corpus-Based Study of speech-act Report Verbs as a Feature of Translators' Style. *Meta*, 52(3), 412-425.

Xiao, Z., & McEnery, T. (2002). *A corpus-based approach to tense and aspect in English-Chinese translation.* Paper presented at International Symposium on Contrastive and Translation Studies between Chinese and English, Shanghai.

俄文文献:

Апресян В. Ю. и др. Языковая картина мира и системная лексикография / отв. ред. Ю. Д. Апресян. Москва: Языки славянских культур, 2006.

Арутюнова Н. Д. Язык и мир человека. 2-е изд., испр. М.: Яз. рус. культуры, 1999.

Бабайцева В. В. Явления переходности в грамматике русского языка. М.: Дрофа, 2000.

Бакуменко О. Н., Габриелян Е. А. Особенности передачи английских пейоративов на русский язык при локализации видеоигр. Современный ученый. 2023. № 6. С. 13-17.

Балканов И. В., Муравлева В. Р. Роль несобственно лексикографической ситуации в развитии функциональной теории лексикографии (на примере специализированных словарей в ситуации обучения военному английскому языку). Филологические науки. Вопросы теории и практики. 2023. Т. 16. № 9. С. 2670-2676.

Бархударов Л. С. Язык и перевод. М.: Международные отношения, 1975.

Бауманн Я. Корпусная грамотность - каким образом? Трудности использования методов корпусной лингвистики при обучении письменному переводу. Индустрия перевода. 2019. Т. 1. С. 115-138.

Беляева, Л. Параллельный корпус текстов в задачах лексико-графического анализа. Международная научная конференция «Корпусная лингвистика», 2013.

Валгина Н. С. Синтаксис современного русского языка. М.: Агар, 2000.

Ващенко Д. Ю. Словацкие субстантивы кратковременности chvíľa, okamih versus немецкие Weile, Augenblick по данным параллельного корпуса. Вестник Православного Свято-Тихоновского гуманитарного университета. Серия 3: Филология. 2023. № 75. С. 9-28.

Вежбицкая А. Язык. Культура. Познание. М.: Русские словари, 1996.

Виноградов В. В. Стилистика. Теория поэтической речи. Поэтика. М.: Изд-во Акад. наук СССР, 1963.

Волкова А. Б., Кобенко Ю.В. Псевдозаимствованные ономы в немецком литературном языке: словообразовательный аспект. Вестник Томского государственного педагогического университета. 2022. № 4 (222). С. 7-14.

Галкина-Федорук Е. М. Безличные предложения в современном русском языке. М.: МГУ, 1958.

Гвоздев А.Н. Очерки по стилистике русского языка. 3. изд. Москва: Просвещение, 1965.

Грамматика русского языка I. Академия Наук СССР. М.: Издательство Академии наук СССР, 1960.

Грамматика русского языка II. Академия Наук СССР. М.: Издательство Академии наук СССР, 1960.

Грамматика современного русского языка. Академия наук СССР, Институт русского языка. М.: Наука, 1970.

Громова Е. Н., Мозжегорова Е. Н., Пекшеева А. А. Лингвистические особенности англоязычных интернет-мемов и оценка их переводимости. Успехи гуманитарных наук. 2022. № 12. С. 82-86.

Гусева А. Х. Корпус текстов как дидактический материал: лингвистическая обработка и технология обучения. Научный аспект. 2020. Т. 7. № 2. С. 912-917.

Гусева А. Х. Методика структуризации архивов текстов СМИ в контексте проектирования портфолио студентов-лингвистов. Обзор педагогических исследований. 2023. Т. 5. № 3. С. 84-89.

Дастамуз С. От прагматики к переводу: к вопросу об эффективности онлайн-переводчиков при переводе с русского языка на персидский. Филологические науки в МГИМО. 2022. Т. 8. № 2. С. 85-99.

Демьянков В. З. Об усвоении неродного языка и корпусной лингвистике: что такое хайли лайкли? Вестник Московского университета. Серия 19: Лингвистика и межкультурная коммуникация. 2021. № 2. С. 70-81.

Добровольский Д. О., Пёппель Л. Дискурсивная конструкция N в том, что и ее параллели в других языках: контрастивное корпусное исследование. Вестник Новосибирского государственного педагогического университета. 2016. № 6 (34). С. 164-175.

Жукова Н. С. Особенности объективации неточного количества твердого вещества в русском и английском языках в аспекте переводческих проблем. Язык и культура. 2015. № 2 (30). С. 28-39.

Завьялова В. Л. Языковые корпуса в лингвистической педагогике и научных исследованиях (фонологические аспекты). Социальные и гуманитарные науки на Дальнем Востоке. 2011. № 4 (32). С. 39-44.

Завьялова Н. А. Антропонимические герои в современном пространстве коммуникации. Знание. Понимание. Умение. 2023. № 2. С. 157-174.

Зализняк А. А. Граматический словарь русского языка. Москва: АСТ-ПРЕСС, 2010.

Захаров Н. В. Сравнительный анализ русских переводов первой сцены «Меры за меру» У. Шекспира. Горизонты гуманитарного знания. 2017. № 6. С. 103-134.

Карапец В. В. Передача Флоберовской точки с запятой в англоязычных переводах Madame Bovary. Вестник Кемеровского государственного университета. 2019. Т. 21. № 4 (80). С. 1105-1113.

Комарова И. А., Коган М. С. Исследование английской фразеологии с помощью подходов корпусной лингвистики. Компьютерная лингвистика и вычислительные онтологии. 2019. № 3. С. 40-49.

Корячкина А. В. О формировании корпуса для исследования кинодискурса и киноперевода. Филологические науки. Вопросы теории и практики. 2013. № 5-2 (23). С. 115-120.

Краснопеева Е. С. Выбор словообразовательных моделей как индикатор индивидуального стиля переводчика: методика отбора материала. Филологические науки. Вопросы теории и практики. 2014. № 3-2 (33). С. 119-122.

Краснопеева Е. С. Характеристика особенностей русскоязычного переводного дискурса с позиций корпусного переводоведения. Вестник Тюменского государственного университета. Гуманитарные исследования. Humanitates. 2015. Т. 1. № 4. С. 65-73.

Куниловская М. А. Классификация переводческих ошибок для создания разметки в учебном параллельном корпусе Russian Learner Translator Corpus. Lingua Mobilis. 2013. № 1 (40). С. 141-158.

Лемоносов М. В. Предисловие о пользе книг церковных в российском языке. Ломоносов М.В. Полное собрание сочинений/АН СССР. М.; Л.: Изд-во АН СССР, 1950-1983.

Мамонтова В. В. Корпус параллельных текстов и база данных как инструменты исследования переводческих соответствий. Вестник Пятигорского государственного лингвистического университета. 2008. № 3. С. 124-127.

Миронов М. В. Слово brown как название масти лошади: семантика и способы перевода. Вестник Самарского университета. История, педагогика, филология. 2019. Т. 25. № 4. С. 127-133.

Неровная М. А. Реалии афганского глюттонического дискурса в переводе на русский язык. Вестник Московского государственного областного университета. Серия: Лингвистика. 2022. № 3-1. С. 91-103.

Носов А. В. Лингвистическая разметка корпусов переводных текстов. Индустрия перевода. 2017. Т. 1. С. 68-72.

Озюменко В. И. Лексико-семантические поля judge и судья в английском и русском языках. Вестник Российского университета дружбы народов. Серия: Лингвистика. 2016. Т. 20. № 3. С. 195-213.

Полтавская А. Д. Способы перевода фразеологических единиц с русского языка на английский и с английского на русский. Гуманитарный научный вестник. 2023. № 1. С. 17-24.

Ремхе И. Н. К вопросу использования корпусных систем языка в переводоведении. Европейский журнал социальных наук. 2014. № 12 (51). С. 248-253.

Русская грамматика I. Академия наук СССР, Институт русского языка. М.: Наука, 1980.

Русская грамматика II. Академия наук СССР, Институт русского языка. М.: Наука,

1980.

Салчак А. Я., Ондар В. С. Создание русско-тувинского параллельного подкорпуса электронного корпуса тувинского языка: первые итоги. Новые исследования Тувы. 2020. № 1. С. 6.

Сафина З. М., Корнилова А. Д., Смакова А. Л. Количественный и статистический анализ лексических единиц в художественном переводе. Вестник Башкирского университета. 2022. Т. 27. № 3. С. 741-746.

Сидорова Е. Ю. Диминутив «потихоньку» в текстах параллельного корпуса. Часть 2. Филологические науки. Вопросы теории и практики. 2021. Т. 14. № 11. С. 3404-3409.

Сичинава Д. В. Параллельные тексты в составе национального корпуса русского языка: новые направления развития и результаты. Труды института русского языка им. В.В. Виноградова. 2015. № 6. С. 194-235.

Смирнова А. С. Специфика употребления местоименной пары сей - оный в сочинениях М. В. Ломоносова. Вестник Санкт-Петербургского университета. Язык и литература. 2021. Т. 18. № 3. С. 609-620.

Сырчина А. С. Возможности использования методов корпусной лингвистики при переводе. Экономика и социум. 2016. № 4-2 (23). С. 720-724.

Токарева А. Л. Стратегии перевода метафор гнева в русской и итальянской художественной прозе. Лингвистика и методика преподавания иностранных языков. 2020. № 1 (12). С. 246-254.

Ударова Н. И. Учет частотности употребления приложений с эргонимами в русском и английском языках в переводе. Вестник Московского государственного лингвистического университета. Гуманитарные науки. 2018. № 14 (809). С. 223-245.

Уматова Ж. М., Алимбаева А.Т. Особенности перевода фразовых глаголов в юридической литературе. Языки. Культуры. Перевод. 2015. № 1. С. 283-290.

Уржа А. В. Приближение или дистанцирование? Использование дейксиса, анафоры и настоящего исторического в русских переводах «Приключений Тома Сойера». Вестник Волгоградского государственного университета. Серия 2: Языкознание. 2020. Т. 19. № 3. С. 72-83.

Федюченко Л. Г. Логико-гносеологическая классификация общетехнических терминов предметной области «нефтегазовое оборудование». Вестник Пермского национального исследовательского политехнического университета. Проблемы языкознания и педагогики. 2017. № 2. С. 48-57.

Федюченко Л.Г. Термины-метафоры как средство передачи технического знания. Филологos. 2018. № 37 (2). С. 71-80.

Хайрутдинов З.Р. Сравнительный анализ лексико-грамматических особенностей оригинальных и переводных текстов английского языка, 2010.

Худойбердиев Х. А., Солиев О. М., Солиев П. А. Разработка параллельного корпуса таджикского и русского языков. Новые информационные технологии в автоматизированных системах. 2019. № 22. С. 179-181.

Черноусова А. О. К вопросу о коллокациях. Вестник Московского государственного областного университета. Серия: Лингвистика. 2019. № 1. С. 57-64.

Чехов А. П. Собрание сочинений. В двенадцати томах. М.: Государственное издательство художественной литературы, 1962.

Чулкина Н. Л., Филиппович Ю. Н., Александрова О. И., Новоспасская Н. В., Речинский В. А. Мультиязычный корпус терминов: контент и инструменты. Вестник Российского университета дружбы народов. Серия: Теория языка. Семиотика. Семантика. 2023. Т. 14. № 1. С. 88-103.

Шамова Н. А. Сравнительно-сопоставительный анализ корпусных инструментов (на примере работы с корпусами кинодискурса). Вестник Нижегородского государственного лингвистического университета им. Н.А. Добролюбова. 2021. № 53. С. 82-95.

Шилихина К. М. Глаголы с семантикой смеха по данным параллельного корпуса. Вестник Московского университета. Серия 9: Филология. 2020. № 2. С. 54-63.

Шитиков П. М., Шитикова М. Н. Опыт применения корпусных методов при изучении метафоры (на материале библейского корпуса Иоанна). Филологические науки. Научные доклады высшей школы. 2021. № 2. С. 16-22.

Юрина Е. А. Томский диалектный корпус: в начале пути. Вестник Томского государственного университета. Филология. 2011. № 2 (14). С. 58-63.

Юсупова С. М. Социокультурные ценности во фразеологии: корпусный подход. Профессиональная коммуникация: актуальные вопросы лингвистики и методики. 2020. № 13. С. 262-268.